PANINI BOOKS

AUSSERDEM BEI PANINI ERHÄLTLICH

***Star Wars*: Poe Dameron – Freier Fall**
Alex Segura – ISBN 978-3-8332-3942-7

***Star Wars*: Bürde der Königin**
E. K. Johnston – ISBN 978-3-8332-3941-0

***Star Wars*: Schatten der Königin**
E. K. Johnston – ISBN 978-3-8332-3636-5

***Star Wars*: Ahsoka**
E. K. Johnston – ISBN 978-3-8332-3450-7

***Star Wars*: Meistgesucht**
Rae Carson – ISBN 978-3-8332-3637-2

***Star Wars*: Journey to Star Wars: Der Aufstieg Skywalkers – Der Sammler**
Kevin Shinick – ISBN 978-3-8332-3831-4

***Star Wars*: Galaxy's Edge – Schicksalsschlag**
Zoraida Córdova – ISBN 978-3-8332-3830-7

***Star Wars*: Leia, Prinzessin von Alderaan**
Claudia Gray – ISBN 978-3-8332-3569-6

***Star Wars*: Blutlinie**
Claudia Gray – ISBN 978-3-8332-3354-8

***Star Wars*: BATTLEFRONT: Twilight-Kompanie**
Alexander Freed – ISBN 978-3-8332-3259-6

***Star Wars*: BATTLEFRONT II: Inferno-Kommando**
Christie Golden – ISBN 978-3-8332-3568-9

***Star Wars*: THE OLD REPUBLIC – Eine unheilvolle Allianz**
Sean Williams – ISBN 978-3-8332-2036-4

***Star Wars*: THE OLD REPUBLIC – Betrogen**
Paul S. Kemp – ISBN 978-3-8332-2249-8

***Star Wars*: THE OLD REPUBLIC – Revan**
Drew Karpyshyn – ISBN 978-3-8332-2373-0

***Star Wars*: THE OLD REPUBLIC – Vernichtung**
Drew Karpyshyn – ISBN 978-3-8332-2608-3

Nähere Infos und weitere Bände unter:
www.paninibooks.de

GESCHICHTEN VON LICHT UND DUNKELHEIT

Geschrieben von

Lou Anders · Tom Angleberger · Preeti Chhibber ·
E. Anne Convery · Zoraida Córdova · Sarah Beth Durst ·
Jason Fry · Yoon Ha Lee · Rebecca Roanhorse ·
Anne Ursu · Greg van Eekhout

Herausgegeben von
Jennifer Heddle

Bibliografische Information der Deutschen Nationalbibliothek
Die Deutsche Nationalbibliothek verzeichnet diese Publikation in der Deutschen Nationalbibliografie; detaillierte bibliografische Daten sind im Internet über http://dnb.d-nb.de abrufbar.

Titel der Amerikanischen Originalausgabe:
„*Star Wars*: The Clone Wars – Stories of Light and Dark"
published by Disney, Lucasfilm Press, an imprint
of Buena Vista Books, Inc., August 2020.

Design by Leigh Zieske
Illustrationen von Ksenia Zelentsova

Geschäftsführer: Hermann Paul
Head of Editorial: Jo Löffler
Head of Marketing: Holger Wiest (E-Mail: marketing@panini.de)
Presse & PR: Steffen Volkmer

Übersetzung: Jan Dinter
Lektorat: Marc Winter
Umschlaggestaltung: tab indivisuell, Stuttgart
Satz: Greiner & Reichel, Köln
Druck: GGP Media GmbH, Pößneck
Printed in Germany

YDSWSS001

1. Auflage, Januar 2021, ISBN 978-3-8332-4014-0

Auch als E-Book erhältlich: ISBN 978-3-7367-9889-2

INHALT

EINLEITUNG

Star Wars: The Clone Wars spielt zwischen *Angriff der Klonkrieger* und *Die Rache der Sith* und wurde zum bahnbrechenden Ereignis, das die ohnehin schier unermesslichen Grenzen der *Star Wars*-Galaxis noch stärker erweiterte. Von George Lucas kreiert und später unter alleiniger Leitung von Dave Filoni weitergeführt, schenkte uns *The Clone Wars* neue Abenteuer vieler Figuren, die wir bereits kennen- und lieben gelernt hatten, darunter Obi-Wan Kenobi, Anakin Skywalker und Padmé Amidala. Doch auch neue Figuren, die umgehend Kultstatus erlangten, wurden eingeführt, wie etwa Cad Bane oder Ahsoka Tano. Mit mehr als 120 über viele Jahre hinweg produzierten Episoden konnte die Serie tiefere emotionale Bindungen zwischen den Figuren aufbauen, als es jemals zuvor möglich war. Und trotz der Ereignisse von galaxisweiter Bedeutung, die um sie herum stattfinden, sind es die Figuren selbst, deretwegen Fans immer wieder in diese Geschichten eintauchen werden. Die Helden, die wir lieben, und die Schurken, die wir zu hassen lieben, sind der Kitt, der alles zusammenhält, während wir den Untergang der Republik durch ihre Augen erleben.

Elf außergewöhnliche Autoren haben sich eingefunden, um einige der unvergesslichsten Momente aus der Serie nachzuerzählen, wobei jede Geschichte aus dem Blickwinkel einer Figur erzählt wird, die sie miterlebt hat. Von Jason Fry, der aus der Sicht von Yoda die Anfangstage des Krieges rekapituliert, über Rebecca Roanhorse, die sich Darth Mauls verzweifelter Zeit auf Lotho Minor annimmt, bis hin zu Greg van Eekhout, der Obi-Wans tragischen Verlust auf Mandalore beschreibt – mit den Geschichten in diesem Band erleben wir auf neue Weise einige der vielen aufregenden Geschichten aus *The Clone Wars*, die wir niemals vergessen werden. Und all jene, die die Serie noch nicht kennen, dürfen sich das erste Mal an diesen außergewöhnlichen Augenblicken erfreuen. Abgerundet wird die Sammlung von einer brandneuen Geschichte rund um die Nachtschwestern von Dathomir, die E. Anne Convery beisteuerte (die als Ehefrau Dave Filonis eine ganz eigene Perspektive mit einbringt). Ich hoffe, ihr verfallt dem Zauber.

Jennifer Heddle

Es war einmal vor langer Zeit in einer weit,
weit entfernten Galaxis …

DAS GLEICHE GESICHT

Jason Fry

Yoda hatte in über acht Jahrhunderten im Dienste des Jedi-Ordens etliche Planeten besucht. Damals, in seinen Anfangstagen als Padawan, hätte er sie alle namentlich aufzählen können. Heute erinnerte er sich nicht einmal mehr daran, wie viele er überhaupt gesehen hatte, aber es mussten Zigtausende gewesen sein.

Doch ganz gleich, wie sehr die Mission drängte, wenn Yoda eine neue Welt besuchte: Yoda ließ sich stets einen Moment Zeit, um sich vollends der Macht zu öffnen. Er ließ seine Sinne von der Lebensenergie um ihn herum überströmen – und an jedem Ort, den er besuchte, fand er Schönheit und Zauber. Manchmal musste er danach suchen, *angestrengt* suchen, aber sie waren immer da, und über die Jahrhunderte war er zu dem Schluss gekommen, dass sie ein Erzeugnis des Lebens sein mussten, zwei weitere Ausdrucksformen der sich ständig wandelnden Macht.

Auf Rugosa musste er sich nicht sonderlich anstrengen, um Schönheit und Zauber zu finden. Von dem Augenblick an, in dem seine Rettungskapsel auf dem sandigen Boden aufsetzte, war beides überall um ihn herum. Korallenbäume streckten von hochgewachsenen Stämmen rote, gelbe und violette Äste in die Luft, während knollenförmige Korallengewächse, die Yoda an riesige Früchte erinnerten, den Sand sprenkelten. Die Luft schmeckte salzig und roch nach einem Ozean, obwohl der Mond schon lange keinen mehr besaß. Über ihm im farbenfrohen Geäst flackerten die hauchzarten Flügel winziger Kreaturen im wässrig gelben Sonnenlicht.

Während Yoda sich auf seinen Stock stützte und sich umsah, trugen drei Klonsoldaten Gewehre und Ausrüstung aus der Rettungskapsel. Yoda fragte sich, ob Thire, Rys und Jek die kleinen Flugwesen bemerkt oder sich den Korallenwald ringsum angeschaut hatten. Falls ja, sahen die drei Klone ihn auf unterschiedliche Weise? Oder war ihre Wahrnehmung so identisch wie der genetische Code, den sie gemein hatten? Diese Klonkrieger waren etwas Neues für ihn – ebenso wie der Gedanke, dass er ihr General war und sie seinem Befehl unterstanden.

Yoda fand diesen Gedanken nicht besonders wünschenswert. Doch jetzt, da die Galaxis in einem Krieg versank, war es seine Pflicht, sie anzuführen. Katuunko, der toydarianische König, war irgendwo in der Nähe und erwartete sie unter einem großen, baumartigen Gebilde aus Korallen. Yodas Mission bestand darin, mit Katuunko ein Abkommen auszuhandeln, um auf Toydaria eine Basis der Republik zu errichten.

Die Separatisten ihrerseits hatten von dieser Mission erfahren und ein Sonderkommando entsandt, um Yodas Schiff abzufangen und ihn vom Treffpunkt fernzuhalten. Tatsächlich war ihnen dies zunächst gelungen, doch noch war Yodas Mission nicht gescheitert. Er und die drei Klone waren in einer Rettungskapsel entkommen, fest entschlossen, das Treffen mit Katuunko einzuhalten.

„Lieutenant“, sagte Yoda, und Thire nahm Haltung an und salutierte. „Einen Kontakt zu König Katuunko Sie herstellen müssen. Mit ihm sprechen ich muss.“

„Sofort, General“, erwiderte Thire, und Yoda konnte seinen Tatendrang als emotionalen Impuls in der Macht spüren. Tatsächlich verströmten alle drei Klone diesen Tatendrang. Man hatte sie dem Diplomatischen Geleitschutz zugeteilt und nach Coruscant geschickt, doch die galaktische Hauptwelt lag weit von den Fronten des Krieges entfernt und sie wollten sich unbedingt im Kampf beweisen. Als könnten Tod und Zerstörung Bedeutsamkeit beweisen und wären etwas anderes als eine Tragödie.

Doch manche Tragödien ließen sich nicht verhindern. Die Galaxis befand sich im Krieg – einem Krieg, an dessen Verhinderung Yoda und der Jedi-Orden zunächst gescheitert waren und als dessen Beteiligte sie sich nun wiederfanden. Es war wichtig, diesen Krieg so schnell und so schmerzlos wie möglich zu beenden.

Thire kniete sich mit einem Holoprojektor in der Hand hin. Das Bild König Katuunkos – kleine Flügel, Schwimmhäute an den Füßen und der füllige Bauch eines Toydarianers von hohem Status – erwachte in der Handfläche des Klonsoldaten flackernd zum Leben.

„Eine Freude es ist, Eure Stimme zu hören, Euer Hoheit“, sagte Yoda. „Meister Yoda vom Rat der Jedi ich bin.“

„Meister Jedi, ich dachte, Count Dooku hätte Euch vielleicht verschreckt“, erwiderte Katuunko.

„Aufgehalten ich wurde, aber nicht allzu weit entfernt ich jetzt bin“, sagte Yoda. „Nicht gewusst ich habe, dass Count Dooku auch hierher eingeladen war.“

„Der Count hat sich selbst eingeladen. Er versicherte mir,

dass seine Armee meiner Welt in Zeiten des Krieges mehr Schutz bieten könne, als ihr Jedi es könnt."

Thires Schultern versteiften sich vor Wut, während Rys und Jek Blicke wechselten.

Yoda brachte die Klone mit ernstem Blick zur Ruhe. „Hmm. Darüber das letzte Wort nicht gefallen ist", sagte er zu Katuunko.

„Euer Majestät verlangt unter Umständen mehr als nur Worte", unterbrach eine weitere Stimme – eine schmeichelnde Stimme, aus der jedoch pure Drohung troff. „Wenn Yoda tatsächlich der Jedi-Kämpfer ist, für den Ihr ihn haltet, soll er es Euch beweisen. Erlaubt mir, dass meine besten Truppen ihn zu fassen versuchen. Wenn er entkommt, schließt Euch der Republik an. Aber sollten meine Droiden über Yoda siegen, geht Ihr eine Allianz mit den Separatisten ein."

Katuunko drehte seinen Holoprojektor, um die schlanke, geschmeidige Gestalt von Asajj Ventress ins Bild zu rücken, deren Augen sich blau glühend von ihrer knochenweißen Haut abhoben.

Hmm. Dookus Schülerin, dachte Yoda. Das war also seine Widersacherin. Er hatte gehofft, das Gesicht von Dooku persönlich zu sehen. Der Anführer der Separatisten war einmal Yodas Padawan gewesen, und falls es Yoda gelang, ihn wieder zurück zur hellen Seite zu ziehen, würde der Krieg ohne weiteres Elend und Verderben enden. Doch anscheinend sollte diese Begegnung nicht stattfinden.

Katuunko starrte Ventress an. „Ich habe Meister Yoda nicht hierhergebeten, um ihn auf die Probe zu stellen."

Yoda konnte spüren, wie Ventress' Zorn Wellen durch die Macht trieb, so als hätte ein Jüngling einen schweren Stein in einen stillen Teich geworfen. Doch unter ihrer Wut spürte er puren Schmerz und das Verlangen nach Anschluss, nach Zugehörigkeit. Es war bedauerlich, dass Dooku Ventress geschickt hatte, statt sich Yoda selbst zu stellen. Aber vielleicht konnte der Schülerin eine Lehre erteilt werden, die ihr half, einen anderen Weg zu finden als den zerstörerischen, den ihr Meister für sie gewählt hatte.

Ein willkommenes Ergebnis das wäre. Eine Gelegenheit uns zuteilwurde.

„Die Herausforderung ich annehme, Euer Hoheit", sagte Yoda zu Katuunko und richtete den Blick dann auf Ventress. „Bei Einbruch der Dunkelheit ich komme."

Die Übertragung endete.

Yoda ließ den Blick von den rosafarbenen Korallenästen in den gelben Himmel wandern. Die Flugwesen, so erkannte er jetzt, waren junge Neebray-Mantas. Rugosa musste eine Brutstätte für sie sein, der Ausgangspunkt ihres Lebensweges. Wenn die Neebrays so weit waren, würden sie ihre lange Wanderung quer durch das All antreten. „Wunderschön dieser Mond ist, hmm?", meinte er zu den Klonen. „Erstaunlich, das Universum."

Ein Schatten legte sich über sie. Ein Landungsschiff der Separatisten zog mit summenden Triebwerken über ihnen hinweg, und Yoda spürte die Vibrationen in den Knochen seines Schädels – ein unangenehmes Gefühl, das beinahe schmerzte. Als Thire die Unterseite des Schiffes betrachtete, hob er instinktiv sein Blastergewehr.

„Da passt ja ein ganzes Bataillon rein", sagte Rys, während er beobachtete, wie das Schiff bei dem riesigen Korallenbaum herabsank, unter dem Katuunko wartete. „Wahrscheinlich bis an die Zähne bewaffnet."

„Wir haben was zur Begrüßung", versprach Jek und schwenkte seinen tödlichen Rotationsblaster.

„Nur das Nötigste mitnehmen", sagte Yoda zu den Klonen. „Zu viel Gewicht Sie nur aufhalten wird. Ventress vernichten Ihre Waffen nicht können. Auf, auf, Lieutenant – beeilen wir uns müssen!" In langsamen Schritten, bei denen er sich auf seinen Stock stützte, entfernte er sich von der Rettungskapsel.

„Sir, zum Treffpunkt geht es dort entlang", wandte Thire ein.

Yoda spürte das Unbehagen und den Widerwillen des Klonsoldaten, einen ranghöheren Offizier infrage zu stellen. Er musste gegen seinen Instinkt handeln, um deutlich zu machen, was er für einen Fehler hielt. „Wie auch zu unserem Feind", erklärte Yoda ihm daher ruhig. „Zu unserem Ziel den direkten Weg wir nicht gehen werden."

Die Zweifel der Klone waren deutlich spürbar, als sie zusahen, wie Yoda tiefer in den Korallenwald ging. Aber sie folgten ihm, ganz die gehorsamen Soldaten, die sie waren.

Das Landungsschiff setzte Panzer ab. Irgendwo hinter sich und den Klonen konnte Yoda das Summen ihrer Repulsorlifte hören – und dann vernahm er auch das Prasseln ihrer Blasterkanonen. Er drehte um und erklomm eine Felskuppe, um weiter sehen zu können. In Erwartung eines Kampfes gingen die Klone neben ihm in Stellung, und Thire klappte sein Elektroferglas herunter.

„Gelassen bleiben, meine Freunde", sagte Yoda. „In Reichweite wir nicht sind." Er spürte ihre Enttäuschung, ignorierte sie aber. Die Zeit zu kämpfen würde bald kommen, doch jetzt war es noch nicht so weit. Sich kopfüber in die Schlacht zu stürzen, würde nur Ventress in die Hände spielen.

Die Separatistenpanzer blieben abrupt am Rand des Korallenwaldes stehen. Einer versuchte hindurchzubrechen, blieb aber rasch stecken.

„Stark die Korallen auf diesem Mond sind", erklärte Yoda und gönnte sich einen Augenblick, um die gesprenkelten Muster zu bewundern, in denen das Sonnenlicht durch das Geäst über ihnen herunterschien. „Und überall als unverwüstlich das Leben sich erweist."

Thires ElektroferngIas surrte, während er nach ihren Verfolgern Ausschau hielt. „Mit ihren Panzern kommen sie da nicht durch", stellte er fest.

„Sehen Sie? Größe ist nicht alles, hmm? Die kleinere Truppe wir sind, dafür größer im Geist." Yoda legte einen Finger an die Stirn und kicherte, dann führte er die Klone tiefer in den Wald. Ein paar Minuten später hielt Thire ihn auf. Yoda wusste bereits, was er sagen würde.

„Sir, zwei Patrouillen nähern sich zu Fuß", meldete Thire.

Yoda spürte, dass der Klon sich sorgte um das, was er, der Jedi, beschließen würde. „Der Zeitpunkt ist da, zu begegnen dem Feind, Lieutenant", sagte Yoda. „Im Hinterhalt wir lauern werden." Er konnte die Erleichterung der Klone spüren – und ihre Begeisterung über die Gelegenheit, zu kämpfen.

„Wir greifen ihre südliche Flanke an", befahl Thire.

„Verstanden", entgegnete Rys. „Auf geht's!"

Während die Klone eilends in Position gingen, machte sich Yoda in die andere Richtung auf, noch tiefer in den Korallenwald hinein. Er hörte das scharfe Zischen von Blasterfeuer – sowohl von den Waffen der Klone als auch von denen der Kampfdroiden der Separatisten. Er wartete, bis sich das Trampeln der metallenen Droidenfüße näherte, dann flitzte er vor ihnen vorbei und kicherte, während ihre Blasterschüsse über ihm durch die Luft zischten.

Yoda ließ sich von der Macht durchströmen, bat sie, ihn in die Höhe zu heben und ihm eine Geschwindigkeit zu verleihen, die ihm das Alter schon vor langer Zeit genommen hatte. Er spürte die Kräfte der Macht um sich herum, und wie sie ihn durchdrangen und davontrugen wie ein rauschender Fluss. Die Droiden stellten keine Gefahr dar – er sah jede ihrer Bewegungen voraus, und es waren ihrer nicht genügend, um es mit seiner Wahrnehmung und seinen Reflexen aufnehmen zu können. Glucksend huschte er auf einen Korallenast über ihnen.

Bestrebt, ihn aufzuspüren, teilten sich die Droiden auf, wodurch sie noch leichter zu zerlegen waren. Einen Moment später hörte Yoda das Jaulen von Jeks Rotationsblaster. Das Geräusch stieg zu einem Heulen an, mit dem die Kanone Plasmaschüsse auf die unglückseligen Maschinen spuckte. Einen Augenblick später kehrte wieder Ruhe im Korallenwald ein, und Yoda fühlte eine Welle des Selbstvertrauens durch die Macht wogen. Jek hatte die Droiden zerstört. Doch Yoda spürte, dass sich ihnen eine noch ernstere Gefahr näherte.

Sechs weitere Kampfdroiden marschierten auf der Suche nach ihm auf die Lichtung in der Tiefe. Yoda wusste, dass er sie rasch ausschalten musste. Er ließ sich auf die Metallschulter eines der Droiden fallen. Die anderen Kampfdroiden drehten sich ungeschickt um und zerschossen den unglückseligen Droiden, während Yoda von ihm heruntersprang. Die Macht trug ihn von Droide zu Droide und erinnerte ihn daran, wie er als Jüngling im Meditationsteich des Jedi-Tempels von Seerosenblatt zu Seerosenblatt gesprungen war. Die Erinnerung ließ ihn schmunzeln, während sich die Droiden gegenseitig zu Schrott zerschossen.

Das Pfeifen und Krachen des Blasterfeuers wurde lauter. Yoda hastete durch den Korallenwald und sah vor sich einen Trupp Superkampfdroiden. Die regulären Kampfdroiden der Separatisten waren staksig und klapprig, aber diese B2s waren grobe Klötze, dazu konstruiert, sich nicht um Schäden zu scheren und jede Gegenwehr auszumerzen. Sie wären für die Klone eine Kragenweite zu groß – und tatsächlich: Yoda sah, wie Thire, unterstützt von Jek, vor den Droiden davonhumpelte. Er sprang über die breiten Schultern der B2s hinweg, ließ sein Lichtschwert herumwirbeln wie ein smaragdfarbenes Feuerrad und landete zwischen Droiden und Klonen. Er schlug einen Blasterschuss zurück zu den B2s, der einen von ihnen zu Boden riss, und folgte den Klonen hinter den Stamm eines umgestürzten Korallenbaumes, wo sie in Deckung gingen.

Thire schnellte hinter dem Stamm hervor und gab einen Schuss ab, der einen weiteren B2 zu Boden riss, musste sich aber sofort wieder ducken, um dem Gegenfeuer zu entgehen. „Was sollen wir jetzt tun, Sir?", fragte er.

Yoda konnte Schmerz und Furcht aus der Stimme des Klons heraushören. „Hmm." Er schaltete sein Lichtschwert aus, setzte sich mit verschränkten Beinen vor die Klone und ignorierte die tödlichen Energieblitze, die über ihre Köpfe hinwegzischten.

„Was macht der General denn da?", entfuhr es Jek.

Was Yoda machte, war, die Umgebung zu erspüren – die erste Lektion, die er so vielen Jünglingen beigebracht hatte.

Das Erste, das er fühlte, waren die Wellen und die Strömungen der Macht, erzeugt von zahllosen winzigen Organismen, die in den Korallenbäumen und in Rugosas Luft und Boden lebten. Das Leben fühlte sich an wie ein gewaltiges Netz aus Energie. Und in diesem Netz konnte Yoda die Klone spüren – ihre Gemüter schienen in der Macht zu leuchten und strahlten Wut und Furcht, Entschlossenheit und Sorge aus.

Die Superkampfdroiden hingegen konnte Yoda nicht spüren – es waren Maschinen, bloße Imitationen des Lebens. Doch er konnte die leeren Flecken fühlen, die sie in der Macht hinterließen, und daher wusste er genau, wo sie waren. Er streckte seine Hand aus und ließ einen der wuchtigen Droiden in die Luft steigen. Dieser bewegte weiter seine Beine und feuerte, während seine Sensoren sich abmühten herauszufinden, was mit ihm geschah.

Mit einer Handbewegung wirbelte Yoda den Superkampfdroiden in der Luft herum, sodass dessen Unterarmkanonen Energieladungen durch seine Droidenkameraden jagten. Die anderen B2s feuerten auf den fehlgeleiteten Droiden und ignorierten dessen Protest, bis er verstummte. Yoda drehte die Hand und nutzte die Macht, um den reglosen Droiden gegen die anderen zu schleudern, mit genügend Wucht, um sie alle zu deaktivieren.

„Ha!" Thire drehte sich um und sah den Jedi mit neu gewonnenem Respekt an. „Ihr habt uns rechtzeitig gefunden, Sir."

Yoda blickte zu den drei Klonen auf. „Im Stich gelassen niemand von mir wird."

Doch noch während der Jedi-Meister dieses Versprechen gab, hörte er das unheilvolle Sirren schnell laufender Motoren. Drei Zerstörerdroiden rollten ins Blickfeld, entfalteten sich zu aufrechter Position, in der sie mit ihren drei Beinen festen Halt fanden, und feuerten aus allen Rohren auf die Klone.

Yoda aktvierte sein Lichtschwert und schlug die Schüsse zu den Droiden zurück. Ihre Deflektorschilde leuchteten violett um sie herum auf, während die Schüsse an ihnen abprallten. Es war ein Kampf, den Yoda und die Klone nicht gewinnen konnten. „Rückzug!", befahl er den Klonen. „Euch decken ich werde."

Ihr Widerwillen war deutlich in der Macht zu spüren, aber der Antrieb zu gehorchen war stärker. Jek half Thire, auf die Beine zu kommen und weiterzuhumpeln.

Yoda sprang auf Rys' Rücken, hielt sich mit einer Hand fest und schlug Schüsse zurück zu den Zerstörerdroiden. Als er einen geeigneten Korallenast entdeckte, lenkte er mit dem Lichtschwert einen der Schüsse darauf, sodass der herabstürzte und den Droiden den Weg versperrte. Kurz darauf piepte Thires Holoprojektor. Yoda starrte auf Katuunkos winzige Gestalt, die in Thires Handfläche aufflackerte.

„Meister Yoda", sagte der König. „Ich hörte von Euren Schwierigkeiten mit der Droidenarmee."

„Schwierigkeiten?", fragte Yoda mit einem Lächeln. „Von Schwierigkeiten ich nichts weiß. Auf unser baldiges Treffen ich mich freue."

Als sich ihre Rettungskapsel noch in der Luft befand, hatte Yoda eine Schlucht gesehen. Aus der Nähe erkannte er nun, dass es sich um eine Vertiefung zwischen zwei riesigen Korallenriffen handelte, die über die Jahrhunderte gewachsen waren. Sie wand sich hin und her, durchzogen von Tunneln, die tiefer in die Korallen hineinführten. Einer dieser Tunnel wäre ein ausgezeichneter Zufluchtsort, während Yoda darauf wartete, dass die Separatisten zu ihnen aufschlossen. Als er die Klone hineinführte, spürte Yoda ihren Widerwillen. Der große Baum, bei dem Katuunko auf sie wartete, lag in einer anderen Richtung, und der Gedanke, sich zurückzuziehen, ärgerte sie.

„Sollen wir da wirklich reingehen, General?", fragte Thire. „Dort gibt es keinen Ausgang."

„Uns ausruhen wir müssen", sagte Yoda. In der Schlucht war es kühl, und es wurde noch kühler, als er sie in einen röhrenförmigen Gang führte, der sich durch die Korallen schlängelte. Während Yoda mit seinem Stock den Weg ertastete, schloss er die Augen, vertiefte sich in die Macht und ließ seine Wahrnehmung die Präsenz der Klone streifen. Ihre Gemüter waren aufgeschlossen, und ihre Gefühle waren stark. In der Macht erinnerten sie ihn an Kinder, worüber er lächelte – Yoda behauptete gern, dass er in seinen Jahrhunderten als Jedi mehr von Jünglingen als von Jedi-Meistern gelernt hatte.

Die Klone sehnten sich nach Anerkennung und wollten es ihrem Befehlshaber recht machen. Aber sie sorgten sich, dass sie nicht in der Lage wären, ihre Mission zu erfüllen und am Ende beschämt dastehen würden. Versagen bedeutete, sich als unwürdig zu erweisen – vor ihrem General und vor allen anderen.

Ein *Hmm* drang aus Yodas Kehle, während er darüber nachdachte. Der starke Instinkt der Klone, zu gehorchen, beunruhigte ihn ein wenig, insbesondere, da sie Menschen waren.

Laute und ungeduldige Wesen die Menschen sind. Und zu kurz ihr Leben ist. Dahin sie scheiden, gerade wenn an der Schwelle zu wahrer Reife und Weisheit sie sind.

Doch die Klonsoldaten waren keine gewöhnlichen Menschen. Er hatte den Unterschied in dem Augenblick gespürt, in dem er zu Kriegsbeginn auf Kamino ein Kanonenboot bestiegen hatte. Die Klone waren quasi von Geburt an in den Laboren der Kaminoaner verändert worden. Wie Maschinen hatte man sie modifiziert und ihre Gehirne bearbeitet, um sie zu besseren Soldaten zu machen. Und man hatte ihr Wachstum drastisch beschleunigt, wie sich Yoda ins Gedächtnis rief. Wenn sich die Klone in der Macht wie Kinder anfühlten, dann vielleicht, weil sie in gewisser Weise immer noch welche waren.

Für den Krieg gemacht diese Kinder wurden – zu Millionen. Für austauschbar ihre Erschaffer sie halten.

Yoda dachte immer noch darüber nach, als Rys eine tragbare Lampe entzündete und die Waffen beleuchtete, die sie zur Inspektion ausgelegt hatten: drei Blaster, zwei beschädigte Gewehre und einen Raketenwerfer.

„Uns geht die Munition aus, Sir", sagte Jek. „Wir haben nur noch zwei Granaten und eine Ladung für den Raketenwerfer."

„Gegen ein ganzes Bataillon?", fragte Rys. „Vergiss es, wir haben verloren."

Yoda ermahnte sich, nicht mehr über die Herkunft der Klone nachzugrübeln. Wie beunruhigend er ihr Verlangen nach Führung auch fand, es war nun einmal seine Pflicht, sie anzuführen – und ihre Mission war ebenfalls die seine. Er hob die zwei beschädigten Gewehre auf, legte sie zurecht und entzündete sein Lichtschwert. „Unsere Niederlage so sicher für euch ist, hmm?", fragte er und senkte die Klinge der Jedi-Waffe, sodass das Metall brodelnd weich wurde. Dann presste er die zerteilten Gewehre aneinander, bis das geschmolzene Metall eine Schweißnaht bildete.

„Bei allem Respekt, General, vielleicht solltet nur Ihr weitergehen", schlug Thire vor. „Wir versuchen, sie aufzuhalten."

„Alles vorhanden ist, was wir brauchen, um zu gewinnen", erklärte Yoda und reichte Thire die provisorische Krücke, die er aus den beiden Gewehren konstruiert hatte. „Kommt und setzt euch. Eure Helme, nehmt sie ab. Eure Gesichter zu sehen, ich wünsche."

Die Klone zögerten, nahmen aber ihre Helme ab. Im Lampenlicht schimmerten die roten Markierungen ihrer Rüstungen – die Farbe des diplomatischen Dienstes – in einem schlammigen Braun.

„Da gibt es nicht viel zu sehen, Sir", sagte Thire. Seine Stimme klang, ungefiltert vom Kommunikationssystem des Helmes, voller und tiefer. „Wir unterscheiden uns kaum voneinander. Wir haben alle das gleiche Gesicht."

„In die Irre euch die Augen führen. In der Macht ganz verschieden jeder von euch ist."

Yoda stand auf, ging auf Rys zu und klopfte mit seinem Stock gegen den Brustpanzer des Klons. „Rys", sagte er. „Immer fixiert auf den Feind du bist. Um Erleuchtung zu erlangen, betrachte dich selbst und jene neben dir."

Jek, seinen Helm mit der roten Finne im Schoß, beobachtete den Jedi-Meister skeptisch.

„Jek", sagte Yoda. „Besorgt um deine Waffen du bist. Waffen gewinnen ein Gefecht nicht. Im Geiste mächtig du bist, hmm? *Ausspielen* die Droiden du kannst."

Dann saß da noch Thire. Ihn quälten Schmerzen und das Bedürfnis sich selbst zu beweisen, nicht nur als einfacher Soldat, sondern auch als Offizier.

„Thire", sagte Yoda sanft. „Stürze nicht zu eilig in den Kampf. Lange dauert der Krieg. Nur wer ihn überlebt, ihn gewinnen wird." Der Jedi hockte sich wieder hin und betrachtete die drei Krieger im warmen, orangefarbenen Licht der Lampe. „Klone ihr sein mögt, aber die Macht in allen Lebewesen wohnt", erklärte er. „Nutzen ihr sie könnt, um den Geist zu besänftigen."

Die Klone sahen sich an, und Yoda spürte ihre Nervosität schwinden, ersetzt durch ein Gefühl von Frieden und Bestimmung. Wieder musste der Jedi-Meister lächeln – er hatte ihnen ihre erste Lektion gelehrt. Einen Moment später erzitterte die Höhle um sie herum, ein Beben, dem das unverkennbare Rumpeln herannahender Separatistenpanzer folgte. Ventress' Droiden hatten sie gefunden.

Gefolgt von den drei Klonen, wählte Yoda sorgfältig den Weg aus ihrem Unterschlupf hinaus. Eine Reihe Panzer arbeitete sich unter ihnen durch die Schlucht vor, begleitet von Kampfdroiden-Infanterie.

„Panzer", murmelte Rys. „Wollen sie uns damit beschießen?"

„Ja, aber ich habe nur einen einzigen Schuss übrig", meinte Jek.

Yoda sah sich die Droiden an. „Sie begrüßen ich werde."

„General, Ihr wollt Euch doch nicht die ganze Kolonne allein vornehmen?", fragte Thire, auf seine Krücke gestützt.

„Aber euch drei doch noch unterlegen sie sind", sagte Yoda mit einem Glucksen. „Erkennen ihr werdet, wenn Hilfe ich brauche."

Als Yoda hinabsprang in die Schlucht, entdeckte er Rippen, die aus den Korallen ragten, alt genug, um sich von Knochen in Stein verwandelt zu haben. Und sie waren riesig – die versteinerten Knochen irgendeines Seeungeheuers, das Rugosa seine Heimat genannt hatte, vor der großen Katastrophe, die seine Ozeane weggekocht hatte. Ein Schwarm Neebrays hatte die Rippen bevölkert. Sie hockten auf ihnen und breiteten ihre Flügel in der Spätnachmittagssonne aus.

Vergangenes Leben nährt zukünftiges Leben. So immer es ist mit der Macht.

Yoda warf einen kurzen Blick auf die herannahenden Panzer, dann setzte er sich mit verschränkten Beinen mitten in die Schlucht, atmete aus und schloss die Augen. Er ignorierte das Rumpeln der Antriebe und erweiterte seine Wahrnehmung. Die Neebrays glühten wie Funken darin, gierten ausgelassen lebendig nach Wärme und Nahrung. Er lächelte und ließ seinen Geist weitertreiben. Über ihm waren die Klone. Noch weiter weg streifte sein Geist den kühlen Verstand von Katuunko und den Knoten aus Wut und Verlangen, der Asajj Ventress abbildete.

Die Panzer hatten den Jedi beinahe erreicht, und die Furcht der Neebrays war spürbar, als sie davonflogen. Dann verstummte der Lärm der Panzer, und das Geplapper verwirrter Kampfdroiden trat an dessen Stelle. „Erschießt ihn!", rief Ventress, die über einen Holoprojektor zu hören war. „Erschießt ihn sofort!"

Die Zeit der Meditation war vorbei. Yoda öffnete die Augen, ließ sich von der Macht in die Höhe schnellen und sprang über den Kanonenlauf des Führungspanzers. Er berührte ihn gerade lange genug, um sein Gleichgewicht zu finden und das Lichtschwert zu zünden, dann ging er auf einen Trupp Kampfdroiden los, der von seiner smaragdfarbenen Klinge zerlegt wurde. Gleich darauf befand er sich unter dem Panzer und schnitt einen sauberen Kreis in dessen Unterseite.

Im Panzer roch es übel nach Schmiermittel und Treibstoff. Yodas Lichtschwert leuchtete auf, geführt von der Macht. Zwei Droiden flohen aus der Heckluke, und er streckte seine Hand aus, um sie zurückzuziehen wie Metallspäne zu einem Magneten. Dann war er auch schon oben auf dem Panzer und schleuderte Droidenteile in die Luft.

Die Droiden stellten keine Gefahr dar, aber das Ganze dauerte zu lang. Yoda sprang von Droide zu Droide, bis er auf dem Kanonenlauf des nächsten Panzers landete. Der feuerte und traf ein anderes Separatistenfahrzeug, aber Yoda würdigte die Zerstörung nicht eines Blickes. Er war zu beschäftigt damit, die obere Luke aufzuschneiden.

Schon im nächsten Moment war der Panzer nicht mehr als ein qualmendes Wrack, und Yoda war wieder in Bewegung und zerhackte staksige Kampfdroiden und wuchtige B2s. Er schnitt die Unterseite eines weiteren Panzers auf, spürte Hitze im Genick, als der explodierte, und fand sich mehr als einem Dutzend Zerstörerdroiden gegenüber wieder. Von ihren Schilden geschützt, ließen sie Schüsse auf ihn einprasseln. Yodas Lichtschwert glich einem einzigen Wirbel und schlug die Schüsse in alle Richtungen zurück. Doch es waren zu viele Gegner, selbst für einen Jedi-Meister mit der Macht als Verbündeter.

Der Jedi-Meister spürte eine Woge des Stolzes und der Befriedigung von Thire. Eine Rakete jagte durch den Himmel und krachte in eine riesige Felsnase über den Zerstörerdroiden. Gelöst vom Rand der Schlucht, rauschte sie in die Tiefe und zermalmte die Maschinen.

„Hmm." Yoda trat ein paar Schritte zurück, um dem aufquellenden Staub zu entgehen. Thire hatte erkannt, wann er helfend einschreiten musste, ganz wie Yoda es gehofft hatte.

Als die Klone den Grund der Schlucht erreichten, trafen sie ihren General auf einem Korallenblock an, auf dem er im Schneidersitz saß und einen Neebray anlächelte, der auf einem seiner Finger hockte. Noch eine dieser kleinen Kreaturen saß vertrauensvoll auf einem der langen grünen Ohren des Jedi. Droidenteile, von denen manche noch qualmten, lagen um ihn herum verstreut.

Thire sah sich voller Zufriedenheit darüber, was sie vollbracht hatten, um.

„Heute etwas dazugelernt, Lieutenant, hmm?", fragte Yoda.

„Ich denke, das haben wir alle, General", sagte Thire.

Die Neebrays breiteten ihre Flügel aus und flogen davon, als Yoda zu den Klonen hinuntersprang.

„Kommt", sagte er, „viel Zeit wir verloren haben. Nicht höflich es ist, zu spät zu sein."

Yoda sprach sorglos, doch er wusste, dass sie sich beeilen mussten. Ventress' Droiden hatten versagt und sie vor Katuunko und ihrem Meister gedemütigt. Yoda war klar, dass sie versuchen würde, ihre Schande und Enttäuschung mit Zorn und Vergeltung auszuradieren. Zudem war ihr Versagen auch das von Dooku. Katuunko würde sich auf die Seite der Republik stellen, statt auf die der Separatisten, was der skrupellose Dooku kaum hinnehmen würde. Yoda machte sich also auf direktem Weg zu dem Korallenbaum auf, wobei die Klone, so schnell es dem humpelnden Thire möglich war, neben ihm marschierten.

Sie erreichten ihr Ziel, als Ventress gerade mit ihren beiden rot leuchtenden Lichtschwertklingen nach Katuunkos Hals schlug. Doch die tödlichen Hiebe würden ihr Ziel niemals finden. Yoda hob eine Hand und ließ Ventress' Lichtschwerter in ihrer Bewegung erstarren. Ventress ächzte und versuchte, sich zu befreien, konnte jedoch nur ihre Augen bewegen.

„Jedi-Meister Yoda", sagte Katuunko gelassen, so als wäre der Tod nicht nur mehr wenige Zentimeter von ihm entfernt. „Ich bin sehr erfreut, Euch endlich persönlich zu begegnen."

„Eure Freude ich teile, König Katuunko." Yoda stieß Ventress mithilfe der Macht beiseite und wandte sich an das über ihm aufragende Hologramm von Count Dooku, der alles mit drohendem Blick mit ansah. „Versagt Ventress hat, Count", sagte er zu seinem alten Padawan.

Ventress' Zorn glich einem Sturm innerhalb der Macht. „Ich habe keine Furcht vor Euch, Jedi", sagte sie und nahm mit ihren Lichtschwertern Angriffshaltung an.

Yoda sah sie mit mildem Blick an. „Stark seid Ihr in der dunklen Seite der Macht. Aber auch nicht *so* stark." Er hob eine Hand, und Ventress' Lichtschwerter erloschen. Die Griffe flogen aus ihren Händen und landeten mit einem Klacken in denen von Yoda. Mit halbherziger Neugier besah er sich ihre Bauweise. „Noch viel zu lernen Ihr habt", sagte er und warf die Lichtschwerter zu ihr zurück. „Euch ergeben Ihr solltet."

Ventress' Augen verengten sich zu Schlitzen, als sie die Lichtschwerter wieder an ihren Gürtel hakte und dabei nach einem Fernzünder griff. Auf den Felsen hoch über ihnen verschlang ein Feuerball Katuunkos Schiff und ließ große Korallenbrocken herabstürzen zu Katuunko, Yoda und den Klonen.

Ventress rannte bereits zu ihrem Schiff, aber Yoda ließ sie ziehen, erhob die Arme und nutzte die Macht, um das polternde Geröll aufzuhalten und zur Seite zu lenken, damit es in sicherer Entfernung gefahrlos zu Boden fiel. „Hmm." Yoda sah zu, wie Ventress' Schiff in den Himmel jagte. „Am Ende sind Feiglinge die, die der dunklen Seite folgen."

„Ich bedauere, nicht persönlich anwesend zu sein, mein alter Meister", sagte Dooku mit eisiger Stimme.

„Ich bedauere viel mehr, mein gefallener Schüler", entgegnete Yoda.

Katuunko blieb seinen Worten treu und bot der Republik an, Toydaria als Standort für eine Basis zu nutzen, verbunden mit dem Versprechen, dass sein Volk Yoda zu Diensten stünde. Yodas Fregatte kehrte alsbald zurück, begleitet von zwei Jedi-Kreuzern. Als die Sonne auf Rugosa unterging, trug ein Kanonenboot Yoda, die Klone und die Toydarianer himmelwärts.

„Mission erfüllt, General", sagte Thire zufrieden, während ein Medidroide sein verwundetes Bein mit Bacta abtupfte. „Dank Euch."

„Erfolg allein ich nicht gehabt hätte", sagte Yoda. „Glück ich hatte, euch drei bei mir zu haben. Aufeinander verlassen wir uns müssen, dann gewinnen den Krieg wir werden."

Jek blickte von den Kampfdroidensymbolen auf, die er auf

den Lauf seines Rotationsgeschützes malte. „Diese Klappergestelle werden nicht mal mitkriegen, was sie erwischt", schwor er.

„Aber jetzt heißt es erst einmal: zurück nach Coruscant!", sagte Rys.

Yoda hörte Enttäuschung aus der Stimme des Klons heraus. „Fürs Erste", sagte er und lächelte die Soldaten an. „Doch wiedersehen wir uns werden. In der Macht ich fühle es."

Zurück in seiner Kabine auf dem Jedi-Kreuzer, dämpfte Yoda das Licht und setzte sich im Schneidersitz auf den Boden. Schönheit und Zauber gab es hier nicht, nur Kreuzungspunkte von Metall und das Summen von Maschinen in Bewegung, tief verborgen unter der Oberfläche der Dinge.

Yoda drang mit seinen Gefühlen vor und spürte die Gemüter der Klone um sich herum. Ihr Bewusstsein war ähnlich, aber nicht identisch – in der Musik wären sie vielleicht Variationen desselben Themas. Er wusste, sie würden sich weiter auseinanderentwickeln, während sie von unterschiedlichen Erfahrungen geprägt wurden – zumindest jene, die länger lebten. Und doch spürte er überall das gleiche Grundverlangen, Befehlen zu gehorchen, Missionen zu erfüllen, ein guter Soldat zu sein.

Wieder einmal beunruhigte das den Jedi. Er hatte bereits gehört, wie die Senatoren der Republik über die Klone diskutiert hatten, als wären diese organische Droiden, gezüchtet für den Kampf, in der gleichgültigen Aussicht auf ihren Tod – nach dem man sie nicht mehr betrauern würde als Droiden, die in den Schmelzofen kamen.

Individuen die Klone sind. Verstehen und fördern wir das müssen. Sie behandeln wie Maschinen wir nicht dürfen. Tun wir es, viel mehr wir werden verlieren als nur den Krieg.

Yoda versank wieder in Meditation, doch die Gesichter der Klone gingen ihm nicht aus dem Kopf.

Er sah Rys, der leicht überrascht wirkte, mit offenen Augen, die jedoch nichts sahen. Sein Gesicht war gesprenkelt von bunten Klecksen und Flecken – leuchtende Flocken, die sich auf Wangen und Stirn niedergelassen hatten.

Er sah Jek in grün gefleckter Rüstung, eine Hand am Helm, während er seinem Komlink lauschte. Er spürte Jeks Ungläubigkeit und Bedauern – doch einen Augenblick später wurde beides schon von dem Bedürfnis, zu gehorchen, beiseitegespült.

Und er sah Thire, mit einem Helm, von dem ein grellrotes Leuchten ausging. Er suchte etwas. Und mit ihm war noch eine Präsenz spürbar – eine, die sich in der Macht wie ein enormer Sturm voller Bösartigkeit und Gier anfühlte.

Besorgt öffnete Yoda die Augen. Visionen der Zukunft waren eine gefährliche Verlockung. Manch ein Jedi hatte sein Leben der Aufgabe verschrieben, sie abzuwenden, nur um genau das herbeizuführen, was eigentlich hatte verhindert werden sollen. Wie vielen Padawanen hatte er diese Warnung über die Jahre mit auf den Weg gegeben? Tausenden? Zehntausenden?

Wiedersehen wir uns werden.

Zum ersten Mal brachte dieser Gedanke neben Bestärkung auch Befürchtungen mit sich. „Immer in Bewegung die Zukunft ist“, ermahnte sich Yoda. „Wissen du das tust. Beherzigen deine eigenen Lektionen du solltest.“

Die Macht würde ihrem eigenen Willen folgen, und der Jedi-Meister würde weiterhin danach streben, diesen Willen zu verstehen und zu akzeptieren. Nichts anderes hatte er jemals getan. Nichts anderes konnte ein Jedi tun.

DIE ERGREIFUNG DES COUNT

Lou Anders

HOLOAUFZEICHNUNG GESTARTET
AUFZEICHNUNG VON DARTH TYRANUS

Seid gegrüßt, mein Meister!

Während ich dies aufzeichne, fliege ich ein Angriffsshuttle der *Flarestar*-Klasse. Dieses Schiff habe ich einer ruchlosen Piratenbande abgenommen. Nachdem ich erst kürzlich ihren Fängen entkommen war, bin ich nun auf dem Weg zu meiner Privatfregatte. Wie ich in diese missliche Lage geriet, lässt sich nicht in wenigen Sätzen erklären. Doch ich möchte meine Erfahrungen zur Gänze schildern, da Ihr möglicherweise Nutzen daraus ziehen könnt.

Vor einiger Zeit stieß mein Schiff auf einen Delta-7B-Sternenjäger. Sowohl das Schiff als auch sein Hyperraumring trieben in einem Eisfeld. Das Schiff schien schweren Schaden erlitten zu haben. Mein Droiden-Captain ordnete an, es zur genaueren Inspektion an Bord zu holen, stellte aber für alle Fälle Sicherheitstruppen bereit. Dies erwies sich als weise Vorsichtsmaßnahme, denn der Sternenjäger gehörte niemand anderem als Anakin Skywalker – und er war noch an Bord.

Wie vorherzusehen war, schritt der junge impulsive Skywalker sogleich zur Tat. Innerhalb weniger Augenblicke zerlegte er mit seinem Lichtschwert mehrere Kampfdroiden. Einem meiner B2-Superkampfdroiden gelang es jedoch, den Jungen zu entwaffnen, indem er ihm seine Waffe aus der Hand schoss. Unbewaffnet und in der Unterzahl, erkannte selbst dieser ungestüme junge Tor die Weisheit einer sofortigen Kapitulation. Rasch wurde er bezwungen, und meine Droiden sperrten ihn in eine Zelle, wo er des Schicksals harren sollte, das Ihr für angemessen hieltet, wenn ich ihn an Euch auslieferte.

Leider sollte es anders kommen, denn sein Meister Obi-Wan Kenobi schlich sich an Bord meiner Fregatte. Da kein Alarm wegen eines herannahenden Schiffes ausgelöst wurde, muss er wohl mithilfe eines Raumanzugs eingedrungen sein. Kaum an Bord, befreite er Skywalker, woraufhin die beiden mich aufsuchten.

Ich meditierte in meiner Privatkammer über das Wesen der dunklen Seite, als sie sich mir aufdrängten. Wie immer taten die beiden übertrieben selbstbewusst und plusterten sich auf wie zwei herumstolzierende Tip-Yips. Ich verwehrte ihnen die Genugtuung, etwas zu erwidern oder auch nur aufzustehen, so sehr verachtete ich ihre Großspurigkeit. Außerdem hatte ich, wie Ihr alsbald erkennen werdet, noch einen weiteren Grund, sitzen zu bleiben.

„Welch Überraschung", sagte Skywalker auf seine gewohnt penetrante Art.

„Wenn das nicht Count Dooku ist", stimmte Kenobi ein.

Die Jedi dachten, sie wären im Vorteil, doch ich hatte die Lage bestens unter Kontrolle. Und ich hatte nicht vor, mich von ihren infantilen Späßen reizen zu lassen.

„Ich wusste doch, dass ich eine unerquickliche Erschütterung der Macht gespürt habe“, entgegnete ich gelassen. Dann fügte ich an Kenobi gerichtet hinzu: „Wie ich sehe, habt Ihr den jungen Skywalker befreit. Was würde er bloß tun, wenn Ihr nicht immer zur Stelle wärt, um ihn zu retten?“

Gerne hätte ich mich an der Zornesröte erfreut, die sich dadurch auf die Wangen des jungen Jedi legte, doch in diesem Augenblick wurde ich heftig durchgeschüttelt. Die Jedi spürten es auch. Nur eines konnte dafür verantwortlich sein, ein Schiff dieser Größe erbeben zu lassen.

„Sir“, meldete sich ein Kampfdroide über Interkom, „wir werden von einem Jedi-Kreuzer angegriffen.“

„Ihr seid umzingelt, Count“, sagte Skywalker mit breitem Grinsen. „Unsere Truppen kommen soeben an Bord.“

Als sie prahlerisch ihre Lichtschwerter schwangen, fiel mir auf, dass Kenobi den Jungen mit einem Ersatzschwert versorgt haben musste. „Seid Ihr Jedi so naiv?“, herrschte ich die beiden an. Das mussten sie sein, wenn sie tatsächlich glaubten, sie seien im Vorteil. Wie Ihr es mich gelehrt habt, ist ein Sith auf alle Eventualitäten vorbereitet und gewiss auch auf die Möglichkeit eines schnellen Rückzugs. Dass ich mich zuvor wohlweislich nicht erhoben hatte, lag daran, dass ich auf einer Luke im Boden saß. Auf mein Geheiß öffnete sie sich unter mir. Ich fiel hinab in einen Fluchttunnel und rutschte steil in die Tiefe. Der Tunnel sollte mich direkt zu dem Hangar führen, in dem meine interstellare Punworcca-Yacht wartete.

Wenig überraschend, verfolgte mich Skywalker umgehend. Dies war ärgerlich, kam aber angesichts seines Charakters nicht unerwartet. Ich schleuderte ihm Machtblitze entgegen, die er natürlich mit dem Lichtschwert parierte. Er war schließlich vom Padawan meines eigenen Padawans Qui-Gon Jinn ausgebildet worden. Daher musste er einen Teil meines beträchtlichen Geschicks besitzen, wenn auch abgeschwächt und unvollendet. Doch da ihn die knisternde, bläuliche Energie meiner Blitze blendete, konnte er nicht sehen, welchen Weg ich wählte, als sich der Tunnel gabelte.

Wie beabsichtigt, verschaffte mir mein Blendwerk wertvolle Augenblicke. Mit Vorsprung vor Skywalker erreichte ich die Andockbucht.

„Euer Schiff steht bereit, Sir", informierte mich ein Kampfdroide in Habtachtstellung.

„Gut." Während ich im Cockpit Platz nahm, steuerte mein FA-4-Pilotendroide den Segler aus dem Hangar. Durch das Sichtfenster sah ich Kenobi neben dem Schiff herrennen, doch er konnte nichts tun, um mich aufzuhalten, während ich in das kalte Vakuum des Alls entschwand. Sind sie jedoch erst einmal auf der Jagd, lassen sich die Jedi nicht so schnell entmutigen. Rasch überwältigten Kenobi und Skywalker meine Droiden, woraufhin sie eine meiner Transportfähren stahlen und die Verfolgung aufnahmen.

Meine Eskorte aus Droidensternenjägern der *Geier*-Klasse nahm sich ihrer mit einem Hagel aus Blasterfeuer an, doch den Jedi gelang ein Ausweichmanöver. Sie entzogen sich unseren Angreifern und hefteten sich mir dicht an die Fersen.

Mein Schiff wurde erschüttert, was mich beinahe aus meinem Sitz warf. Die Jedi hatten einen direkten Treffer erzielt! Die Triebwerke des Schiffes brannten! Zu meinem immensen Verdruss erkannte ich, dass sie hinüber waren. Ich musste zu einer Notlandung ansetzen.

Zum Glück war der nächste Planet nicht weit entfernt. Ich blickte auf eine fremde Welt unter verwirbelten blaugrauen Wolken. Dann stach ich, gefolgt von einem Schweif aus Feuer und Rauch, durch die Atmosphäre. Mein Droidenpilot war nutzlos. Hätte ich auf seine rein mechanischen Instinkte vertraut, wäre ich bald ebenso dahingeschieden wie mein Schiff. Ich schob ihn beiseite und übernahm selbst das Steuer.

Die Wolken lichteten sich, und ich machte eine Bruchlandung in öder Wildnis. Ich könnte mir denken, ein ungeübterer Pilot hätte nicht überlebt, aber ich blieb selbstverständlich unverletzt. Ich befreite mich aus dem Wrack und besah mir den Schaden. Der Antrieb war so gut wie zerstört. Ich platzierte einen Peilsender, damit meine Truppen mich finden konnten, und machte mich auf, um die Umgebung zu erkunden.

Das Gelände war felsig und der Himmel verhangen. Den Boden kennzeichneten von Dunst umwaberte kristalline Gebilde. Unter meinen Stiefeln knirschte Quarzsand, den der Wind aufwirbelte und davontrug. Mir wurde bewusst, dass ein Sturm dort höchst unangenehm sein würde.

Alsbald fand ich eine Höhle. Die Wände waren überzogen von biolumineszierenden Organismen, die im Dunkeln leuchteten und für schwaches Licht sorgten. Dennoch spürte ich im Inneren viele andere Lebensformen, von denen mindestens eine recht groß war. Folglich war dies kein guter Ort, um Schutz zu suchen. Doch möglicherweise wäre er auf andere Art nützlich. Zweifellos würden die Jedi bald auftauchen – und ich wäre auf sie vorbereitet. Ich fing an, die Höhle in eine Falle zu verwandeln.

Wie nicht anders zu erwarten, trafen meine Verfolger bald

ein und begannen ihrerseits, die Höhle zu erkunden, und auch sie fühlten die Lebensformen. Doch eine Falle verlangt auch immer nach einem Köder. Also drang ich mit meinem Geist vor und rührte die Macht gerade so weit auf, dass die Jedi eine Andeutung meiner Präsenz spürten. Dann nahm ich mich wieder zurück, um meinen genauen Standort nicht preiszugeben. Gut, sie würden mich suchen – und tatsächlich gingen die beiden Narren geradewegs an meinem Versteck vorbei, nicht ahnend, dass ihr Verderben hinter ihnen lauerte.

Ich tauchte mit meinen Sinnen in die Macht ein. Zuvor hatte ich bereits mehrere Gesteinsschichten in der Höhlendecke gelockert. Nun nutzte ich meine Kräfte, um sie herunterzureißen. Noch bevor Skywalker und Kenobi reagieren konnten, ließ ich die Decke einstürzen und begrub die Jedi unter einem Haufen gewaltiger Felsbrocken. Es war ergreifend, sich mit solcher Leichtigkeit dieser hartnäckigen Stacheln in meinem Fleisch zu entledigen.

Als sich der Staub legte, sah ich das Heft von Skywalkers Lichtschwert unter einem Felsen hervorragen. Mithilfe der Macht zog ich es an mich. „Ich glaube, das werdet Ihr wohl nicht länger benötigen, Skywalker", sagte ich voller Zufriedenheit über meinen Triumph. Ich gestehe, die Waffe noch selbstsicher herumgewirbelt zu haben, bevor ich sie an meinem Gürtel befestigte.

Beim Verlassen der Höhle streckte ich wieder meinen Geist aus. Ich schöpfte aus der Kraft meines Zorns und meines Hasses auf die heuchlerischen Jedi und ihre korrupte Republik und ließ den Höhleneingang einstürzen. Sollten Skywalker und Kenobi den Felssturz irgendwie überlebt haben, so wären sie nun zusammen mit der großen Kreatur, die dort hauste, in der Höhle gefangen. Geschwächt und mit nur einem Lichtschwert würden die Jedi nicht lange durchhalten.

Ich ließ sie in dem, was ich aus gutem Grund für ihr Grab hielt, zurück und machte mich auf, um eine Möglichkeit zu finden, den Planeten so rasch wie möglich zu verlassen. Was ich fand, war eine Kriegsfregatte der *Corona*-Klasse, die neben dem Wrack meines Solarseglers stand. Stämmige, lederhäutige Personen durchstöberten mein Schiff wie ein Schwarm Insekten. Mir wurde klar, dass sie es plünderten. Es waren Weequays, Einheimische der Wüstenwelt Sriluur. Ich beobachtete, wie das Gesindel wegen nichts weiter als den Mätzchen eines kowakianischen Echsenaffen untereinander in Zank geriet.

Der Anführer der Piraten entdeckte mich. „Sieh an, sieh an“, sagte er, „was haben wir denn hier?“

Ich zog es vor, auf seine Frage mit einer Gegenfrage zu antworten. „Wer seid Ihr?“

„Was noch wichtiger ist, mein Freund“, antwortete er. „Wer bist du?“

Ich verriet ihnen meinen Namen nicht. Er brauchte nicht zu wissen, dass ich der Count von Serenno und das Oberhaupt der Konföderation Unabhängiger Systeme bin. Zum Glück hörte er sich lieber selbst reden, statt anderen zuzuhören, und so erfuhr ich bald, dass dieser Weequay Hondo Ohnaka hieß. Mit einem melodischen Singsang in der Stimme, der anderen möglicherweise gefallen hätte, erklärte er mir, dass er eine Gruppe Piraten anführte, die sich die Ohnaka-Bande nannte. Dass er sehr stolz sowohl auf seine Halunkenschar als auch auf sich selbst war, versteht sich von selbst. Ich spürte, hier einen Opportunisten vor mir zu haben, doch seine offensichtliche Gier bot *mir* die Möglichkeit, *ihn* zu manipulieren.

„Dieser Solarsegler ist wirklich sehr hübsch anzusehen", sagte Ohnaka. „Die sind äußerst selten und überaus kostspielig. Was also tust du hier am äußersten Ende der Galaxis?"

Mit dieser Frage war natürlich eine Drohung verbunden. Er wollte wissen, ob ich allein war, und mich aushorchen, ob ich mich gegen die Plünderung meines Schiffes auflehnen würde. Während wir sprachen, sprang dieser lästige kowakianische Echsenaffe von seiner Schulter auf die meine. Zu gern hätte ich ihm den Hals umgedreht, doch ich widerstand dem Drang und achtete darauf, jedes Anzeichen meiner wachsenden Verärgerung über den Weequay zu verbergen. Nicht zuletzt ist ein Sith geduldig und schlägt nur in den günstigsten Augenblicken zu. Ich behielt daher einen ruhigen und freundlichen Tonfall bei. „Der Segler wurde in einem Asteroidensturm beschädigt, und ich musste notlanden", log ich. „Schlachten Sie ihn ruhig aus, wenn Sie das möchten", fügte ich so ungezwungen wie möglich hinzu.

Das schien Ohnaka zufriedenzustellen. Ich hatte seine kurzsichtige Gier richtig eingeschätzt. „Wir fliegen dich gern woandershin", sagte er. „Der nächste Planet ist Florrum. Er ist sechs Parsec entfernt."

Florrum. Das sagte mir nichts. „Ist er zivilisiert?", fragte ich.

„Das kommt darauf an, wie du *zivilisiert* definierst", antwortete Ohnaka gönnerhaft. „Auf jeden Fall ist er ein angenehmerer Aufenthaltsort. Vanqor sollte man nach Einbruch der Nacht meiden."

Ich befand mich also auf dem Planeten Vanqor. Das bedeutete, dass es sich bei der großen Kreatur, die ich in der Höhle gespürt hatte, um einen Gundark handelte. Gundarks waren furchterregende Raubtiere. Ausgezeichnet! Er würde sich entweder an den Überresten der Jedi laben oder sie massakrieren, falls sie den Felssturz überlebt hatten. Ich hatte keinen Grund mehr, mich noch länger dort aufzuhalten.

„Dann werde ich Ihr Angebot wohl besser annehmen", sagte ich.

„Hervorragend", erwiderte Ohnaka und rümpfte leicht die Nase. „Jetzt müssen wir uns nur noch über meinen Preis unterhalten."

„Preis?", fragte ich verwundert.

„Nur eine kleine Entschädigung, um meine Unkosten zu decken", antwortete der Weequay. Er besah sich meine Kleidung. „Das dürfte für jemanden, der offensichtlich so gut betucht ist wie du, kein Problem darstellen."

Ich blieb gelassen. Schließlich fällt es leicht, ein einfaches Versprechen zu geben. Wenn ich erst wieder bei meiner Droidenarmee wäre, würde mich nichts zwingen, es zu halten. „Es wird mir ein Vergnügen sein, Sie für Ihre Hilfe zu entlohnen", sagte ich.

Ohnaka lächelte. „Das war's dann, Jungs!", rief er seiner Bande zu. „Ab nach Hause!"

In Windeseile hatten sie die letzten Reste dessen, was sie aus meinem Schiff geplündert hatten, verstaut, und ich schloss mich ihnen an, um an Bord zu gehen. Es versteht sich von selbst, dass ich absolut wachsam blieb. Dieser Hondo Ohnaka war eindeutig ein Schlitzohr. Oh, er war sicherlich ein zuvorkommender Gastgeber auf unserer Reise und unterhielt mich mit übertriebenen Geschichten seiner

Heldentaten in der ganzen Galaxis. Bald erkannte ich, dass ich mich in der Gegenwart eines Individuums befand, dessen Selbstgefälligkeit sogar die des Jedi-Rates übertraf. Ich täuschte reges Interesse vor, behielt jedoch meinen Verstand beisammen. Mit seinen leutseligen Geschichten versuchte er offensichtlich, mein Misstrauen zu zerstreuen, doch seine Mühen hatten den gegenteiligen Effekt.

Schließlich trafen wir auf Florrum ein, der im Sertar-Sektor des Äußeren Rands liegt. Ich bestieg mit Ohnaka und ein paar seiner Bandenmitglieder ein Angriffsshuttle der *Flarestar*-Klasse, das uns auf die Planetenoberfläche brachte.

„Willkommen auf Florrum!", sagte Ohnaka, als wir die Zugangsluke hinuntergingen.

Das Willkommensein hielt sich jedoch in Grenzen. Der Planet erwies sich als schwefelige Wüste, über die sich kaum Gutes sagen lässt – dafür aber viel Schlechtes. Als ich den ausgedörrten Boden betrat, baute sich eine Gruppe Weequays vor mir auf, die ihre Blastergewehre auf mich richtete.

Ich hatte schon etwas in dieser Art erwartet. Doch als ich nach meiner Waffe greifen wollte, stellte ich fest, dass sowohl mein eigenes Lichtschwert als auch jenes, das ich Skywalker abgenommen hatte, von meinem Gürtel verschwunden waren.

„Haben wir etwa unser Schwert verloren?", fragte Ohnaka hinter mir. „Könnte es vielleicht sein, dass Ihr die hier sucht, Jedi?"

Ich drehte mich um und sah, dass er beide Lichtschwerter hochhielt. Ich muss gestehen, ich war, ohne es zu wollen, beeindruckt. Es bedurfte einigen Geschicks, mich um meine Waffe zu erleichtern, ohne dass ich den Diebstahl bemerkte. Und ich war wachsam geblieben. Dieser Ohnaka war ohne Zweifel ein begnadeter Taschendieb. Ich war beeindruckt, ja, aber nicht in der Stimmung, zu verzeihen. „Ich bin weitaus mächtiger als jeder Jedi“, warnte ich ihn. „Ihr steht einem Sith-Lord gegenüber.“

Bemerkenswerterweise schreckte meine Drohung Ohnaka nicht ab. „Nur steht Ihr ziemlich allein da“, stellte er fest.

Ich sah mich um. Er hatte recht. Zwanzig oder mehr Weequays umzingelten mich, alle mit Blastern im Anschlag. In der Unterzahl zu sein, stellt kein Problem dar, in der Unterzahl und unbewaffnet zu sein, schon. Ich stand vor der gleichen Entscheidung, die der junge Skywalker noch kürzlich hatte treffen müssen, und fasste einen ähnlichen Entschluss.

„Der Anführer der Klappergestell-Armee und noch dazu ein Sith-Lord“, sagte Ohnaka. Er hatte also meine Identität erraten. Ich fragte mich, wann er darauf gekommen war. „Es findet sich bestimmt jemand, der einen hohen Preis für Euch zahlt.“

Solange er nur hinter Geld her war, wusste ich, wie ich mit ihm umspringen konnte. „Stellen Sie mir ein geeignetes Kommunikationsmittel zur Verfügung“, sagte ich, „und ich verschaffe Ihnen jede Lösegeldsumme, die Sie verlangen.“

Doch Ohnaka war nicht überzeugt. „Und dann befehlt Ihr Euren Truppen ganz nebenbei, uns zu vernichten, ja?“, entgegnete er. „Hier im Äußeren Rand überlebt man nicht, wenn man dumm ist. Wenn die Separatisten bereit sind, für Euch zu zahlen, wird uns doch die Republik mit Sicherheit noch mehr bieten.“

Mürrisch ließ ich mich in seine Festung führen. Wir durchquerten einen Hauptsaal, in dem unter schummrigem Licht laute, unschöne Musik gespielt wurde. Es wurde viel getanzt und getrunken. Ich prägte mir dies für die Zukunft ein. Der

Lärm würde eine überaus gute Tarnung bei einem Fluchtversuch abgeben, und die Getränke würden die Sinne meiner Verfolger trüben.

Man brachte mich in ein Privatzimmer, wo Ohnaka keine weitere Zeit verschwendete und die Republik kontaktierte. Wie Ihr wisst, richtete er seine Forderung an den Obersten Kanzler selbst: eine stolze Million Credits. „Zahlbar in Form von Spice, überbracht in einem unbewaffneten Diplomatenschiff", verlangte er.

Ich stand direkt neben dem Holoprojektor und lauschte der Diskussion, die im Büro des Obersten Kanzlers entbrannte. Ohnaka erniedrigte den Kanzler, indem er zum Beweis meiner Gefangennahme mein einzigartiges Lichtschwert mit dem geschwungenen Heft präsentierte. Dann meldete sich zu allem Überfluss noch Padmé Amidala zu Wort: „Wir haben vielleicht nie wieder Gelegenheit, Count Dooku zu ergreifen." Als ob diese naive Aufsteigerin irgendetwas mit meinem derzeitigen Dilemma zu tun gehabt hätte!

Ich muss zugeben, mein Meister, ich war verdutzt ob ihres Vorschlags, dass zwei Jedi entsandt werden sollten, um sich mit Ohnaka zu treffen, da die Anwesenheit der Jedi zweifelsohne jedem Fluchtversuch meinerseits hinderlich wäre. Ohnaka störte es jedoch nicht: „Ihnen wird nichts geschehen. Wir haben kein Interesse daran, in Euren Krieg hineingezogen zu werden."

Ich wurde in eine Zelle geführt und in einem Energiefeld eingesperrt. Dort wartete ich auf das Eintreffen der Jedi. Ich fragte mich, wen sie schicken würden, und erinnerte mich an meine Zeit im Jedi-Rat, bevor mich die zunehmende Korruption der Republik zurück in meine Heimat Serenno geführt hatte. Mir kamen wahrscheinliche Kandidaten in den

Sinn, über deren Fähigkeiten ich nachdachte, um mir Wege einfallen zu lassen, sie zu besiegen.

Als jedoch die Jedi eintrafen, war ich überrascht, um wen es sich handelte: Anakin Skywalker und Obi-Wan Kenobi! Entgegen aller Wahrscheinlichkeit war es ihnen gelungen, den Gundark auf Vanqor zu besiegen und sich aus der verschütteten Höhle zu befreien. Und sie waren zurückgekehrt, um mich wieder heimzusuchen. Angesichts meines Missmutes fiel es mir schwer, mir meinen Verdruss nicht anmerken zu lassen.

„Sieh nur, wie tief der mächtige Sith-Lord gesunken ist!", höhnte Kenobi. Es war eine kindische Beleidigung, und doch saß sie. Ich hatte Kenobi einst unter ähnlichen Umständen in meinem Turm auf Geonosis vor mir gehabt, wo er mein Gefangener war. Nun glaubte er, unser beider Situationen hätten sich umgekehrt.

„Ihr passt hervorragend hierher", fügte sein törichter Gefährte hinzu.

„Es ist noch nicht wirklich lange her, dass du dich selbst in ähnlichen Umständen befunden hast", erinnerte ich ihn.

„Ja, aber jetzt bin ich frei, und Ihr seid es nicht", erwiderte der Junge.

Ich wollte ihm nicht die Befriedigung lassen, meinen Ärger zu zeigen. Tatsächlich empfand ich Freude dabei, mich auf den jungen Skywalker zu konzentrieren. Stattdessen sagte ich also: „Ich bin überzeugt davon, dass sich meine Lage zum Besseren wendet ... in Kürze."

„In Kürze", fiel Kenobi ein, „werdet Ihr Euch vor dem Senat verantworten, um anschließend einen sehr langen Zeitraum in einer Zelle wie dieser zu verbringen."

„Da könnt Ihr noch von Glück reden", fügte Skywalker an.

Genug. Noch mehr von ihrer ignoranten Selbstgewissheit konnte ich nicht ertragen. Sahen sie denn nicht die Gefahr, in der sie sich befanden? „Oh, mein naiver junger Jedi", sagte ich, „Ihr beweist einen immensen Optimismus, wenn Ihr tatsächlich davon ausgeht, die Weequays würden Euch einfach so ziehen lassen."

„Diese Vagabunden sind nur an einem schnellen Geschäft interessiert", sagte Skywalker. „Sie sind ganz sicher nicht darauf aus, sich mit den Jedi anzulegen."

„Sie sind doppelzüngig und raffgierig, und über allem thront nur ihre Dummheit", korrigierte ich ihn.

„Erstaunlich, dass Ihr nicht mit ihnen auskommt, Dooku", spottete Kenobi. „Ihr habt so viel gemeinsam."

„Diese Piraten zu unterschätzen, wird Euer Untergang sein, Kenobi", gab ich ihnen als Warnung mit auf den Weg, als sie gingen. Die törichten Jedi wollten nur im verbalen Schlagabtausch auftrumpfen, statt die Weisheit meiner Worte zu beherzigen. Ihr wohlwollendes Gemüt machte sie blind für die Falschheit um sie herum. Das würde sich bitter für sie rächen.

Meine Annahme wurde schon bald bestätigt, denn nur wenige Stunden später wurden Skywalker und Kenobi bewusstlos in meine Zelle geschleppt. Ich konnte mir ein zufriedenes Lachen nicht verkneifen, als man sie kurzerhand auf den Boden fallen ließ. Doch sosehr mich ihre missliche Lage auch freute, wurde dieses Gefühl durch die Tatsache gedämpft, dass die Fesseln der Jedi mit meinen Handgelenken verbunden waren. Da es nicht danach aussah, als ob die beiden in den nächsten Stunden wieder aufwachen würden, versuchte ich, mich von ihnen zu befreien, doch gelang es mir nicht.

Schließlich regte sich Skywalker. „Meister, was ist passiert?“, fragte er benommen.

„Anscheinend ist das Piratengebräu stärker, als wir dachten“, antwortete Kenobi. Noch hatte mich keiner der beiden bemerkt. Ich wartete damit, sie auf mich aufmerksam zu machen, um noch ein wenig ihre Ratlosigkeit und ihr Unbehagen zu genießen.

„Ich habe doch nur genippt“, hielt der junge Jedi dagegen.

„Wir wurden betäubt, zweifellos“, meinte Kenobi.

„Warum sollten sie das Lösegeld aufs Spiel setzen?“, fragte Skywalker.

„Offenbar hat sich die Lage geändert. Sie versuchen wohl jetzt, die Summe zu verdreifachen.“

„Eine scharfsinnige Feststellung, Meister Kenobi.“ Kurz erfreute ich mich an ihrer Überraschung darüber, mit mir in einer Zelle zu sitzen.

„Wie schön … Euch zu sehen“, stöhnte Skywalker.

„Ich habe Euch vor der Verschlagenheit dieser Piraten gewarnt“, entgegnete ich. „Unsere Fesseln sind zusammengebunden. Ich habe versucht, uns voneinander zu lösen, jedoch ohne Erfolg.“

„Es ist schlimm genug, die gleiche Luft wie Ihr zu atmen“, zischte Skywalker, „aber könntet Ihr mir zumindest Euer ständiges Geplapper ersparen?“

„Und während ich meine Zunge im Zaum halte, werdet ihr beide einen brillanten Plan ersinnen, uns von diesem gottverlassenen Planeten zu bringen?“, fragte ich mit einer Prise Sarkasmus.

„Ja!“, antworteten sie gemeinsam.

„Ausgezeichnet“, sagte ich und ließ die Jedi in dem Glauben, ich hätte Vertrauen in sie.

Natürlich war es weder Skywalker noch Kenobi, der uns aus unserem Gefängnis befreite. Ich war es, dem dies gelang. Das Ganze trug sich so zu: Unser Weequay-Wächter verließ seinen Posten und ließ auf einer Kiste einen Teller Obst zurück. Ich drang mit meinen Sinnen vor und ließ den Teller kreisen.

Natürlich konnte der junge Skywalker bei dieser Gelegenheit nicht widerstehen, seine Dummheit zur Schau zu stellen. „Sollten unsere Prioritäten nicht lauten: Erst kommt die Flucht und dann das Essen?"

Unfassbar, wie tief der Jedi-Orden in meiner Abwesenheit gesunken war. Zu meiner Zeit hatte ich Rael Averross und Qui-Gon Jinn ausgebildet. Jetzt hatten sie Kenobi diesen Narren aufgebürdet. „Euer Schützling sollte seine Anmaßungen unterlassen, damit ich mich konzentrieren kann", empfahl ich Kenobi.

„Anakin, unterlasse deine Anmaßungen", sagte Kenobi zu seinem Schüler. Doch seinen Tadel minderte eine Spitze gegen mich, indem er anfügte: „Der Count *konzentriert* sich."

Ich ignorierte sie beide. Gleich würden sie mein wahres Ziel erkennen. Neben dem Obst lag ein Messer auf dem Teller, und darauf hatte ich es abgesehen. Ich ließ es durch die Luft schweben und musste mich zurückhalten, die Klinge nicht durch ihre arroganten Kehlen zischen zu lassen. *Das* war nicht, was ich damit vorhatte. Stattdessen ließ ich die Messerspitze in das Schloss gleiten – und unsere Zellentür öffnete sich.

Selbst Kenobi musste zugeben, dass er das „höchst beeindruckend" fand.

Wir verließen unsere Zelle und schlichen einen Korridor entlang. Ich ging voraus, gefolgt von Kenobi und dann

Skywalker. Zwar hatten wir unser Gefängnis hinter uns gelassen, doch es verbanden immer noch Fesseln unsere Handgelenke. Es war eine mühselige und ärgerliche Erfahrung.

„Wir wissen doch, wohin wir gerade gehen, oder nicht?", fragte Skywalker.

„Sei still, Anakin!", erwiderte sein Meister. Dann sagte er, an mich gerichtet: „Ist uns klar, wohin wir gehen?"

„Ruhe!", rügte ich sie beide. Ein Wachmann stand vor einer Tür. Noch bevor er reagieren konnte, versetzte ich ihm einen Tritt und schlug ihn nieder, sodass er bewusstlos zu Boden ging. „Wir kamen hier entlang, als sie mich entführt haben", erklärte ich. „Da war die Tür noch offen."

„Ich habe den Schlüssel", sagte Skywalker und nahm ihn dem bewusstlosen Wachmann ab.

Kurz wurde ich eines dieser lästigen Echsenaffen gewahr – vielleicht war es auch derselbe wie zuvor –, da hüpfte er auch schon flugs davon. Also verschwendete ich keinen weiteren Gedanken an ihn. „In dieser Richtung kommen wir zum Hangar", erklärte ich.

„Ja, aber ist der Weg nicht zu gefährlich?", fragte Kenobi.

„Der Schlüssel passt", meldete Skywalker, als er ihn ins Schloss schob.

„Ist der Weg frei?", erkundigte sich Kenobi erneut.

„Natürlich ist er das", sagte ich.

Kaum hatte ich den Satz ausgesprochen, öffnete sich die Tür, hinter der sieben Weequays sofort zu ihren Blastergewehren griffen. Hinter uns tauchte wieder dieser aufdringliche Echsenaffe auf und brachte vier weitere Weequays mit sich, die uns den Rückweg versperrten. Ich bedauerte, der Kreatur zuvor nicht doch den Hals umgedreht zu haben.

Vielleicht sollte man diese Echsenaffen zum Wohle der Galaxis ausrotten.

„Bleibt, wo Ihr seid, Jedi!", drohte einer der Weequays.

„Ich bin kein Jedi", erinnerte ich ihn. Nicht, dass es eine Rolle gespielt hätte. Wir wurden trotzdem zurück in unsere Zelle gezerrt, und dieses Mal wurden wir wie zu einem Dreieck Rücken an Rücken an Rücken gefesselt. Draußen standen Wachen und zwei drinnen, gemeinsam mit einem sehr enttäuschten Hondo Ohnaka.

„Oh, was mach ich nur, was mach ich nur, was mach ich nur?", grübelte Ohnaka. „Ich habe nicht die Absicht, Euch zu töten. Eigentlich scheint Ihr ganz anständige Gesellen abzugeben – selbst Ihr, Count. Hier geht es nur ums Geschäft, und sobald ich mein Geld habe, können wir auch wieder Freunde sein. So einfach ist das. Also macht die Dinge nicht komplizierter, als sie sind, indem Ihr versucht, von hier zu fliehen."

Ohnaka ging hinaus, und seine Wachen folgten ihm.

„Wir müssen von hier verschwinden, bevor die Republik ihm das Kopfgeld bezahlt", sagte Kenobi.

„In diesem Punkt", meinte ich, „kann ich Euch zustimmen."

Tatsächlich dauerte es auch nicht lange bis zu unserem nächsten Fluchtversuch. Die Gelegenheit bot sich, als eine unserer beiden Wachen davonging und nur noch ein einziger Weequay vor der Zelle stand.

„Du willst hier keine Wache halten", sagte Kenobi zu ihm.

„Ich will hier keine Wache halten", wiederholte der Weequay.

„Du willst die Zellenverriegelung deaktivieren und rausgehen und einen trinken", sagte Kenobi.

Meiner Meinung nach ist Kenobi von seinen Gedankentricks ein wenig zu sehr angetan, insbesondere wenn diese es ihm ermöglichen, sich nicht die Hände schmutzig zu machen. Doch es war mir lieber, dass er ihn anwendete und ich dafür nicht meinen überlegenen Intellekt mit dem minderwertigen Geist des Wachmanns vermengen musste. Ich sah zu, wie die dürftigen Kräfte des Jedi die vorhersehbare Wirkung auf diese willensschwache Witzfigur hatten.

„Ich will die Zellenverriegelung deaktivieren und rausgehen und einen trinken", erwiderte der Weequay und grinste dabei breit. Offensichtlich ging es hier um etwas, das er auch ohne die Beeinflussung seines Geistes lieber tat. Es kostete Kenobi keine große Mühe, ihn zu überreden. Der Wachmann deaktivierte die Verriegelung und ging rasch davon.

„Nicht übel", meinte Skywalker.

„Oh ja, höchst beeindruckend, Meister Kenobi", fügte ich hinzu. Jedoch ließ ich dabei deutlich aus meinem Tonfall heraushören, dass ich nicht der Meinung war, er hätte großes Lob für einen kleinen Kunstgriff verdient, den jeder vollbringen konnte, der auch nur flüchtige Erfahrung mit der Macht hatte.

Nichtsdestotrotz waren wir frei. Dieses Mal lief der junge Skywalker voraus. Ich ging langsamer und versuchte, mich deutlich unauffälliger zu bewegen als bei unserem ersten Fluchtversuch.

„Beeilt Euch etwas, Dooku", sagte Kenobi, der meine Absicht nicht durchschaute. Er stieß mich hinter eine Frachtkiste.

Gerade öffnete ich den Mund, um gegen diese Erniedrigung zu protestieren, da erkannte ich den Grund für sein Handeln. Ein Weequay kreuzte unseren Weg, und wir versteckten uns. Als der Weequay vorübergegangen war, gingen wir weiter. Doch der junge Jedi konnte sich die Gelegenheit für einen seiner dummen Witze natürlich nicht entgehen lassen.

„Ihr solltet geduldiger sein, Meister", sagte Skywalker, „vergesst nicht, der Count ist schon ein älterer Mann und nicht mehr so beweglich wie früher."

„Da hast du wahrscheinlich recht", stimmte Kenobi zu.

Ihr banaler Humor war kaum zu ertragen. „Ich würde Euch beide auf der Stelle töten", sagte ich, „müsste ich dann nicht Eure Köpfe hinter mir herziehen."

Leider verlief unsere Flucht nicht ohne Zwischenfälle. Wir lösten eine verborgene Alarmanlage aus, Sirenen gellten, und bald rannten wir um unser Leben. Wie zu erwarten war, flohen die Jedi ohne Sinn und Verstand, daher war es an mir, unsere Verfolger aufzuhalten. Ich streckte meine Arme nach einem Stapel Frachtkisten aus und nutzte die Macht, um sie unseren Häschern in den Weg fallen zu lassen. Dann trat Skywalker eine Tür auf, und wir stürzten hinaus auf den heißen Wüstenboden.

„Jetzt müssen wir nur noch über die Mauer kommen", sprach Kenobi das Offensichtliche aus.

Skywalker griff nach einer Stange, und unterstützt von der Macht, konnten wir sie nutzen, um uns himmelwärts zu katapultieren. Für einen Augenblick befanden wir uns im Einklang, zwei Jedi und ein Sith in perfekter Synchronität. Doch der Sprung des jungen Jedi geriet zu kurz. An die beiden anderen gefesselt, schränkten mich ihre kümmerlichen Bemühungen leider ein.

Als Vorderstem gelang es nur Skywalker, sich an der Mauer festzuhalten. Wir baumelten an unseren Fesseln unter ihm. „Das sieht aber gar nicht gut aus“, rief er. Offenbar teilte er die Neigung seines Meisters, das Offensichtliche auszusprechen.

„Sie dürfen nicht entfliehen!“, hörte ich einen Weequay brüllen, und schon zischte eine Blasterladung über meinen Kopf hinweg.

Der Schuss durchtrennte die Fessel, die mich an Kenobi band. Für einen Augenblick befand ich mich im freien Fall. Bemerkenswerterweise hielt Kenobi mich fest. Dasselbe hätte ich für ihn nicht getan.

„Hey, was macht Ihr denn da unten?“, rief Skywalker unter der erneuten Last unseres gemeinsamen Gewichts. „Ihr seid zu schwer. Ich kann Euch nicht halten.“

Wie ein ungelenkes Pendel mussten wir hin- und herschwingen, um weiteren Blasterschüssen zu entgehen. Höchst würdelos.

„Lasst Dooku fallen!“, rief Skywalker. Vielleicht besaß der junge Jedi mehr Verstand als sein Meister.

Doch sein Rufen verstummte abrupt. Vom Mauerrand über mir hörte ich die Stimme Hondo Ohnakas. „Das bedeutet dann wohl, wir werden keine Freunde sein“, sagte der Weequay-Pirat.

Und so hieß es zum zweiten Mal: zurück in unsere Zelle.

„Wir müssen einen Weg nach draußen finden, bevor Senator Kharrus und Jar Jar hier ankommen“, jammerte Kenobi.

Wie Ihr wisst, war Kharrus der Gran, der als Senator des Planeten Kinyen diente. Gemeinsam mit dieser Blamage auf zwei Beinen, dem Abgeordneten der Gungans, Jar Jar Binks, war er im Auftrag der Republik unterwegs, um sowohl das Lösegeld für die Jedi zu überbringen als auch mich als Gefangenen der Republik mitzunehmen. So unangenehm die Lage auch war, muss ich sagen, dass mich Kenobis Eingeständnis erfreute. Auf mich mochte die Gefangenschaft warten, wenn man mich der Republik übergab, aber der Jedi-Meister fürchtete etwas Schlimmeres: Beschämung.

„Ich denke, es wird Zeit, den überflüssigen Ballast abzuwerfen", sagte Skywalker und meinte damit natürlich mich. Es war ein weiterer Fingerzeig auf das höchst unjedihafte Temperament, das in der Psyche des Jungen schlummerte. Wie es sich zutrug, ließen sie mich dann tatsächlich im Stich, jedoch nicht durch ihr eigenes Zutun. Drei Wachmänner betraten die Zelle und befahlen den Jedi, mitzukommen. Sie wurden abgeführt, und ich blieb allein in der Zelle zurück.

Ich war froh darüber, nicht mehr in ihrer leidigen Gesellschaft zu sein, doch fragte ich mich, was wohl zu unserer Trennung geführt haben mochte. Vielleicht wäre ich allein ohne ihre Skrupel und Schwächen eher in der Lage, zu fliehen. Ich setzte mich, um zu meditieren, damit ich einen Weg fand, mich erfolgreich aus meiner Zelle zu befreien, doch es stellte sich heraus, dass dies gar nicht nötig war. Wieder einmal kam mein ständiger Verbündeter, die Macht, zu meiner Rettung.

Die Energieversorgung des Komplexes brach plötzlich zusammen, und die Zellenverriegelung fiel aus! Ohne zu zögern, nutzte ich mein Glück. Ich trat aus der Zelle und strangulierte den Wachhabenden mit ebenjenen Fesseln, die ich um meine Handgelenke trug. Dann schlich ich den Korridor hinunter.

Meine Vorsicht war jedoch nicht vonnöten. Im Hauptsaal herrschte Tumult. Den Kampfgeräuschen entnahm ich, dass die Jedi geflohen waren. Zweifelsohne hatten auch sie den Stromausfall zu ihrer Befreiung genutzt und sich ihre Lichtschwerter zurückgeholt, mit denen sie sich nun ihren Weg in die Freiheit erkämpften.

Es gelang mir, den Komplex unbemerkt zu verlassen, ich stellte dabei aber fest, dass sich noch etwas anderes abspielte. Etwas, das nichts mit dem Streit zwischen Ohnakas Bande und den Jedi zu tun hatte.

„Wir verschwinden ohne das Spice?“, fragte jemand nervös.

„Es wird nicht lange dauern, bis Hondo herausfindet, was passiert ist“, erwiderte ein anderer.

Ah! Mir wurde umgehend klar, dass diese Weequays ihren Anführer getäuscht hatten. Sie mussten irgendeine Art doppeltes Spiel getrieben haben, das fehlgeschlagen war. Vielleicht hatten sie sogar vorgehabt, das Lösegeld allein einzustreichen. Auch wenn ich über die Einzelheiten im Unklaren war, hing die Störung ihres Planes zweifelsohne mit dem Energieausfall zusammen, und nun versuchten sie zu fliehen. Ihr Fluchtgefährt jedoch sollte das meine werden.

Ich drang in der Macht vor und packte den Stärkeren der beiden bei der Kehle. Während er in meinem Machtgriff röchelte, ließ ich ihn seinen Blaster ziehen und auf seinen Kameraden zielen.

„Was tust du da?“, rief sein feiger Kumpan.

Ich gab ihm die Antwort, indem ich meinen Finger krümmte, woraufhin der Weequay ebenfalls fester zugriff und abdrückte. Ein einziger Schuss, und der nervöse Weequay fiel auf seinen toten Kameraden. Daraufhin zog ich meine Faust zusammen und zerdrückte seine Kehle. Den leblosen Körper des Weequays ließ ich auf Florrums Sandboden fallen.

Mir ihr Schiff zunutze zu machen, war eine belanglose Sache. Ich flog davon und dachte daran, diesen Planeten vielleicht eines Tages für die Unannehmlichkeiten, die er mir bereitet hatte, bluten zu lassen, war aber erst einmal zufrieden, Florrum und all den Ärger, den diese Welt mir eingebracht hatte, hinter mir zu lassen.

Und nun, mein Meister, seid Ihr über die ganze Geschichte im Bilde. Es wäre verlockend, den gesamten Zwischenfall als lächerliche Zeitverschwendung abzutun, doch er bot mir Gelegenheit, unsere Widersacher ausführlich aus der Nähe zu beobachten. Kenobi ist so weichherzig wie eh und je – eine Schwäche, die wir ohne Zweifel ausnutzen könnten. Doch sein ehemaliger Schüler ist anders. Er war immerzu ungeduldig, leichtsinnig, hitzköpfig – Eigenschaften, die sein Verderben sein könnten. Überdies legte er auch bei mehreren Gelegenheiten die höchst unjedihafte Bereitschaft an den Tag, mich zu opfern. Diese Augenblicke waren es, in denen ich den Zorn im jungen Skywalker spürte, eine Wut, die wir, angemessen geschürt, zu unserem Vorteil nutzen könnten. Meine Erniedrigungen waren daher möglicherweise doch von einem gewissen Wert.

Erniedrigungen. Hmmm.

Bei näherem Nachdenken glaube ich, dass ich lieber keine weiteren Einzelheiten meiner Beschämung mit Euch teilen will. Ihr wisst bereits zu viel über diesen bedauerlichen Vorfall. Es *war* bloß lächerliche Zeitverschwendung – nichts weiter.

Computer, Holoaufzeichnung löschen.

HOLOAUFZEICHNUNG GELÖSCHT

DAS GEISELDRAMA

Preeti Chhibber

Anakin lehnt sich in seinem Sessel zurück, verschränkt die Arme hinter dem Kopf und sieht Padmé an. Er sitzt vor ihr, nur ein kleines Stück weiter rechts, gerade außerhalb ihres Blickfelds. Helles Tageslicht strömt durch die großen, raumhohen Fenster hinter ihr, doch selbst mit dem Gesicht im Schatten ist sie noch wunderschön. Seine Frau sitzt an ihrem Senatsbürotisch und arbeitet fleißig. Seine *Frau*. Er beißt sich auf die Lippen, um sich ein Lächeln zu verkneifen. Allein der Gedanke an Padmé sorgt für ein Summen in seinem Hinterkopf. Ein Summen, das nur noch lauter geworden ist, seit Ahsoka einen Attentatsversuch auf Padmé verhindert hat. Er wird den quälenden Gedanken nicht los, dass er hätte da sein sollen.

Nach einer Beinahekatastrophe zu viel hatten Obi-Wan und der Rat der Jedi Anakins Zerstreutheit erkannt und ihm meditative Einkehr angeraten, auch wenn sie den Grund dafür nicht kannten. Er schaut wieder zu Padmé und grinst. Hier ist es genauso gut. Es könnte allerdings noch *besser* sein.

„Eigentlich sollte ich mir etwas Ruhe zur Meditation gönnen. Wir sollten zusammen wegfahren." Er steht auf und geht auf und ab, um Padmés Aufmerksamkeit zu erheischen. Sie sind allein in dem geräumigen Büro, aber auch nur mit ihnen beiden als einzige Anwesende kommt es ihm eng vor. „Ich kenne einen Ort, sehr weit weg von hier, wo uns niemand kennt." Er spürt ihre minimale Regung, obwohl sie versucht, das zu vermeiden, als Padmé kaum merklich ihren Kopf hebt und mit halbem Ohr zuhört. „Dort wären wir für alle einfach nur Mann und Frau." Er bleibt am Fenster stehen und schaut sich für einen Moment die vorüberfliegenden Gleiter Coruscants an, bevor er sich wieder ihr zuwendet und sie direkt ansieht in der Hoffnung, seine Worte würden ins Schwarze treffen. „Anstelle von Senatorin und Jedi."

Sie behält ihren Blick auf den Monitor vor sich gerichtet, schüttelt aber den Kopf. „Ich ... ich kann nicht, Ani."

Voller Frustration runzelt Anakin die Stirn. Wenn sie sich lieben, sollte nur das eine Rolle spielen. Nur *einmal* will er den Jedi und die Senatorin vergessen und einfach nur sie beide sein. „Was soll das heißen, du *kannst* nicht?" Er verdreht die Augen. Wenn sie diese ganze Geheimniskrämerei hinter sich lassen könnten, um eine Weile für sich zu sein, dann würde sich die schwere Bürde ihrer Verantwortung in Luft auflösen, und sei es auch nur für kurze Zeit. Sie könnten diese Zeit zusammen verbringen und verliebt sein, und das wäre schon genug. „Bevor es jemand bemerkt, wären wir schon längst wieder zu Hause."

Damit erlangt er ihre Aufmerksamkeit. Sie sieht zu ihm auf. „Ich muss den Entwurf dem Senat vorlegen." Sie deutet energisch auf ihren Monitor. „Das ist wichtig."

Das liebt Anakin an ihr. Ihr Engagement im Angesicht des Chaos. Ihr Glaube an die Demokratie, sosehr diese auch zu wünschen übrig lassen mag. Aber er will mehr als das, was sie jetzt gerade haben. Er will, dass sie ihn versteht. Also beschließt er, seine Taktik zu ändern. Ein Jedi passt sich an. „Aha!" Er tritt näher an sie heran, beugt sich über den Schreibtisch und zieht eine Braue hoch – volle Charme-Attacke: „Wichtiger als deine Gefühle für mich?"

Es wirkt nicht. Padmé schüttelt wieder den Kopf, und das goldene Netz, das ihr Haar zusammenhält, fängt das helle Sonnenlicht zwischen ihren dunklen Strähnen ein. Anakin verkneift sich ein Stöhnen und bewegt sich wieder, hinter ihr, entlang der Geschäftigkeit der Stadt draußen auf der anderen Seite des Fensters. „Ich habe nicht *wichtiger* gesagt, aber *wichtig*. Die Aufgabe, die ich ..." Sie überlegt kurz, bevor sie fortfährt: „... die wir alle *beide* haben, steht im Dienst der Republik. Unsere Pflicht ist es, die zu beschützen, die zu schwach sind, um sich selbst zu helfen."

Anakin nickt und hält frustriert eine Hand in die Höhe. Er *weiß* das alles. Worum hat sich sein Leben sonst gedreht? Die Republik hatte ihr Leben vereinnahmt, aber als sie heirateten, hatte sich Anakin voll und ganz Padmé verschrieben, und nichts würde jemals wichtiger sein. Nicht die Republik, nicht die Jedi, nicht dieser Krieg. Er hält inne und legt eine Hand auf die Lehne ihres Sessels, während sie weitertippt. „Das weiß ich. Aber das sind doch *Ideale*. Ist denn unsere Liebe nicht wichtiger als alles andere?"

Das ist die Frage, die jetzt zwischen ihnen steht: Welchen Wert misst sie dieser fühlbaren Sache bei, die sie beide geschaffen haben und die seine finstersten Fantasien in Schach hält?

Sie seufzt. „Aber ich ..."

„Nein, kein *Aber*." Er lässt sie nicht zur Seite rücken, um weiter ihren Pflichten nachgehen zu können, wo er doch will, dass sie begreift, was er sagt – was *sie* sagt. „Für mich gibt es nichts Wichtigeres als meine Gefühle für dich. Gar nichts."

Das scheint zu ihr durchzudringen. Sie steht auf, zieht endlich mit. Aber nur, um das Gespräch wieder zurück zu einem Punkt zu führen, der ihr angenehmer ist. Er kann es spüren. „Anakin, versuch bitte nicht ..."

Er lässt es nicht zu. Wieder grinst er. „Aha, du glaubst mir also nicht?" Er tritt einen Schritt vor und stützt sich auf den Schreibtisch.

„Das sagte ich doch gar nicht ..."

Er kommt ihr näher, beugt sich zu ihr, damit sie sich direkt in die Augen sehen können. „Dann beweise ich es! Ich zeig dir was." Er greift nach der Waffe an seinem Gürtel, seinem Rettungsanker in einem Krieg gegen das Schlimmste, das die Galaxis gegen ihn aufbringen kann. Er zieht sein Lichtschwert und hält es hoch, spürt das kalte Metall mit der Kybernetik, die sich unter seinem Handschuh verbirgt. „Dieses Lichtschwert habe ich selbst gebaut, und Obi-Wan sagte zu mir: ‚Anakin, diese Waffe ist dein *Leben*.'" Mit sanfterer Stimme fährt er fort: „Diese Waffe *ist* mein Leben." Er lächelt und reicht das Lichtschwert seiner Frau.

Doch Padmé hebt abweisend eine Hand, sie will es nicht nehmen. „Nein, Anakin, das geht nicht ... ein Jedi-Lichtschwert ist doch ..."

Anakin lässt sie den Gedanken nicht zu Ende bringen. Er nimmt ihre Hand und legt das Lichtschwert hinein. Nun ist er wehrlos.

„Es ist schwerer, als ich dachte." Padmé blickt erfreut zu ihm auf.

Er aber lässt sich seine Ernsthaftigkeit nicht durch Scherze verwässern. „Es gehört dir." Mehr will er nicht, nur dass sie das begreift. „Glaubst du mir jetzt?"

Doch ihr Blick trübt sich, und sie seufzt erneut. Sie wendet den Blick von ihm ab, und er erkennt, dass er sich verrannt hat. Im Versuch, an ihm vorbeizugehen, kommt sie ihm näher. „Wenn du dich nur über mich lustig machen willst, ist es besser, du gehst jetzt."

Für einen Sekundenbruchteil ist es, als wären sie wieder auf den Wiesen Naboos, wo er Scherze mit ihr trieb – mit dieser Senatorin, neben der zu existieren er immer noch nicht fassen kann. Doch darüber sind sie jetzt hinaus. Er fasst sie bei der Schulter, und sie zögert. „Nein, das will ich doch gar nicht." Anakin legt seine Hand an ihr Haar und lässt sie in ihren Nacken hinuntergleiten. Padmé bedeutet ihm alles. Sie ist die einzige Person, der er bedingungslos vertraut, und er wäre verloren, wenn ihr das nicht klar wäre. Also zieht er sie näher an sich heran und küsst sie, ohne dabei richtig zu registrieren, wie sie sein Lichtschwert auf den Schreibtisch legt. Hier ist er am glücklichsten, in einer Sphäre, in der nur Padmé und er real sind.

Doch viel zu schnell zerfällt dieses Trugbild, und sie entzieht sich ihm, als Stimmen in ihr Büro dringen. Von draußen vor der Tür hört er gedämpft C-3POs und noch eine andere Stimme.

„Schnell, versteck dich!" Sie tritt zurück.

Er verkneift es sich, wieder die Augen zu verdrehen, und stellt sich eine Welt vor, in der sie anonym leben und tun und lassen können, was sie wollen. Er duckt sich hinter Padmés Schreibtisch, als Bail Organas Beharren, durchgelassen zu werden, sein Eintreten ankündigt.

„Leider kann ich darauf keine Rücksicht nehmen", tönt die Stimme des Senators gedämpft durch die Tür.

Als sich Anakin tiefer duckt, bemerkt er, dass sein Lichtschwert immer noch auf dem Schreibtisch liegt. Ausgeträumt – man darf ihn nicht in Padmés Büro sehen! Doch dann hört er das Kratzen von Metall, mit dem sie das Schwert zu sich zieht und hinter ihrem Rücken versteckt.

„Jetzt lass mich durch!"

Das Geräusch der aufgleitenden Tür erreicht ihn kurz vor Organas Stimme, die nicht mehr von dem schweren Metall gedämpft wird, als er fortfährt:

„Bitte verzeiht mein plötzliches Eintreten."

„Oh, Senator Organa, wie schön, Euch zu sehen. Was gibt es?"

Senator Organa wird es nicht auffallen, aber Anakin hört die Anspannung aus Padmés Stimme heraus. Er stellt sich vor, wie sie seinem Blick standhält, ehe sie ihre Fassung wiederfindet.

Organas Kleidung raschelt, als er sich vermutlich vor seiner Senatskollegin verbeugt. „Senator Philo hat ein Treffen organisiert, bevor wir über das Gesetz zur Einschränkung der Privatsphäre abstimmen."

„*Genau*, die Einschränkung der Privatsphäre."

Offensichtlich entgeht Padmé nicht die Ironie darin. Sollte er einen Blick riskieren?

„Wir müssen uns beeilen, wenn wir sie aufhalten wollen."

Der Klang schwerer Schritte wird mit zunehmender Entfernung leiser, aber Anakin hört, wie Padmés Halsschmuck raschelt, als sie ihren Kopf in seine Richtung dreht.

Bails Stimme unterbricht noch einmal: „Kommt Ihr, Senatorin Amidala?"

„A-aber natürlich."

Als Anakin doch einen Blick riskiert, sieht er Padmé im Türrahmen. Ihre Blicke treffen sich, und er gibt ihr mit einem dezenten Blick zur Seite zu verstehen, sie solle weitergehen. Ihre Lippen verziehen sich zu einem schmalen Lächeln, und ihm wird klar, dass sie noch immer sein Lichtschwert hat. Still lacht er in sich hinein. Für eine „meditative Einkehr" hätte er es ohnehin nicht gebraucht.

Als genügend Zeit verstrichen ist, öffnet Anakin Padmés Bürotür. Er möchte während der Abstimmung hinausschleichen und hofft, sie hinterher treffen zu können. Als er in den Gang hinaustritt, umgibt ihn plötzlich Dunkelheit, bevor eine rot pulsierende Notbeleuchtung zu Leben erwacht. Etwas stimmt hier nicht! „Was geht hier vor?", grübelt er.

In den Korridoren des Senats ist es viel zu still – er sieht nicht wie gewöhnlich Wachen patrouillieren, und auch die sonst umherhallenden Gesprächsfetzen, an die er sich so gewöhnt hat, sind seltsamerweise verstummt. Die Pracht des Gebäudes wirkt ohne die typische Lebhaftigkeit kalt. Die Notbeleuchtung wird in einer Art vom Boden reflektiert, die seine Beunruhigung keineswegs lindert. Wohin, sagte Bail, würden er und Padmé gehen? Dorthin muss auch Anakin. Er beschleunigt seine Schritte und nähert sich einer Vorhalle über der Lobby vor den Senatsräumen.

Padmés Stimme durchbricht die Stille: „… Senatorin von Naboo, und ich verlange von Ihnen, uns auf der Stelle freizulassen! Der Galaktische Senat verhandelt nicht mit Terroristen."

Er schleicht in der Dunkelheit zum Balkon und nutzt eine der großen Säulen, für die das Senatsgebäude bekannt ist, um versteckt zu bleiben. Er späht zu der Szene hinab, die sich unter ihm abspielt, und sofort wird ihm die Lage klar. Mitten im Foyer umstellen bewaffnete Kopfgeldjäger eine zusammengedrängte Gruppe verängstigter Senatoren, unter ihnen auch seine Frau. Einer der Kopfgeldjäger steht in der Mitte, mit dem Rücken zu Anakin, und benimmt sich wie der Anführer. Seine Körperhaltung und der breitkrempige Hut haben etwas Bekanntes an sich und versetzen Anakins Gehirn einen kleinen Stich … eine Erinnerung … etwas Spezielles in der Lässigkeit, mit der der Kopfgeldjäger seinen Blaster hält, als wäre er eine Verlängerung seiner Hand – ein Blaster, der sich, wie er bemerkt, viel zu nah an Padmés Gesicht befindet.

Anakins Kiefer spannt sich an, als er zähneknirschend zu der Gestalt mit dem Hut hinunterstarrt, die sich jetzt ganz auf Padmé konzentriert und ihr ans Kinn fasst. Zwar ist er erfreut darüber, dass in ihrem Blick keinerlei Furcht, sondern nur Verachtung liegt. Er hat mit ihr zusammen genug durchgemacht, um dieses Schürzen ihrer Lippen allzu gut zu kennen. Ansonsten jedoch sträubt sich alles in ihm beim Anblick dieses Fremden, der es wagt, Padmé zu bedrohen. Gerade als der Kopfgeldjäger zu sprechen beginnt, schafft seine Erinnerung Klarheit.

„Bist du nicht viel zu jung und hübsch für eine Senatorin?"

Die Stimme bestätigt es: Cad Bane. Vor seinem geistigen Auge sieht Anakin Ahsoka zusammengesunken hinter einem orangefarbenen Energiefeld, vor dem Bane Wache hält wie die Karikatur eines Schutzbediensteten. Manchmal hört er noch Banes modulierte Stimme von damals,

als er den möglichen Verlust abwägen musste. *„Denkt Ihr wirklich, Ihr könnt mich töten und sie befreien, bevor sie ins Nichts gesogen wird? Eine äußerst grausame Art zu sterben."*

Wenn Bane auch nur für eine Sekunde denkt, er könne ... Bevor Anakin den Gedanken zu Ende bringen kann, wandert Padmés Blick für einen winzigen Augenblick zu ihm herauf, und sofort wirbelt Bane herum und schießt. Der Lärm von Blasterfeuer erfüllt die Halle, und Anakin rennt los, die Hitze der Schüsse dicht hinter sich. Was gäbe er jetzt für das Lichtschwert, das, davon ist er überzeugt, immer noch in Padmés Ärmel versteckt ist. Er verwünscht das Schicksal für das Timing seiner romantischen Avancen, findet aber Trost in dem Gedanken, dass das Lichtschwert sie beschützen könnte, sollte es zum Äußersten kommen.

„*Skywalker!* Schnappt ihn euch!"

Bane ist über Anakins Auftauchen wahrscheinlich wütender als Anakin über Banes. Während er rennt, ist ihm klar, dass ihn die Kopfgeldjäger unter Banes Kommando verfolgen. Er zieht einen Kommunikator aus seiner Robe. „Hallo? Bitte kommen! Hört mich jemand?"

Doch als Antwort erhält er nur ein Knistern. Sein Blick verfinstert sich. Er ist auf sich allein gestellt bei dem Versuch, Padmé – und die übrigen Senatoren – vor einem blutrünstigen Kopfgeldjäger zu retten.

Er rennt um eine Ecke und hält inne. Am anderen Ende des Korridors tauchen zwei von Banes Bandenmitgliedern auf: ein Weequay und ein Attentäterdroide. *Genau* nach seinem Geschmack. Leichtes Spiel. Instinktiv fasst er nach seinem Lichtschwert, greift jedoch an der Stelle, an der es an seiner Hüfte hängen sollte, nur in die Luft. „Oh, oh!"

Kaum ist ihm dies entfahren, gehen auch schon die ersten beiden Schüsse los. Er spürt, wie Plasmahitze seine Haare versengt, als er sich duckt, um einer Blastersalve mitten ins Gesicht zu entgehen. Er taumelt rückwärts. *Zeit, zu rennen.*

Er schafft es, seine Verfolger abzuhängen, sprintet an leeren Räumen vorbei und springt hinter eine Säule, sodass er verschwunden scheint, als sie ihn schließlich einholen. Er hört, wie einer von ihnen – der Weequay – einem BD-3000 zu verstehen gibt, still zu sein, als sie auf der Suche nach ihm in die einzelnen Räume schauen. Das Klacken der Füße des Attentäterdroiden hält langsam an, als dieser einen weiteren Raum betritt. Die Suche macht sie langsamer, trotzdem muss er schnell handeln. Er findet ein leeres Senatorenbüro, dessen Tür offen steht, und schlüpft hinein.

Was er nötiger als alles andere braucht, ist eine Waffe. Aber die Chancen, hier einen Reserveblaster zu finden, sind mehr als gering. Was tun?

Verbündete. Er braucht Verbündete. Er braucht *starke* Verbündete. Und der Weg zu Verbündeten besteht in Kontakten. Das Büro ist spärlich erhellt, nur die Notbeleuchtung aus dem Korridor hilft ihm, sich zu orientieren. Sein Schatten fällt auf eine kreisrunde Konsole in der Ecke des Zimmers, und er stürmt vor, um eine Klappe daran zu öffnen. Im Inneren findet er die bunten Drähte eines Kommunikationsknotens. Vielleicht wendet sich jetzt das Blatt für Padmé und ihn.

Wieder zieht er seinen Kommunikator hervor. Wenn er den mit der älteren Technik verbindet, kann er wahrscheinlich mit jemandem sprechen. Er war schon immer gut darin, Dinge zu reparieren. Er kann auch das reparieren.

Anakin bricht sein Gerät auseinander, um an das Innenleben zu gelangen. Es funkt und zischt, während er seinen Kopf zur Tür herumreißt. Die Schritte werden lauter. Die Bewegungsgeräusche der Droidengliedmaßen hallen schon im Senatorenbüro wider. Er zerrt ein graues Kabel aus der Konsole, ignoriert die elektrischen Blitze, die sie in seine Richtung speit, und verdrahtet es direkt mit seinem Kommunikator. Der piept einmal und leuchtet auf. „Hier spricht General Skywalker. Kanzler Palpatine, hört Ihr mich?"

Er bekommt umgehend Antwort. Knisternd ertönt die Stimme des Obersten Kanzlers. „Mein lieber Junge, ich bin wirklich froh, dass du hier bist."

„Was ist da unten los?" Unwillkürlich hebt sich Anakins Tonfall. Er ist schon zu lange fort von den Senatsgeiseln – und von Padmé.

„Das gesamte Gebäude ist abgesichert worden, es kommt niemand rein oder raus. Alles hängt jetzt von dir ab. Du musst dich zum Kontrollraum begeben und die Sicherheitsvorrichtung ausschalten."

Während der Kanzler spricht, kann Anakin direkt vor der Tür Bewegungen wahrnehmen. Zumindest hat er nun einen Plan. Doch um ihn umzusetzen, muss er erst einmal die nächsten dreißig Sekunden überleben. Er trennt seinen Kommunikator von der Konsole und versteckt sich hinter ihr. Grelle weiße Flecken treffen auf die Wand hinter ihm – Lichtstrahlen aus dem Auge des Droiden und der Waffe des Weequay. Die Kopfgeldjäger lassen ihre Suchscheinwerfer an der Wand des Büros hierhin und dorthin wandern, als erwarteten sie, dass Anakin einfach so neben einer dekorativen Blumenvase dastünde. Aber gleich würden sie weiter in den Raum vordringen und ihn in seinem Versteck entdecken.

Er kann einen Droiden nicht überreden, einfach weiterzugehen, aber mit dem Weequay kann er etwas anstellen. Er hebt seinen Arm und kanalisiert die Macht. „*Du musst in den anderen Stockwerken nachsehen*", flüstert er.

„Komm schon, wir müssen in den anderen Stockwerken nachsehen", wiederholt der Weequay. Der Droide folgt ihm, und sie verlassen das Büro.

Anakin streckt den Kopf hinter der Konsole hervor und verbeißt es sich, erleichtert aufzuatmen. Nun muss er auf eigene Faust zum Kontrollraum gelangen. Er wartet kurz, dann geht er hinter Banes Leuten aus dem Raum, lässt sie etwas Vorsprung bekommen und folgt ihnen dann nach.

An einer Treppe trennen sie sich. Der Droide geht nach unten und der Weequay nach oben. Leichte Entscheidung. Anakin folgt zunächst dem Droiden. Er stellt ihm nach, geht dicht am hellen Treppenrand, um den möglichen Widerhall seiner Schritte zu vermeiden. Er streckt die Arme etwas von sich, bereit, nach jedwedem Hilfsmittel zu greifen. Schließlich rennt er los, und der metallene Killer dreht sich gerade in dem Augenblick um, in dem Anakin sich mit geballter Faust auf ihn stürzt. Hiebe sind wahrscheinlich nicht die eleganteste Art, eine Maschine abzustellen, aber was sein muss, muss sein – und Anakin *muss* dieses Ding ausschalten. Padmé befindet sich noch immer in Banes Hand.

Der Droide ist stärker als erwartet und stößt ihn zurück, aber es gelingt ihm, die Waffe des Droiden zu packen. Nun haben sie beide ihre Hände an dem Gewehr. Die Maschine stößt Anakin zur Seite, und er spürt einen stechenden Schmerz, als sein Kopf durch drei nebeneinanderstehende Vasen geschmettert wird.

Das dauert alles *zu lange*.

Der Weequay wird bald damit fertig sein, das obere Stockwerk zu inspizieren, und ohne eine Waffe kommt Anakin nicht gegen zwei Kopfgeldjäger an. Fast schon hat er dem Droiden das Blastergewehr entrissen, da biegt dieser den Lauf zurück, sodass er direkt auf Anakins Brust gerichtet ist. In der Wut greift dieser zur Macht und schleudert den Droiden gegen die gegenüberliegende Wand, woraufhin er verrenkt zu Boden kracht. Bevor er sich wieder aufrappeln kann, ist Anakin schon auf ihm und schlägt ihm das schwere Blastergewehr gegen den Kopf, bis die Funken sprühen und er sich nicht mehr regt.

Der Weequay ist fast da. Anakin lässt den Droiden am Boden liegen und rennt davon. Zwar hat er sein Lichtschwert nicht bei sich, aber er kann trotzdem gewinnen. In der Galaxis weiß man, dass ein Jedi mit seinem Lichtschwert überaus gefährlich ist. Man sollte lernen, dass es ein Jedi ohne Lichtschwert ebenso ist.

Nach einer Weile scheinen die Hallen des Senats miteinander zu verschmelzen, alle im selben gold-roten Schein der Notbeleuchtung. Aber endlich nähert er sich dem Kontrollraum. Er hat den Eindruck, der Weequay habe ihn abgeschrieben. Gut, er könnte eine Pause brauchen. Er läuft den letzten Gang hinunter und schleicht langsam um die Ecke für den Fall, dass Bane vor den Türen des Kontrollraums Wachen postiert hat.

Für einen Augenblick ist er erleichtert, niemanden zu sehen, doch dann öffnet sich die Tür mit einem Zischen, und ein Patrolianer mit einer Augenklappe marschiert heraus. Ihm bleibt keine Zeit, seinem Ärger Luft zu machen. Schon rennt er los, um den fischähnlichen Fremdweltler zu packen, bevor … Aber es ist zu spät. Der Patrolianer wirbelt herum, huscht wieder in den Raum und schließt die Tür hinter sich. Verzweifelt drückt Anakin die Kontrollknöpfe, aber es nützt nichts. Die Tür ist verriegelt, und ohne seinen Jedi-Rettungsanker kann er das Metall der Tür nicht zerschneiden. Die Sache wird etwas Zeit brauchen – Zeit, von der er sich nicht sicher ist, ob er sie hat.

Anakin beißt die Zähne zusammen und schlägt gegen die Tür. Auf der anderen Seite ist es still. Erneut versucht er es damit, die Knöpfe zu drücken. „Komm schon, geh endlich auf! Ist doch nicht zu viel verlangt." Er ist völlig auf sein Ziel konzentriert, darauf, in den Kontrollraum zu gelangen und die Lage zu retten – die Frau zu retten, die ihm alles bedeutet. Seine Wahrnehmung ist eingeschränkt, und plötzlich hört er überrascht eine Stimme hinter sich.

„Sieh mal einer an, wen haben wir denn da?"

Der Weequay hat ihn gefunden und richtet seinen Blaster genau auf seinen Hinterkopf. Anakin zögert nicht. Er steht auf und dreht sich um, und schneller, als der Weequay mitdenken kann, zieht Anakin den Blaster zu sich und richtet ihn auf den Kopfgeldjäger. Anfänger!

Sein Gegenüber nimmt halbherzig die Hände hoch, bevor er sich mit einem Grinsen rasch duckt, woraufhin hinter ihm eine Kopfgeldjägerin zum Vorschein kommt, die mit einem Scharfschützengewehr feuert und den Blaster aus Anakins Hand schießt.

„Verdammt!" Er weicht ihren Schüssen aus, einmal, zweimal, dreimal! Dann öffnet sich hinter ihm die Tür, und der Patrolianer springt ihn hinterrücks an. Er spürt den heftigen Schmerz eines anhaltenden Stromstoßes und ein kurzes Aufflackern von Furcht und Versagen. Und dann … nichts mehr.

Langsam öffnet Anakin die Augen. Warum liegt er am Boden? Warum hat er geschlafen? Warmes Licht umfängt ihn. Sein Blick klärt sich, und er sieht Padmés Gesicht über sich schweben. Sie sieht besorgt und verängstigt aus. Das kommt ihm verkehrt vor. Er hebt eine Hand, um sie zu trösten, und bemerkt, dass er Handschellen trägt. „Warum guckst du so traurig, Padmé?"

Aber sie nimmt seine Hand und hält sie fest, bevor er sie berühren kann, und mildert die Abweisung mit einem Lächeln. Sie sind nicht allein. Auf einmal fällt ihm alles wieder ein – gerade als ein rodianischer Senator anfängt zu sprechen.

„Der Kopfgeldjäger hat gesagt, wir sollen ruhig bleiben. Also bleiben wir ruhig."

Padmé hilft Anakin auf, und er bemerkt kreuz und quer durch den Raum verlaufende rote Laserstrahlen um sie herum. Cad Bane und seine Bande sind nirgends zu sehen. „Wisst Ihr, das halte ich für keine gute Idee", spottet er. Der ganze Tag war nichts weiter als eine Katastrophe nach der anderen. „Zu dumm, dass ich mein Lichtschwert nicht habe."

„Sucht Ihr das hier?" Padmé zieht das Lichtschwert aus ihrem Ärmel. „Ihr habt es wohl verloren." Eine notwendige Lüge angesichts ihres Publikums. Kurz grinst er sie verschwörerisch an, als Padmé auch schon auf den Aktivator drückt und die blaue Klinge sich zu voller Länge erstreckt.

Obwohl Anakin weiß, wie anders der Tag verlaufen wäre, hätte er die Waffe bei sich behalten, verspürt er nichts als Liebe beim Anblick von Padmés Haut, die das blaue Licht reflektiert. Sie durchtrennt seine Handschellen, und er nimmt die Waffe von ihr entgegen. Tröstend liegt der Griff in seiner

Hand. „Beeilen wir uns! Wir dürfen keine Zeit verlieren." Und damit rammt er die Klinge in den Boden.

Stoff und Metall leuchten geschmolzen orange, während er einen Kreis um die Senatoren zieht. Panik macht sich breit, als ein Sprengsatz an der Wand zu pfeifen beginnt, doch Anakin ist schnell. Als die Bombe hochgeht, stürzt die Bodenplatte unter ihnen bereits hinab. Mit einem dumpfen Donnern schlagen sie ein Stockwerk tiefer auf. Anakin schnellt hoch, sieht Padmé am Boden liegen und reicht ihr eine Hand, um ihr aufzuhelfen.

„Eine weitere kühne Rettung …" Sie hält kurz inne, und er fragt sich, was sie wohl sagen würde, wenn sie allein wären. „… Meister Jedi."

Aber sie sind nicht allein. Trotz allem ist er bei ihr, und sie ist in Sicherheit – das genügt fürs Erste. Anakin lächelt auf eine Art, von der er weiß, dass sie ihm nicht widerstehen kann. „Ich tue mein Bestes, Senatorin", entgegnet er und verbeugt sich vor seiner Frau.

DAS STREBEN NACH FRIEDEN

Anne Ursu

Ich bin die Falsche.

Padmé stand in ihrem Büro und harrte darauf, den Senatssaal zu betreten und ihre Mitsenatoren davon zu überzeugen, gegen einen Gesetzesentwurf zur Bereitstellung weiterer Truppen für den Krieg gegen die Separatisten zu stimmen – und dabei ging ihr nur eines durch den Kopf: dass sie nicht die Richtige war. Sie hatte sogar Bail Organa davon überzeugt, dass sie die falsche Person war. Sie war noch zu neu, zu jung, zu voreingenommen, zu sehr damit beschäftigt, sich zu bewähren – würde sie sich jemals *nicht* bewähren müssen?

Eigentlich sollte Bail an ihrer Stelle sein – zuverlässig, respektiert, als Stimme der Vernunft geachtet. Bail war derjenige, dem sie zuhörten, und so wichtig, wie der vorliegende Gesetzesentwurf war, müssten sie zuhören.

Ein Ende des Krieges war nicht in Sicht. Klone wurden niedergemetzelt, während die Separatisten Boden gutmachten.

Die Republik investierte Geld, sie investierte Klone und erkannte nicht, dass der Krieg ein Feuer war, für das jede Investition Zunder bedeutete. Der Gesetzesentwurf würde den Krieg nicht nur ausweiten, er würde die gesamte Republik in den Bankrott treiben.

Bail sollte es sein. Er hat tagelang an seiner Rede gearbeitet. Doch nun stand Padmé hier, mit nur noch wenigen Minuten zur Hand, um sich zu überlegen, was sie sagen sollte, und alles, an das sie denken konnte, war nur eines ...

Ich bin die Falsche.

Nur wenige Tage zuvor hatte es ausgesehen, als bestünde zum ersten Mal nach langer Zeit Hoffnung. Der Senat hatte eine Notsitzung einberufen, um die Katastrophe zu diskutieren, zu der sich der Krieg entwickelt hatte. Der Knackpunkt war wie immer derselbe: mehr Truppen. Als hätten mehr Truppen bislang je etwas bewirkt. Die Republik bestellte mehr Klone, die Separatisten bestellten mehr Droiden, und die Auswüchse des Krieges wurden immer größer. So würde es weitergehen, weiter und weiter, bis alles in Trümmern lag.

Doch dieses Mal gesellte sich ein neues Problem hinzu: Die Kriegskasse des Senats war so gut wie leer. Sie konnten sich schlichtweg keine Klone mehr leisten. Padmé hatte die schwache Hoffnung gehegt, dass diese Tatsache den Senat endlich dazu bewegen würde, über Frieden zu sprechen – doch sie hätte es besser wissen müssen. Krieg war ein gutes Geschäft.

Der Senat sollte die Banken deregulieren, damit sich die Republik mehr Geld leihen konnte, schlug Gume Saam vor, dessen Techno-Union von ebendieser Deregulierung profitieren würde. Ja, es würde bedeuten, dass der Bankenclan tun und lassen konnte, wonach ihm der Sinn stand, aber das wäre ein geringer Preis für *Sicherheit* und *Freiheit*, mahnte Halle Burtoni, die Senatorin, deren Planet die Klone produzierte und verkaufte. Padmé fand es verwunderlich, dass alle sie ernst nahmen, wo ihre Beweggründe doch so offensichtlich waren. Doch es herrschte Krieg, und Kriegsgewinnler verbargen sich hinter der Maske des Patrioten.

Mit Masken kannte Padmé sich aus. Als Königin musste man eine ausdruckslose Miene aufsetzen, als hätte man niemals im Leben auch nur eine Emotion verspürt. Im Senat trug man andere Masken. Stand man aufseiten des fortwährenden Krieges, konnte man sein Gesicht auf jede erdenkliche Weise verziehen – Kummer, Entsetzen, Entrüstung –, und niemanden scherte es, was sich hinter der Maske verbarg. War man gegen den Krieg – voreingenommen, jung, all das, was Padmé ausmachte –, so musste man eine gefasste, zugeknöpfte Miene zur Schau stellen. Man konnte ein wenig Leidenschaft zeigen, nur ein ganz klein wenig. Zu viel, und man wirkte zu emotional. Zu wenig, und man wirkte wie ein Protokolldroide.

Also setzte Padmé ihre Senatorinnenmaske auf und erhob sich. „Mitglieder des Senats“, verkündete sie, „bedenkt, was Ihr da sagt! ‚Mehr Geld‘, ‚mehr Klone‘, ‚mehr Krieg‘ … von der finanziellen Verantwortung ganz zu schweigen. Was ist mit der moralischen Verantwortung? Herrscht dieser Krieg nicht schon lange genug?“

Wie aufs Stichwort meldete sich Saam. „Senatorin Amidala“, trällerte er und trug dabei die Maske der Empörung, „wollt Ihr etwa vor den Separatisten *kapitulieren*?“

„Selbstverständlich nicht“, sagte Padmé. Sie musste so tun, als wäre es eine ernst gemeinte Frage, denn zu sagen, er kümmere sich nur um den eigenen Profit, war gegen die Regeln. „Aber Verhandlungen wären vielleicht die bessere Alternative.“

Dies sorgte für noch mehr Empörung – eine ansteigende Welle, die in die Rotunde zu brechen und sie alle zu ertränken drohte.

Doch dann sprach Bail, ermahnte sie, es langsamer angehen zu lassen und den Gesetzesentwurf sowie dessen Konsequenzen genau zu ergründen, und seine gefasste Stimme wirkte Wunder im Saal. Die Atmosphäre entspannte sich. Die Versammlung beruhigte sich. Der Senat vertagte sich.

Padmé schritt mit Anakin und Ahsoka durch den Senatskorridor. Es musste etwas unternommen werden, und sie mussten einen anderen Weg einschlagen. Padmé wandte sich an Anakin. „Du musst den Rat der Jedi bitten, mit Kanzler Palpatine zu sprechen."

Anakin warf die Hände in die Luft. „Ich will mich da nicht einmischen!"

Bevor Padmé etwas erwidern konnte, meinte Ahsoka: „Wieso nicht? Wir sind doch Jedi-Ritter. Ist es nicht unsere Pflicht, dem Kanzler gegenüber unsere Meinung zu äußern?"

Anakin räusperte sich. „Wie wäre es, wenn du meinem jungen Padawan erklärst, wie Politik so läuft?"

„Nach der heutigen Debatte", murmelte Padmé finster, „hat sie bestimmt schon eine Menge gelernt."

„Meint Ihr?", erwiderte Ahsoka. „Ich hab kein Wort verstanden. Ich weiß nur: Die Separatisten sind die Bösen. Aber dieses ganze Gerede über die Bankenderegulierung, Zinssätze und … na ja, es ging überhaupt nicht darum, warum wir überhaupt kämpfen."

Padmé lächelte traurig. Auch wenn Ahsokas Sichtweise

auf die Separatisten in etwa das Feingefühl einer Senatsdebatte besaß, lag sie mit der Beschreibung dessen, was sich gerade im Saal abgespielt hatte, vollkommen richtig. So lief es im Galaktischen Senat. Die Leute starben quer durch die Galaxis, und im Senat klang es, als ginge es nur um ein Bankenproblem.

Anakin erklärte: „Der Krieg ist komplizier, Ahsoka, aber ich fasse mich kurz: Die Separatisten halten die Republik für korrupt, doch damit liegen sie falsch, und wir müssen Ordnung in die Sache bringen." So lief es bei Anakin. Er musste an Richtig und Falsch glauben, an Gut und Böse. Wenn etwas nicht absolut gut war, nicht absolut richtig, dann war es für ihn böse. Das machte ihn zu einem guten Jedi, aber zu einem furchtbaren Politiker – und für Padmé zu allem anderen als einer Hilfe.

Padmé steuerte ihr Büro an und bedeutete Ahsoka, ihr zu folgen. Es musste eine Lösung her. Es musste noch einen anderen Weg geben. Die Separatisten wünschten sich sicherlich auch keinen immerwährenden Krieg.

Hätte sie nur mit Mina sprechen können. Mina Bonteri gehörte nun zum Feind – eine Senatorin der Konföderation. Doch einst war Mina ihre Freundin gewesen, ihre Mentorin. Sicherlich wünschte sich auch Mina ein Ende des Krieges. Doch mit Separatisten zu sprechen, war illegal, denn es hätte sie legitimiert – was wiederum Friedensverhandlungen unmöglich machte.

Padmé sprach ihre Gedanken laut vor Ahsoka aus, die es ihrerseits fast nicht glauben konnte. „Eure Freundin ist Separatistin? Eine von … Dookus Vasallen?"

Ganz so einfach ist es nicht, wollte sie sagen. Hier lag das Problem. Deswegen würde der Krieg nie aufhören. Zuvor, im Senatssaal, hatte Mot-Not Rab die Separatisten *Tiere* genannt. Ahsoka benutzte die Begriffe *böse* und *Vasallen*, für Anakin lagen sie *falsch*. Doch was, wenn die Dinge gar nicht so schwarz und weiß waren? Was, wenn sie einen anderen Weg fand? Das war der Punkt, an dem Padmé eine Idee kam.

„Ihr glaubt doch nicht ernsthaft", meinte Ahsoka, nachdem die Senatorin ihren Plan erklärt hatte, „ich benutze meinen Status als Jedi und schmuggle Euch einfach hinter feindliche Linien?"

Padmé blinzelte. Zeit für eine kleine Änderung der Taktik. „Ich dachte nur ...", sagte sie vorsichtig, „mit deiner Hilfe könnte ich sie treffen, denn ich habe sie und ihre Familie so lange nicht gesehen."

Ahsoka lächelte nur. „Keine Sorge", meinte sie, „ich helfe Euch."

Padmé lächelte zurück.

Am Ende war es ziemlich unkompliziert. Als Jedi konnte Ahsoka in neutrale Systeme reisen, also begaben sie sich nach Mandalore, wo sie ein Frachtschiff nach Raxus bestiegen, Mina Bonteris derzeitiger Aufenthaltsort – und Hauptwelt der Separatisten. Sie hüllten sich in Kapuzenmäntel und spazierten wie selbstverständlich an Kampfdroiden vorbei, als gehörten sie dorthin.

Padmé wusste, dass Raxulon eine florierende Metropole war, aber irgendwie hatte sie sich die Hauptstadt anders vorgestellt: düster und vom Krieg gebeutelt – obwohl der Krieg Raxus auch nicht näher gekommen war als Coruscant. Über tausend Jahre hatte es keinen Angriff mehr auf Coruscant gegeben, und wenn man dort durch die Straßen ging, deutete nichts darauf hin, dass die Galaxis in Flammen stand.

Nichtsdestotrotz hatte eine republikanische Senatorin in Begleitung einer jungen Jedi nichts auf einer Landeplattform in Raxulon verloren, auf der es vor Kampfdroiden nur so wimmelte. Wenn man sie erwischte ... Nun, es war besser, nicht darüber nachzudenken.

Aber sie hatten einen Plan. Die Kampfdroiden auf Raxus waren genauso leicht ablenkbar wie überall sonst in der Galaxis auch – und kurz darauf stand Padmé Mina Bonteri gegenüber.

„Hallo, alte Freundin, es ist ja so schön, dich zu sehen", grüßte Mina sie.

Padmé hatte die Wärme in Minas Stimme vergessen, die sich stets anfühlte wie eine wohlige Umarmung, wenn man eine brauchte. Im Nu löste sich alles andere in Luft auf – der Krieg, die Separatisten –, und sie waren einfach nur zwei alte Freundinnen, die sich nach Jahren wiedersahen.

Als sie das Anwesen der Bonteris erreichten, wurden sie von Minas Sohn Lux begrüßt, der noch ein kleiner Junge gewesen war, als Padmé ihn das letzte Mal gesehen hatte. Mina erschien ihr nicht viel älter als damals – ein bisschen grauer und vielleicht auch ein bisschen trauriger –, aber Lux wirkte, als wäre er ein völlig anderer.

„Er ist ja so erwachsen geworden", meinte Padmé, als sie und Ahsoka im Haus waren. Es war albern, das zu sagen – natürlich war er das –, aber im Augenblick fühlte sie sich genauso.

„Die Zeit bleibt nicht stehen", sagte Mina sanft, „nicht einmal im Krieg. Und ich fürchte, dass diese Ereignisse sein junges Leben prägen."

„Bei allem Respekt", sagte Ahsoka, „habt Ihr als Separatistin diesen Krieg nicht zu verantworten?"

Padmé wandte sich ihr zu. „Ahsoka!"

„Ist schon gut", versicherte ihr Mina und richtete den Blick auf die junge Jedi. „Eine sehr einseitige Betrachtungsweise, meine Liebe. Würde es Euch überraschen, zu hören, dass viele, die in Euren Augen Separatisten sind, so wie Ihr über die Republik denken? Und die Jedi? Lux' Vater war ganz genauso."

Ahsoka drückte die Schultern durch. „Vielleicht könnte ich ja mit ihm sprechen."

„Wenn das nur möglich wäre", entgegnete Mina.

Padmé hörte das Ungesagte in der Stimme ihrer alten Freundin und blickte vor Scham auf den Teppich. Das hatte sie nicht gewusst.

„Es liegt fast ein Jahr zurück", fügte Mina hinzu. „Er errichtete einen Stützpunkt auf Aargonar, als Klone angriffen. Mein Mann kämpfte tapfer, um sich zu verteidigen, aber er wurde getötet."

Ahsoka sah aus, wie Padmé sich fühlte. Sie entschuldigte sich und ging hinaus, damit Padmé allein mit Mina sprechen konnte.

„Es tut mir so leid", sagte Padmé nach einer kurzen Pause.

„Ich weiß", erwiderte Mina.

„Ich wusste nicht ...", begann Padmé.

„Natürlich nicht", unterbrach Mina sie. „Ich hole uns etwas zu trinken."

Als Mina mit zwei Gläsern Wein zurückkam, war Padmé bereit. Sie diskutierten über den Krieg im Allgemeinen, sprachen dabei wie befreundete Politiker und schließlich so, wie es alle Freunde untereinander tun würden. Sie waren so unbekümmert, dass Padmé, als sich das Gespräch wieder der Krise der Republik zuwandte, sagte, wie sie es zu jedem anderen Freund gesagt hätte: „Ich spüre, dass Dooku seine schmutzigen Hände da drin hat."

Mina zog die Brauen zusammen. „Er ist nur Führer des Senats der Konföderation, nicht der Führer des gesamten Universums", erwiderte sie trocken.

„Oh, ich vergaß", sagte Padmé mit schärferem Ton. „Du bewunderst den Mann ja sogar." Die Worte waren ihr bereits über die Lippen gekommen, noch ehe sie sie hätte zurückhalten können – bevor sie sich daran erinnerte, dass sie all diese Gefühle beiseitelassen und versuchen sollte, über den Frieden zu sprechen. Aber zu reden wie unter Freunden, erinnerte sie daran, wie es gewesen war, Freundinnen zu *sein*, damals, bevor Mina die Republik verlassen, sich auf Dookus Seite geschlagen und den Verrat gewählt hatte. Der Krieg nimmt einem alles.

„Wir waren schon immer geteilter Meinung über Dooku, alte Freundin", sagte Mina nach einem Augenblick. „Aber wir sind beide der Ansicht, der Krieg muss beendet werden. Die Frage ist nur: Wie?"

Padmé richtete sich auf, sammelte sich, und setzte ihre Diplomatenmaske auf. „Deshalb wollte ich auch so dringend mit dir sprechen. Im Senat findet eine entscheidende Abstimmung darüber statt, ob der Kriegseinsatz erhöht werden sollte oder nicht. Allerdings wissen viele Delegierte noch nicht, wie sie sich entscheiden sollen."

Mina nickte bedächtig. „Interessant. In einem ähnlichen Dilemma befindet sich das separatistische Parlament."

Genau das hatte Padmé hören wollen. „Ich bin sicher, wenn du deine Abgeordneten überzeugen kannst, der Republik ein Friedensangebot zu unterbreiten, dann gäbe es genug Sympathien im Senat, um endlich mit den Verhandlungen zu beginnen."

„Ich bewundere deinen Mut, Padmé. Ich kann den Antrag ja zumindest einbringen."

„Danke, Mina! Mehr verlange ich nicht."

„Auf den Frieden!", sagte Mina und hob ihr Glas.

„Auf die Hoffnung!"

Und Hoffnung war es, die sie erfüllte, als sie und Ahsoka Raxus wieder verließen. Dank Minas Bemühen hatte der Konföderierte Senat unter dem Vorsitz von Dookus Hologramm eine Resolution zur Aufnahme von Friedensgesprächen verabschiedet. Padmé hatte sich wie eine Diplomatin nach erfolgreichen Verhandlungen von Mina verabschiedet, aber auch ein wenig wie eine alte Freundin.

Niemals würde sie verstehen, weshalb Mina Bonteri Partei für Dooku ergriff, ganz gleich, welche Probleme ihre Freundin mit der Republik hatte. Sie würde gar nicht erst versuchen, es zu verstehen. Doch im Moment standen sie beide auf der Seite des Friedens. Vielleicht würde der Krieg eines Tages enden, und sie könnten tatsächlich wieder auf derselben Seite stehen und versuchen, wieder zusammenzusetzen, was zerbrochen war.

Padmé hatte Hoffnung, und sie trug sie zurück nach Mandalore und von dort nach Coruscant – ins Senatsgebäude und in Kanzler Palpatines Büro, wo sie ihm von dem Angebot der Konföderation berichtete, ohne etwas von dem zu erzählen, was sie dafür getan hatte, um es herbeizuführen.

„Sieh mal einer an", sagte der Oberste Kanzler mit undurchschaubarem Gesichtsausdruck. „Das ist ja eine höchst verblüffende Entwicklung."

„Euer Exzellenz", sagte Padmé, ganz die standesgemäße Senatorin, „es wäre fahrlässig, wenn nicht unverantwortlich, den Vorschlag der Separatisten abzulehnen. Ein Ende der Kämpfe, das hieße, wir bräuchten nicht noch mehr Geld für noch mehr Klone."

Der Kanzler bedeutete ihr, ihm zu folgen, und entfernte sich von den Anwesenden. „Ich habe Verständnis dafür, dass Ihr unbedingt glauben wollt, dass die Separatisten Frieden wollen", sagte er.

Padmé ärgerte sich. Noch immer sprach er mit ihr wie mit einem Kind. „Ich verstehe nicht."

„In der Vergangenheit, wann immer wir ihnen die Hand zum Frieden reichten, wurde sie weggeschlagen. Und jetzt sollen wir glauben, dass sie nunmehr bereit sind, nach Frieden zu streben?"

Ja. Ja, das konnten sie. Innerhalb eines Augenblicks wägte sie ihre Optionen ab. „Dürfte ich Euch etwas anvertrauen?", fragte sie. Kanzler Palpatine liebte es, in Geheimnisse eingeweiht zu werden. „Ich weiß, dass sie es ehrlich meinen. Ich hatte Kontakt zu meiner alten Freundin Mina Bonteri. Sie hat den Vorschlag unterbreitet."

„Bonteri? Wie kam es bitte zu diesem Gespräch?"

Sie lächelte einnehmend. „Spielt das eine Rolle, Kanzler, wenn es das Ende des Krieges bedeutet?"

„Ich verstehe, was Ihr meint, mein Kind. Schön, bringen wir die Sache zur Abstimmung."

So trug Padmé ihre Hoffnung weiter in die große Versammlungsrotunde, bis in ihre Repulsorliftplattform. Irgendetwas war anders. Auch die übrigen Senatoren spürten es. Die Luft knisterte. Padmé zog all die Aufregung auf sich und sprach zur Versammlung. „Da die Separatisten den Wunsch nach Verhandlungen geäußert haben", verkündete sie, „käme eine Truppenverstärkung zum falschen Zeitpunkt."

„Was bedeutet", fügte Bail hinzu, „es ist nicht nötig, die Banken zu deregulieren."

Zeit, um abzustimmen. Padmé drückte ihren Knopf: Nein.

Dann ertönte aus der Ferne eine Explosion. Das ganze Gebäude bebte – und das Licht ging aus.

Coruscant wurde angegriffen, ein Energiegenerator wurde bombardiert. Die Separatisten wurden dafür verantwortlich gemacht. Für Padmé ergab das keinen Sinn – gerade erst hatten sie Friedensverhandlungen beschlossen. Doch es herrschte Krieg, und um Sinn scherte sich niemand. Halle Burtoni plädierte für die sofortige Deregulierung der Banken, was der Senat umgehend bewilligte. Mehr Truppen, mehr Kämpfe, mehr Krieg. Immer nur noch mehr Krieg.

Aber Burtoni war noch nicht fertig. „Im Zuge dieses grundlosen Angriffs auf Coruscant sind unsere Schwachstellen zutage getreten", resümierte sie. „Daher empfehle ich, dass die Republik weitere fünf Millionen Klonsoldaten anschafft."

Padmé war sprachlos. *Fünf Millionen.*

„Die Republik ist doch jetzt schon hoch verschuldet", mahnte Bail. „Wie sollen wir diese zusätzlichen Truppen finanzieren?"

Natürlich hatte Burtoni auch darauf eine Antwort. „Meine Delegation formuliert bereits eine Gesetzesvorlage, Gelder für einen Krisenfonds bereitzustellen."

Padmé konnte sich nicht zurückhalten. „Über den Bankenclan?"

Burtoni sah sie mit großen Augen an. „Ja, selbstverständlich. Oder kennt Ihr andere Wege zur Geldbeschaffung?"

„Ein Weg wäre, den Krieg zu beenden, anstatt ihn auszuweiten."

Das brachte das Fass zum Überlaufen, und jemand rief: „Verräterin!"

Im Handumdrehen machte einen der Wunsch nach Frieden nun also zum Verräter, doch Padmé wollte so schnell nicht aufgeben. „Dieser Angriff auf unsere Energieversorgung sollte uns doch nur provozieren", sagte sie. „Es ist ein kalkulierter Versuch, den Friedensprozess zu unterbinden. Nicht jeder in der Konföderation will das. Das weiß ich mit Bestimmtheit."

„Ihr habt Freunde unter den Separatisten, Senatorin?", fauchte ein anderer Senator.

Es hatte keinen Sinn. Es gab für sie nichts mehr zu sagen. Sie waren wieder bei Schwarz und Weiß, Richtig und Falsch, Gut und Böse, und wenn sie nicht für den Krieg war, konnte sie ebenso gut der Feind sein. Eine Verräterin.

Dann hörte man plötzlich ein Raunen von Palpatine, darauf ein Piepen, und auf einmal erschien ein riesiges Hologramm von Count Dooku im Senatssaal. Padmé versteifte sich reflexartig.

„Eure republikanischen Truppen haben einen barbarischen Angriff auf unser Volk verübt", dröhnte seine Stimme, „und unter den Toten befand sich unter anderem auch die Befürworterin des Friedensabkommens – Senatorin Mina Bonteri."

Die Nachricht traf Padmé wie ein Schlag ins Gesicht. Nein,

das konnte nicht sein! Um sie herum wurden Rufe laut, andere Senatoren spotteten, doch Padmé hörte sie kaum. Mina war tot.

Auf dem Korridor vor dem Senatssaal traf sich Padmé in Begleitung ihrer Zofe Teckla mit Bail. Padmé konnte kaum sprechen. Alles war furchtbar schiefgelaufen, und nun war Mina tot. Und es waren die Truppen der Republik gewesen? „Ich kann es nicht glauben“, sagte sie.

Bail legte ihr eine Hand auf die Schulter. „Das dürft Ihr auch nicht glauben. Laut unseren Spionen wurde Senatorin Bonteri von Dookus Schergen ermordet.“

Padmé hielt inne. Natürlich! Dooku hatte sie ermordet. Er lehnte die Demokratie ab. Er wollte keinen Frieden. Er ließ dem Senat der Konföderation seine Abstimmung und tötete dann die Senatorin, die sich dafür starkgemacht hatte. Er kontrollierte doch das Universum. Mina hatte sich geirrt, und es hatte sie das Leben gekostet.

„Wenn Eure Freundin für ihre Politik ihr Leben verlor“, sagte Bail, „müssen wir alles tun, damit ihr Opfer nicht vergebens war.“

„Was können wir tun?“, fragte Padmé. Ausnahmsweise sah sie keinen Ausweg.

Bail sprach weiter, als wäre das eine rein praktische Frage, auch wenn Teckla die Hilflosigkeit in Padmés Worten erkannte und sanft ihren Arm berührte. Bail hatte einen Plan: Informationen über die wahren Kosten von Burtonis Vorschlag zusammentragen und versuchen, die anderen Senatoren zur Vernunft zu bringen.

Gut. Padmé würde es versuchen. Sie wandte sich an den Bankenclan, um herauszufinden, wie viel genau diese fünf

Millionen Soldaten kosteten. Von Regulierungen befreit, hatten die Banken die Zinsen von zehn Prozent auf fünfundzwanzig erhöht – für jede geliehenen Hundert Credits schuldeten sie hundertfünfundzwanzig, und dieser Betrag wuchs mit jedem Tag, den er nicht zurückgezahlt wurde. Schon jetzt wurden überall Sozialleistungen gekürzt – Bildung, Gesundheitswesen, Infrastruktur –, und dadurch litt das Volk. Wenn sie den Gesetzesentwurf verabschiedeten, würden sie nicht mehr die Grundbedürfnisse der Leute befriedigen können. Im Grunde genommen würde das Gesetz die Republik zerstören – und die Separatisten konnten sich zurücklehnen und dabei zusehen.

Um die Sache noch schlimmer zu machen, wurden die Senatoren neuerdings bedroht. Senator Farr wurde des Nachts von zwei Kopfgeldjägern überfallen und trug seinen Arm in einer Schlinge. Der Bankenclan würde vor nichts haltmachen. Man sollte meinen, dass sich manche Senatoren darüber empörten, doch als Padmé einem Kollegen nach dem anderen ihr Anliegen vorbrachte, musste sie feststellen, dass sogar diejenigen, die zuvor gegen das Gesetz gewesen waren, plötzlich die Auffassung vertraten, die Republik hätte nichts nötiger als noch mehr Klone. Alle stellten ihren Selbsterhalt über die Bevölkerung der Republik, und Padmé konnte nichts unternehmen.

„Manche Köpfe lassen sich niemals umstimmen", sagte Bail, als sie sich in seinem Büro trafen.

„Aus meiner Erfahrung", meinte Padmé, „ist es absolut entscheidend, wer der Absender der Botschaft ist."

Nein, auf sie würde man nicht hören, so viel stand fest. Doch vielleicht hörte man auf Bail. Er war der beste Redner des Senats. Alle respektierten ihn. Er genoss *Achtung*. Bail musste eine Rede vor dem versammelten Senat halten. Er sah sie an und nickte zustimmend. Er würde es tun.

Zum ersten Mal seit Minas Tod verspürte Padmé einen Funken Hoffnung. Vielleicht würde eine große Rede den Verlauf des Krieges ändern.

Womöglich war es diese Hoffnung, die Padmé leichtsinnig machte. Vielleicht war es ihr auch einfach nie in den Sinn gekommen, dass auch sie in Gefahr schweben könnte. Nachdem sie am Abend vor der Abstimmung Senator Christo in dessen Zuhause besucht hatte, um ihn umzustimmen, beschloss sie, allein zu ihrem Gleiter zurückzugehen. Als sie jedoch dort eintraf, war ihr Fahrer mitsamt dem Gleiter verschwunden.

Padmé sah sich um. Es war so dunkel. Hörte sie da Schritte? Sie huschte um die Ecke und suchte mit gezücktem Blaster in einer Gasse Deckung. Da packte sie jemand.

Ein kräftiger Kopfgeldjäger, der aussah wie ein gepanzerter Käfer, sprang vor sie und brüllte sie an. Ein anderer hielt sie von hinten fest. Oft genug hatten schon andere versucht, Padmé umzubringen, sodass sie wusste, wie Panik in Gegenwehr umzuwandeln war. Von den Schlägern des Bankenclans würde sie sich nicht zum Schweigen bringen lassen. *Finde einen Ausweg! Flieh!* Sie schlug um sich und zappelte. Klein zu sein, hatte einen Vorteil: Man wurde unterschätzt. Panzerkäfer ging mit einem Messer auf sie los, und sie schlug heftiger um sich, um ihm kein klares Ziel zu bieten. Er hieb ihren Blaster fort, und sie rang mit dem anderen, der sie festhielt – er roch wie der Lianorm-Sumpf –, und kam frei. Sie stürzte nach vorn, aber Panzerkäfer stellte ihr ein Bein, und dann spürte sie auch schon sein Messer an ihrer Kehle.

Plötzlich leuchteten zwei Coruscant-Polizeidroiden in die Gasse.

„Lasst die Waffen fallen!"

Padmé stieß Panzerkäfer von sich und stellte sich zu den Droiden. Dann warf sie noch einen kurzen Blick zurück – der Sumpfstinker, der sie festgehalten hatte, war ein Patrolianer mit einer Augenklappe – und rannte davon.

Daraufhin griffen die Kopfgeldjäger die Droiden an.

Padmé würde sicher nicht verweilen, um zu sehen, wer den Kampf gewann. Sie rannte aus der Gasse hinaus und auf einen herrenlosen Düsenschlitten zu. Im Allgemeinen sollten Senatoren eigentlich keine Flitzer entwenden, aber hier herrschten mildernde Umstände.

Flieh! Flieh! Die Worte hallten in ihrem Kopf, während sie mit den Kopfgeldjägern im Nacken voranstürmte. Dann drückte Panzerkäfer auf einen Knopf an seiner Armschiene, und ein Kabel schoss heraus, das sich an ihrem Düsenschlitten festhakte. Er hing an ihrem Flitzer, während Sumpfstinker ihr auf einem anderen folgte.

Ein Problem nach dem anderen, Padmé. Panzerkäfer zuerst. Er wollte eine Runde drehen? Bitte sehr! Padmé trat aufs Gas und beschleunigte. Käfer drückte wieder einen Knopf an seiner Armschiene, und das Kabel wurde eingezogen. Er kam ihr näher.

Er wollte also mehr? Padmé scherte nach rechts aus, dann nach links, und flitzte hinaus aus dem Verkehrsstrom und wieder hinein, während der Kopfgeldjäger gegen entgegenkommende Gleiter stieß. Stinker kam jetzt nahe genug, um ein Problem darzustellen. Sie schleifte Käfer über eine Reihe Leuchtpfosten und dann durch einen Stapel Kisten. Wie ihm das wohl gefiel?

Rums! Sumpfstinker rammte sie von der Seite. Sie rammte ihn. Plötzlich spannte sich das Kabel wieder, und Käfer hockte auf ihrem Düsenschlitten. Er griff nach ihr. Padmé riss an einer Treibstoffleitung, und der Sprit spritzte ihm ins Gesicht. Wieder rammte sie der Stinker.

Dann heulten Sirenen auf. Ein Polizeigleiter verfolgte sie – offenbar stuften sie den Anblick zweier gestohlener Düsenschlitten, die einander rammten, während auf dem Heck des einen ein großer metallener Käfertyp zappelte, als unzulässig ein. Aber Padmé hatte keine Zeit für die Polizei. Käfer grapschte wieder nach ihr, also tauchte sie unter einer Brücke hindurch und ließ ihn dann – *paff!* – gegen ein Leuchtschild krachen.

Runter war er! Padmé gab Gas, aber irgendwie war Stinker gleich wieder hinter ihr, und Käfer saß noch dazu auf dessen Flitzer. Sie fuhr um die Ecke – direkt in eine Polizeiblockade. Sie hielt an, und die Polizeigleiter umringten sie.

„Dieses Fahrzeug ist gestohlen! Nehmen Sie die Hände hoch!"

Niemals hätte Padmé gedacht, sich so über ihre Verhaftung zu freuen.

Zurück in ihrer Wohnung, wurde Padmé von Teckla umsorgt.

„Meint Ihr nicht, Ihr solltet das dem Jedi-Rat berichten?", fragte die Zofe.

„Der Rat kann auch nichts tun. Ich weiß, wer das war. Es waren Kopfgeldjäger. Sie wurden bezahlt, um mich an der Abstimmung gegen die Truppenverstärkung zu hindern. Was ist nur aus der Demokratie geworden, und wieso scheint das niemanden zu interessieren?"

„Euch schon", sagte Teckla. „Verzeiht mir, Mylady ... ähm ... Ihr seid anders als andere Politiker."

Fast hätte Padmé gelacht. „Wenn das nur reichen würde, Teckla."

„Nun, Ihr sprecht tatsächlich zu den Menschen. Zu Menschen wie mir. Gute Nacht, Mylady!"

Padmé wandte sich ihrer Zofe zu, ihrer Freundin. Es stimmte nicht. Vielleicht hatte es einmal gestimmt, aber sie hatte im Chaos des Krieges alles aus den Augen verloren. Sie lief halb Coruscant ab in dem Versuch, Senatoren für das Leid der Bevölkerung zu interessieren, fragte aber nicht ihre treue Freundin, ob deren Familie litt. Sie war genau wie die meisten Politiker. Aber das würde sich ändern. Heute Nacht hatte man sie beinahe umgebracht. Wenn man sie umbrachte, dann dafür, diejenige zu sein, die sie sein wollte. „Teckla, eine Frage noch ... Wie geht es deiner Familie?"

Teckla blickte ins Leere. „Ganz gut, würde ich sagen."

Padmé brach beinahe das Herz. Natürlich ging es ihnen nicht gut. „Welche Auswirkungen hat der Krieg auf sie?"

Teckla sah sie unbestimmt an, und Padmé wich dem Blick nicht aus. „Es sind schwere Zeiten. Und es wird immer schlimmer."

„Inwiefern? Bitte sag es mir. Sag mir, wieso es schlimmer wird." Sie klopfte auf das Sofa neben sich. Diese Fragen hätte sie schon viel früher stellen sollen. Doch nun würde sie fragen. Vielleicht war es das Ende der Republik, vielleicht würde sie alles andere verlieren, aber ihre Seele nicht.

Der Morgen der Abstimmung brach an. Ihr Gespräch mit Teckla ersetzte die Verzweiflung, die Padmé verspürt hatte, durch Entschlossenheit. Sie würde für ihr Volk kämpfen, und sie würde nicht aufhören. Sollten sie ihr doch so viele Kopfgeldjäger auf den Hals hetzen, wie sie wollten – sie würde nicht aufhören zu kämpfen.

Wenn sie es schaffte, Panzerkäfer und Sumpfstinker zu überleben, dann würde sie auch die Korruption des Galaktischen Senats überleben. Sie war bereit – bereit, den Senat zu betreten und Bail zu unterstützen.

Und dann traf die Nachricht ein.

Bail war auf seinem Weg zum Senat angegriffen worden. Noch bevor er in ein Krankenhaus eingeliefert wurde, schickte er ihr eine Nachricht: *Ihr müsst vor dem Senat sprechen.*

Onaconda Farr und Teckla standen ihr zur Seite, als sie zusah, wie das Holo flackernd erlosch. „Du musst für ihn die Rede halten", sagte Farr.

Padmé schüttelte den Kopf. „Wenn sie früher nicht auf mich gehört haben, wieso sollten sie es jetzt tun?"

Teckla lächelte sie zaghaft an. „Weil Ihr tatsächlich zuhört. Ihr versteht wirklich, was das Volk alles durchmacht. Bitte! Das Plenum wartet auf Euch."

Ich bin die Falsche.

Doch sie ist die Richtige – und sie wird kämpfen.

Also atmet Padmé tief durch und betritt den Senat.

Sie hört Mee Deechi verkünden: „Unglücklicherweise ist Senator Organa nirgendwo zu finden."

„Ich werde an seiner Stelle sprechen", erklärt Padmé.

Im gesamten Senat wird es still. Alle Blicke richten sich auf sie, und auf einmal hat sie keine Angst. Sie wird für das Volk sprechen. Sie nimmt Haltung an, und sie beginnt. Sie trägt keine Maske. Sie hat keine Strategie. Alles, was sie tun kann, ist, aus dem Herzen zu sprechen.

Und so erzählt sie von Teckla, davon, wie der Bezirk, in dem Teckla lebt, infolge des Kriegs nur selten mit Strom und fließendem Wasser versorgt wird, wie sich die Kinder dort nur alle zwei Wochen ein Bad erlauben können und dass es dort kein Licht gibt, bei dem sie lesen oder abends lernen können.

„Die Republik konnte diese Grundversorgung immer garantieren", sagt sie. „Und heute, heute gibt es jene, die dieses Geld in den Krieg stecken wollen, ohne zu bedenken, was eine Person zum Überleben braucht. Wenn nicht für Menschen wie Teckla und ihre Kinder, für wen kämpfen wir dann? Mein Volk, Euer Volk – all unsere Völker." Sie spürt ihre Worte durch den Saal hallen. „Doch wenn wir unser Volk weiter verarmen lassen, dann wird uns Dooku nicht auf dem Schlachtfeld schlagen, sondern in unseren eigenen Häusern."

Die Luft knistert. Niemand nennt sie eine Verräterin. Als sie ihre Rede beendet, herrscht für einen Augenblick Stille, dann brandet Jubel auf.

Padmé spürt die Veränderung im Raum. Sie spürt, wie alle Anwesenden an ihre Völker zu Hause denken. Sie spürt die Republik und ihre Stärke. Sie spürt, wie sie einen Schritt vom Abgrund zurücktritt. Der Gesetzesentwurf wird abgelehnt. Sie spürt es, noch bevor die Stimmen ausgezählt sind.

Niemand weiß, was der Morgen bringen wird. Doch heute hat der Senat gezeigt, dass ihm mehr an den Völkern der Republik als an der eigenen Kasse liegt.

Deshalb ist Padmé hier. So soll es sein – und deshalb glaubt sie an die Republik. Sie ist nicht frei von Korruption. Sie ist nicht frei von Dunkelheit. Aber in ihrem Kern steckt Gutes. Und nur weil etwas Gutes Dunkelheit in sich trägt, bedeutet das nicht, dass man es aufgeben muss. Nur weil etwas Dunkelheit in sich trägt, bedeutet das nicht, dass man es nicht lieben kann. Du zeigst ihm die Liebe, zeigst ihm das Licht und hoffst, dass es das Licht wählt.

DER SCHATTEN VON UMBARA

Yoon Ha Lee

Captain Rex von der 501. Legion hatte im Dienst schon viele Planeten gesehen.

Manche Klonkrieger beklagten, dass all diese Planeten zu einem einzigen verschwammen. Rex hatte das nie so empfunden. Jeder besaß ganz eigene Sehenswürdigkeiten, Geräusche, Gerüche. Gerade der letzte – Umbara – war ein typisches Beispiel dafür.

Umbara lag in Dunkelheit gehüllt. Feindliches Feuer registrierte man erst, wenn es einen traf. Manche der Urwaldpflanzen leuchteten rot, doch war es alles andere als sicher, sich ihnen zu nähern. Mit ihren Greiftentakeln und scharf gezahnten Rachen waren sie ebenso gefährlich wie die umbaranischen Truppen.

Rex wusste über ihre Mission Bescheid. Umbara hatte sich den Separatisten angeschlossen, und für die Republik war es zwingend erforderlich, die Kontrolle über diesen strategisch wichtigen Planeten zu erlangen, indem die Hauptstadt so schnell wie möglich eingenommen wurde. General Kenobi sollte mit Unterstützung der Meister Krell und Tiin von Süden aus vorrücken, während General Skywalker mit Rex' Männern von Norden aus angriff, um die feindlichen Stellungen auszuschalten. Wenn sie die Hauptstadt einnahmen, würde das gesamte System fallen.

Kurz bevor das Bombardement der Republik die erste Feindwelle zerschlug, hatten General Skywalker und Rex' Bataillon ihre Deckung erreicht. Zu Rex' Überraschung wurden die Bomber von einem republikanischen Kanonenboot begleitet, das Kurs auf ihre Position nahm. Rex fragte sich, wer wohl an Bord sein mochte.

Das Kanonenboot landete, und ein Jedi stieg aus – ein strenger, vierarmiger Basilisk von stämmigem Körperbau, der zwei Doppelklingenlichtschwerter am Gürtel trug. Rex erkannte ihn: General Pong Krell.

„Meister Krell, vielen Dank für die Hilfe aus der Luft", grüßte ihn Skywalker. „Weswegen seid Ihr hier?"

„Der Rat befiehlt Euch zurück nach Coruscant", erklärte Krell.

Skywalker starrte ihn an. „Wieso?"

„Ich fürchte, der Befehl kam vom Obersten Kanzler, und der Rat hat sich gefügt. Mehr wurde mir nicht gesagt."

Skywalker presste die Lippen zusammen. „Ich lasse doch nicht meine Männer im Stich!"

„Ich übernehme einstweilen das Kommando", entgegnete Krell.

Rex wandte sich an General Skywalker. „Macht Euch keine Sorgen, Sir. Bis Ihr wieder zurück seid, haben wir die Stadt unter Kontrolle gebracht."

Skywalker lächelte. „Meister Krell, das ist Rex, mein Erster Offizier. Einen ergebeneren Soldaten werdet Ihr nirgendwo finden."

„Freut mich zu hören", sagte Krell. „Ich wünsche alles Gute, Skywalker."

General Skywalker zögerte, dann ging er an Bord des Kanonenboots, und Augenblicke später hatte es bereits abgehoben.

Rex war entschlossen, das Beste aus der Situation zu machen. „Euer Ruf eilt Euch voraus, General", sagte er zu Krell. „Es ist mir eine Ehre, unter Euch zu dienen."

Krells Antwort machte ihn sprachlos. „Ich finde es überaus interessant, Captain, dass Ihnen der Begriff der Ehre überhaupt etwas sagt – Ihnen als Klon." Sein Tonfall wurde schärfer. „Nehmen Sie Haltung an, wenn ich spreche."

Rex tat, wie ihm geheißen, und fluchte still. General Skywalker hatte nie so barsch gesprochen – aber er diente derzeit nun mal nicht Skywalker.

„Und sparen Sie sich Ihr Geschmeichel", fuhr Krell fort. „Daraus erwächst Ihnen kein Vorteil. Es gibt einen einfachen Grund für meinen Erfolg. Ich handle grundsätzlich nach Vorschrift. Bereiten Sie alle Einheiten zum Ausrücken vor."

Rex hatte ihm gar nicht schmeicheln wollen, aber er hätte im Leben nicht mit dem General gestritten.

Der Marsch führte stundenlang durch unwirtliche Umgebung. Rex' Versuch, den Männern eine Rast zu gönnen, stieß auf Krells Geringschätzung. Der General lehnte es ab, dass sie sich überhaupt ausruhten, und beharrte darauf, dass die Zeit drängte.

Eine weitere unangenehme Überraschung erlebte Rex, als er auf halbem Weg ihres Marsches auf die Hauptstadt die Vorbereitungen des Bataillons meldete. „Sir", sagte er zu Krell und nahm dabei ordentlich Haltung an, „wir sind bereit, unsere Kräfte für einen gezielten Schlag gegen die Stadt einzusetzen."

„Das wird nicht nötig sein, Captain“, erwiderte Krell. Er blickte in Richtung der Stadt, obwohl noch nichts in Sicht war.

„Sir?“

„Alle Einheiten nehmen an einer Offensive entlang der Hauptroute zur Stadt teil.“

„Sir“, protestierte Rex, „General Skywalkers Plan war, aus verschiedenen Positionen anzugreifen. Fallen wir über die Hauptroute ein, bieten wir ihnen die Möglichkeit, uns frontal anzugreifen.“ Er fürchtete die daraus entstehenden Verluste.

„Änderung der Pläne“, meinte Krell herablassend.

„Bei allem Respekt, General“, sagte Rex, „wir wissen nicht, womit wir es zu tun haben. Es wäre vielleicht klüger, zuerst nachzudenken ...“

„Stellen Sie meine Befehle infrage? Dieses Bataillon nimmt die Hauptstraße ein, die direkt in die Stadt führt. Sie werden weder stehen bleiben noch umkehren, ganz gleich, auf wie viel Widerstand Sie treffen. Wir werden sie mit voller Wucht angreifen. Habe ich mich klar ausgedrückt, CT-sieben-fünf-sechs-sieben?“

Die Ansprache ließ ihn zögern. Auch das hatte Skywalker anders gehandhabt. „Ja, General“, sagte Rex steif.

Schatten verhüllten zu allen Seiten die Straße zur Hauptstadt. Selbst die leuchtenden Bäume verschwammen zu einem trüben Wald. Die Soldaten waren leichte Beute. Plötzlich schrie einer der Männer auf, als unter ihm etwas explodierte und ihn in die Luft schleuderte. Gleich darauf erging es einem Zweiten ebenso.

„Minen!“, rief Rex. „Keiner bewegt sich!“

Alle erstarrten.

Zwei Männer sahen nach den Gefallenen. „Oz hat's erwischt", meldete einer.

„Ringo auch", sagte der andere.

Fives untersuchte die Straße. „Hier drüben sind noch mehr. Passt auf, wo ihr hintretet."

Es war zu spät für Vorsichtsmaßnahmen, die sie hätten retten können. Wild feuernd stürmten aus allen Richtungen Umbaraner auf sie zu. Sie trugen Anzüge mit Helmen, deren grün beleuchtete Visiere ihre Gesichtszüge in einem kränklichen Grün schimmern ließen. Um alles noch schlimmer zu machen, schlugen Raketen zwischen den Klontruppen ein und zerfetzten den Boden – und Soldaten.

„Haltet die Stellung!", brüllte Rex, der an Krells Befehl dachte, ohne sich darum zu kümmern, dass sie umzingelt waren und keine Deckung hatten.

Die Klone gaben ihr Bestes. Verwegen wie immer legte Hardcase mit seinem Rotationsblaster los. Doch egal wie viel Feuerkraft sie aufbrachten, die Umbaraner hatten mehr, und die Raketen schlugen weiter ein. Soldaten fielen und fielen und fielen.

Entgegen seinen Befehlen konnte Rex nicht zulassen, dass noch mehr seiner Männer umkamen. „Wir müssen uns zurückziehen", sagte er, „damit sie uns folgen. Wenn wir sie aus der Deckung holen, können wir sie sehen. Und wenn wir sie sehen, können wir sie treffen."

Feuernd zogen sich die Soldaten von der Angriffswelle zurück.

Uns blieb keine Wahl, dachte Rex.

Die Umbaraner hatten Blut gerochen und verfolgten sie. Rex' Plan konnte aufgehen.

„Neu formieren!“, rief Rex. „Gebt ihnen volle Breitseite!“

Als ihnen die vernichtenden Salven der Klonsoldaten entgegenschlugen, erkannten die Umbaraner ihren Fehler. Nun war es für sie Zeit zum Rückzug. Die Truppen der Republik waren gerettet – fürs Erste.

Rex' Erleichterung war nicht von Dauer.

„CT-sieben-fünf-sechs-sieben“, brüllte Krell, „hat man Sie mit einem Defekt ausgeliefert? Sie haben unsere Truppen davon abgehalten, die Hauptstadt einzunehmen. Jetzt hat der Feind diese Route unter Kontrolle. Die gesamte Operation wurde zunichtegemacht nur wegen Ihres Versagens!“ Er betonte seine Worte mit Fingerstößen gegen Rex' Brust.

Fives mischte sich ein. „General Krell, falls Sie es noch nicht gemerkt haben: Captain Rex hat diese Einheit gerettet. Ihr werdet doch nicht darin *versagen*, das zu erkennen?“

Zu Rex' Entsetzen ging Krell auf Fives los und zog eines seiner Lichtschwerter. Es flammte in unheilvollem Grün auf. „ARC-fünf-fünf-fünf-fünf“, knurrte er, „mäßige dich!“

Ein Jedi würde so etwas nicht tun, dachte Rex. Oder doch?

„Sir, ja, Sir“, sagte Fives.

Rex stieß einen Atemzug aus, den er völlig unbewusst angehalten hatte. „Sir“, sagte er, „ich habe Eure Befehle befolgt. Selbst in Anbetracht der Tatsache, dass der Plan meiner Meinung nach schwere Mängel aufwies und Männer gekostet hat – keine Klone, Männer! Sosehr es auch meine Pflicht ist, Euren Befehlen zu gehorchen, so habe ich auch noch eine andere Pflicht: diese Männer zu beschützen.“

Krell steckte sein Lichtschwert weg. „Ich habe andere Methoden als die Jedi, denen Sie gewöhnlich dienen. Ich gehe meinen eigenen Weg. Er mag schwierig sein, aber es herrschen auch schwierige Zeiten. Und er hat sich bewährt. Wie Sie für Ihre Männer einstehen, hat durchaus Lob verdient. Ein wichtiges Argument für einen Befehlshaber. Na schön, Captain Rex, Ihre Meinung ist mir nun bekannt. Wegtreten!"

„Also wenn das kein Kompliment war", bemerkte Fives, als Krell sich entfernt hatte.

Rex war sich da nicht so sicher.

General Obi-Wan Kenobi beauftragte Krell mit ihrer nächsten Mission: einen Luftstützpunkt einnehmen, der die Hauptstadt mit Nachschub versorgte. Erneut wurde Rex klar, dass ihr Bataillon entscheidend war für die Invasion.

Der erste Blick auf den Luftstützpunkt von einem steilen Berggrat aus gab Rex eine bessere Vorstellung davon, womit sie es zu tun hatten. Mit Makroferngläsern überschauten sie das Tal, und Rex stellte fest: „Der Stützpunkt ist schwer bewacht. Mindestens drei Panzerdivisionen plus Kanonen."

Krell hatte einen Plan. „Wir werden durch diese Schlucht vorrücken und ihre Truppen zu einem Frontalangriff provozieren."

Rex sank der Mut. „Die Schlucht ist eng, Sir", sagte er in der Hoffnung, Krell würde auf die Vernunft hören. „Wir können unsere Einheiten immer nur in kleinen Gruppen vorrücken lassen. Vielleicht sollten wir auskundschaften, ob es noch einen sichereren Weg gibt."

Krell schaute finster drein. „Obi-Wan und die anderen Bataillone haben den Feind momentan noch im Griff, aber sie warten darauf, dass wir den Stützpunkt angreifen. Wir sollten uns lieber beeilen."

„Ja, Sir."

Rex sprach zur versammelten Truppe. „Wir teilen jede Einheit in zwei Gruppen auf und marschieren durch die Schlucht direkt auf den Stützpunkt am anderen Ende zu."

Unter den Männern regte sich Protest. Fives runzelte die Stirn. „Erst mussten wir uns von der Hauptstadt entfernen, weil die Strategie des Generals nicht aufging, und jetzt das?"

Dogma meinte: „Also wenn ihr mich fragt, ich stehe hinter dem Plan des Generals. Uns läuft die Zeit davon, und das ist die beste Option."

„Keine Aufklärung?", fragte Jesse. „Keine Unterstützung aus der Luft? Wer weiß, womit wir es da zu tun kriegen! Die könnten Waffen haben, die wir noch nie gesehen haben."

Trotz seiner Vorbehalte konnte Rex das Kommando des Generals nicht untergraben. „General Skywalker hatte auch hin und wieder eigenwillige Methoden", sagte er, „und sie waren erfolgreich."

„General Skywalker führt seine Männer normalerweise an vorderster Front an", meinte Fives, „und hängt sich nicht hintendran wie General Krell."

Während die Truppe untereinander murmelte, nahm Rex Fives beiseite. „Es wäre besser, wenn du sie beschwichtigen würdest."

„Soll ich sie überreden, bei Krells nächster Selbstmordmission mitzumachen?", schoss Fives zurück.

Das grenzte an Ungehorsam. „Krell mag die Dinge ja anders angehen“, sagte Rex, „aber er ist ein anerkannter Kriegsheld.“

„Hast du seine Opferzahlen gesehen?“, fragte Fives. „Niemand hat so viele tote Soldaten zu verantworten wie er.“

„Das ist der Preis des Krieges“, seufzte Rex. „Wir sind Soldaten. Wir haben die Pflicht, Befehle zu befolgen, und wenn es sein muss, unser Leben zu opfern.“ Er wandte sich zum Gehen.

Fives hielt ihn am Arm fest. „Glaubst du das wirklich, oder hat man dich so entwickelt, das zu glauben?“

„Ich habe meinen Kodex“, erwiderte Rex und schüttelte Fives' Hand ab.

Das erste Anzeichen für den umbaranischen Angriff war ein Donnern, begleitet von einem Zittern im Boden. Augenblicke später schossen riesige, von Umbaranern gesteuerte Roboterraupen aus dem Boden und deckten die Truppen mit Blasterfeuer ein. Die Blasterschüsse der Klontruppen prallten wirkungslos von den Köpfen der Riesenraupen ab, in denen sich die Cockpits befanden.

„Der Kopf hat einen Strahlenschild“, rief Fives. „Wir brauchen Raketenwerfer!“

„Schafft die Raketenwerfer dort runter“, sagte Rex und deutete auf einen schmalen Korridor. „Verteilt Sprengsätze entlang des Korridors. Kesselt sie an der engsten Stelle ein. Wir werden die Dinger in die Luft jagen.“

Die Soldaten eilten gehorsam los und bereiteten die Falle rechtzeitig vor. Als die Riesenraupen kamen, drückte Rex auf den Auslöser, und der Engpass ging in Flammen auf.

Ihr Triumph jedoch währte nicht lange. Rex spähte wieder durch sein Makrofernglas – und entdeckte eine riesige Silhouette: ein gepanzerter Kampfläufer. „Zurückziehen! Sofort zurück!“, brüllte Rex.

Seine Warnung kam zu spät. Die einschlagenden Geschosse löschten noch mehr seiner Männer aus.

Als sich Rex mit der Truppe zurückzog, empfing er einen Funkspruch von Krell, der das Geschehen aus sicherer Entfernung beobachtete. „Was treiben Sie denn da?“, wollte er wissen. „Captain, greifen Sie weiter an!“

Rex fasste ihre Situation kurz zusammen. „Sir, es sind zu viele. Wir brauchen Verstärkung.“

„Die restlichen Männer sollen am Eingang der Schlucht die Stellung halten, Captain. Sie müssen ihn bewachen, damit *Sie* zum Stützpunkt durchbrechen können. Halten Sie die Position. Das ist ein Befehl!“ Und damit machte Krell Schluss.

Rex gefiel das überhaupt nicht, aber er hatte seinen Vorschlag abgegeben und Krell hatte ihn abgelehnt. „Ihr habt den General gehört“, sagte er über den Lärm des Blasterfeuers hinweg zu seinen Soldaten.

Der Befehl hatte Fives' Stimmung nicht verbessert. „Am Anfang habe ich gedacht, General Krell sei leichtsinnig“, meinte er, „aber inzwischen glaube ich, dass er uns Klone hasst.“

Dogma hielt zu Rex, obwohl sich dieser beinahe wünschte, er würde es nicht tun. „Der Captain hat recht. Wir müssen los.“

„Wir können sie nicht frontal angreifen. Es muss doch irgendwie anders gehen“, beharrte Fives.

Rex sah Fives scharf an. „Und wie? Ich höre.“

Aber Fives schüttelte nur den Kopf.

Bald kamen die Läufer in Reichweite – mobile Schwergeschütze, deren blasenförmige Cockpits unheilvoll in der Dunkelheit leuchteten. Grüne Plasmabälle flogen in hohem Bogen durch die Luft und landeten mitten zwischen den Soldaten. Männer gingen zu Boden, andere wurden durch die Luft geschleudert. Verwundete schrien und stöhnten. Wenn sich das Blatt nicht bald wendete, wären sie erledigt.

Rex dachte an Fives' Forderung, dass es noch einen anderen Weg geben müsste, diese Panzer zu zerstören. Ihm kam eine Idee. „Fives!“, rief er.

Fives sah ihn an. „Was denkst du?“

„Ich habe einen Auftrag für dich und Hardcase.“

Krell bemerkte, dass der Angriff nicht wie befohlen ablief. „CT-sieben-fünf-sechs-sieben, wo sind Sie?“

„Wir haben einen Plan, wie wir in den Stützpunkt eindringen können“, erklärte Rex und war froh, dass er über Holo mit Krell sprach. Er hatte nicht vergessen, wie Krell bei Fives sein Lichtschwert gezogen hatte. „Zwei Männer haben sich heimlich hineingeschlichen. Sie haben den Befehl, die feindlichen Sternenjäger zu entwenden und gegen die Panzer einzusetzen.“

Krell platzte der Kragen. „Sie geben einen derartigen Befehl in der Hoffnung, zwei Klonen gelingt, was eine ganze Truppe nicht geschafft hat?“

Ich tue das für meine Männer, ermahnte sich Rex. „Sir, unsere Raketen prallen an den Panzern ab, und wir hätten es leichter, uns einzuschleusen, wenn die Männer die Panzer unter Beschuss halten.“

„Captain“, dröhnte Krell, „Sie werden einen Frontalangriff starten wie befohlen, sonst werden Sie Ihrer Pflicht entbunden.“

Angesichts eines direkten Befehls konnte Rex kaum etwas unternehmen. Erneut forderten die umbaranischen Schwergeschütze ihren Tribut. Er befahl der Truppe, die Position zu halten. Die Schreie der Verwundeten taten ihm im Herzen weh. Doch die Zeit lief ihnen davon, und die Truppe rückte wieder vor.

Gerade als Rex sich schon fragte, ob er sich verspekuliert hatte, kamen zwei umbaranische Sternenjäger in Sicht, in deren winkelförmigen, hüftknochenartigen Rümpfen kugelrunde, leuchtende Cockpits saßen. Fives und Hardcase! Ihr Feuer pustete die umbaranischen Panzer auf der Stelle weg. Unter dem Jubel der Klontruppen brach die umbaranische Verteidigung zusammen.

Nachdem die Jäger sicher gelandet waren und sie den Stützpunkt eingenommen hatten, gratulierte Rex Fives und Hardcase für ihren Mut. Ihm war klar, dass sie von ihrem General keinen Dank erhalten würden.

Als Krell auftauchte, trat er sofort an Rex heran. „Captain, berichten Sie! In welcher Lage befinden wir uns?“

„General“, meldete Rex, „der Stützpunkt wurde eingenommen und der Feind von Nachschubwegen abgeschnitten.“

„Der Zufall war heute auf Ihrer Seite, Captain“, sagte Krell.

Rex sträubten sich die Nackenhaare. „Das war nicht nur Glück, Sir. Viele mussten sterben, um den Stützpunkt einzunehmen.“ Er hätte sie alle beim Namen nennen können – aber Krell wäre es egal gewesen.

„Das ist der Preis für so einen Sieg“, sagte Krell. „Vielleicht werden Sie das eines Tages einsehen.“

Krell richtete seine Kommandozentrale im Kontrollturm des Luftstützpunktes ein. General Kenobi kontaktierte ihn wegen eines weiteren Notfalls.

Zu schade, dass dem General nicht klar ist, was uns diese Siege kosten, dachte Rex. General Kenobi wäre über Krells Taktiken entsetzt gewesen.

„Glückwunsch zur Eroberung der umbaranischen Basis, General“, grüßte Kenobi. „Solche Nachrichten hört man gern.“

„Es wird erst gefeiert, wenn wir die Hauptstadt eingenommen haben“, erwiderte Krell.

„Ich glaube, das wird schwieriger, als wir uns das vorgestellt hatten“, meinte Kenobi. „Ihre Angriffe nehmen zu, und ihre Langstreckenraketen zwingen uns, von unseren Positionen zurückzuweichen.“

„Ich hatte gehofft, wir hätten ihre Nachschubwege abgeschnitten, als wir diese Basis einnahmen.“

„Anscheinend bekommen sie neue Waffen direkt von einem Versorgungsschiff, das um ihren Planeten …“ Die Verbindung fiel kurz aus, dann sagte Kenobi: „Wahrscheinlich stören sie unser Signal.“

„Zerstören wir doch das Versorgungsschiff“, sprach Rex das Offensichtliche aus.

Kenobi meinte: „Haben wir versucht, aber ihre Flotte ist der unseren überlegen.“

„Dann nehmen wir die Hauptstadt eben so ein, Raketen hin oder her“, versicherte ihm Krell. „Mein Bataillon wird zum verabredeten Zeitpunkt vor Ort sein.“

Krells Befehle liefen auf einen weiteren Frontalangriff hinaus – dieses Mal trotz gegnerischer Langstreckenraketen. Die Unzufriedenheit in Rex' Truppe wuchs.

„Wir werden es nicht schaffen", sagte Fives.

„Ich habe versucht, ihn umzustimmen, aber Befehl ist Befehl", erinnerte ihn Rex.

Auch Jesse hatte Einwände. „Noch so 'ne Selbstmordmission. Die Hauptstadt ist bis an die Zähne bewaffnet."

„Ich finde, dass ihr übertreibt", warf Dogma ein. „Offensichtlich weiß General Krell, was er tut. Glaubst du wirklich, es ist ihm egal, wenn er Männer verliert?"

Männer, dachte Rex. Krell hatte deutlich gemacht, wie er über den Unterschied zwischen Klonen und Männern dachte.

„Ich glaube, er will um jeden Preis siegen und dabei vergisst er, dass hier viele Leben auf dem Spiel stehen", entgegnete Jesse. „Ich habe noch nie einen General mit so hohen Verlusten erlebt."

„Er verhält sich nicht wie die anderen Jedi. Hat keinerlei Respekt vor uns", sagte Fives.

„Ich bin ja auch nicht seiner Meinung", versuchte Rex den Streit zu schlichten, „aber ich habe keinen besseren Plan."

Doch Fives hatte einen. „Wieso nehmen wir nicht diese Sternenjäger, um das Versorgungsschiff zu zerstören?" Er deutete auf einen davon. „Wir haben ihre Zugangscodes und ihre eigenen Maschinen. Wir können versuchen, ihre Blockade zu umfliegen. Mit unseren Schiffen würden wir das niemals schaffen. Wenn wir das Versorgungsschiff ausschalten, dann ist der Feind endlich vom Nachschub abgeschnitten."

Das war ein guter Plan. „Ich werde es dem General mitteilen“, sagte Rex.

Krell wischte Fives Plan kurzerhand vom Tisch. „Der Angriff auf die Hauptstadt läuft weiter wie geplant.“

Jesse machte ein finsteres Gesicht. „Das war's also? Wir marschieren direkt in den Raketenhagel?“

„Es gibt noch eine andere Option. Wir folgen unserem eigenen Plan und nehmen die Konsequenzen in Kauf“, gab Fives zu bedenken.

„Dann kommst du vor ein Kriegsgericht“, warnte ihn Rex. „Wenn es nach mir ginge und wir die Zeit und das Training hätten, würde ich sagen: Tut es. Aber ich habe es nicht in der Hand, und ihr seid keine Piloten.“

„Wenn Hardcase so ein Ding fliegen kann, dann schaffen wir das auch“, spottete Jesse.

„Wenn wir in *ihren* Jägern fliegen, wird niemand auf uns schießen“, fügte Fives hinzu.

In dem Moment kam Dogma dazu, und die Diskussion war vorbei.

Fives folgte Rex aus der Unterkunft. „Hier geht's um mehr als nur Befehlsgehorsam.“

„Oh ja“, stimmte Rex zu und suchte nach den richtigen Worten. „Es geht um die Ehre.“

„Was hat das mit Ehre zu tun, blind in den Tod zu marschieren?“

Rex schüttelte den Kopf. „Das ist nicht unsere Entscheidung. Wir sind Teil von etwas Größerem.“

„Ich kann keine Befehle befolgen, wenn ich weiß, dass sie falsch sind. Besonders wenn Leben auf dem Spiel stehen.“

Rex' Ton wurde strenger. „Das musst du, wenn du das System unterstützt, für das wir kämpfen."

„Ich unterstütze es ja", sagte Fives, und auch er wurde lauter. „Aber ich bin nicht nur irgendeine Nummer. Keiner von uns ist das." Damit machte er auf dem Absatz kehrt.

„Wo gehst du hin?", rief Rex ihm nach.

„Ich rekrutiere ein paar Piloten", sagte Fives.

Rex ordnete eine Bereichsaufklärung an, als drei Klonsoldaten an ihn herantraten: Fives, Jesse und Hardcase. „Was macht ihr denn hier draußen?", fragte Rex. „Ihr solltet in der Unterkunft sein."

„Ich habe meine Piloten", erwiderte Fives. „Wir nehmen uns das Versorgungsschiff vor."

„Das ist eine Selbstmordmission, und sie verstößt gegen die Befehle", warnte ihn Rex. Krell hatte die Jäger stilllegen lassen.

„Aber es ist das Richtige. Wir müssen nur wissen", erwiderte Fives, „ob Sie versuchen werden, uns aufzuhalten."

Es gab nur eine Antwort, die Rex darauf geben konnte. „Ich kann euch nicht helfen, wenn man euch erwischt." Und er fragte sich, ob er sie jemals wiedersehen würde.

Nur Fives und Jesse kehrten zurück. Hardcase hatte sich geopfert, um das Versorgungsschiff auszuschalten. Gern hätte Rex angemessen um Hardcase getrauert, doch dazu blieb keine Zeit. Krell hatte Rex befohlen, die beiden anderen Soldaten zum Kontrollturm zu eskortieren.

Krell musterte Fives und Jesse, als Rex sie hereinbrachte. „Wie es scheint, haben sie äußerst tapfer gehandelt", sagte er. „Bedauerlicherweise“, und hier senkte er unheilvoll die Stimme, „begingen sie jedoch ein schweres Verbrechen, als sie sich meinem direkten Befehl widersetzten.“

„Bei allem Respekt, Sir, der Befehl, das Versorgungsschiff anzugreifen, kam von mir“, log Rex. „Wenn jemand Bestrafung verdient, dann bin das zweifellos ich. Ich bin ihr kommandierender Offizier.“

Doch Fives konnte seinen Mund nicht halten. „Sir“, platzte es aus ihm heraus, „Captain Rex nimmt die Schuld für Taten auf sich, für die ich verantwortlich bin. Ich verlange, dass sein Schuldeingeständnis ignoriert und mir die volle Schuld zugewiesen wird.“

„Ach, tatsächlich?“, spottete Krell. „Sie widersetzten sich vorsätzlich meinem direkten Befehl, und jetzt besitzen Sie auch noch die Frechheit, mir vorzuschreiben, wen ich für Ihre Meuterei zu bestrafen habe?“ Er stieß mit seinen klobigen Fingern gegen Fives' Brust. „Ich verhänge folgende Strafmaße wegen Hochverrats, begangen von ARC-fünf-fünf-fünf-fünf und CT-fünf-fünf-neun-sieben.“

Fives und Jesse, dachte Rex wütend.

„Sie kommen vor ein Kriegsgericht. Man wird sie für schuldig befinden – und man wird sie hinrichten.“

Nachdem man Fives und Jesse hinausgeführt hatte, versuchte Rex, Fürsprache zu halten. „General Krell“, begann er, „ich bitte Euch, Eure Entscheidung bezüglich Fives und Jesse zu überdenken.“

„Ihre Aktionen waren ein klarer Fall von Hochverrat und Missachtung meines Kommandos“, entgegnete Krell. „Wenn sie nicht umgehend bestraft werden, besteht die Gefahr, dass andere ihrem Beispiel folgen.“

„Die Männer stehen hinter Euch. Nur einige von ihnen befürchten, dass Ihr ihr Leben unnötig aufs Spiel setzt."

„Diese Klone haben sich bereits von Anfang an gegen meine Befehle gesperrt", sagte Krell. „Ich kenne dieses Spiel. Manche Klone sind einfach defekt." Krell machte eine Pause, dann fuhr er fort: „Sie haben recht, Captain. Ich sollte sie nicht vor das Kriegsgericht stellen." Ganz gleich, welche Hoffnungen diese Worte in Rex weckten, Krell machte sie umgehend wieder zunichte, als er hinzufügte: „Bereiten Sie die Exekution vor."

In einer Zelle tief im Stützpunkt überbrachte Rex Fives und Jesse die traurige Botschaft. Es ihnen persönlich zu sagen, war das Mindeste, das er tun konnte. „Es tut mir leid", sagte er bedrückt. „General Krell hat eure sofortige Hinrichtung angeordnet."

„Das kann er doch nicht machen!", rief Jesse.

„Im Krieg ist er befugt, eigenmächtig Strafen zu verhängen."

„Das Kriegsgericht kann ich noch verstehen", meinte Jesse, „aber uns hinzurichten?"

Rex verzog das Gesicht. „Ich habe versucht, ihn zu überzeugen, dass es meine Schuld ist, aber das hat ihn nicht interessiert."

Fives meinte: „Rex, sieh der Wahrheit ins Auge, er benutzt dich doch nur. Mithilfe deiner Loyalität kontrolliert er die anderen."

Dem konnte Rex nichts entgegensetzen. „Das werde ich ihm nicht durchgehen lassen." Damit ließ er die Zelle öffnen und sah zu, wie Fives und Jesse abgeführt wurden.

Rex verließ sich darauf, dass Dogma die Anordnung ausführen würde, und stellte das Exekutionskommando unter dessen Befehl. Er grübelte, ob es feige wäre, die abscheuliche Aufgabe an jemand anderen zu übertragen.

„Bringt die Gefangenen her“, sagte Dogma.

Fives und Jesse wurden streng bewacht herbeigeführt. Rex ging hinter ihnen.

„Wünschen die Gefangenen verbundene Augen?“, fragte Dogma.

Mit dem Rücken zur Wand starrten ihn Fives und Jesse einfach nur an.

„Ich werte das als ein Nein“, sagte Dogma. „Gewehre anlegen!“

Das Kommando entsicherte die Gewehre.

„Zielen!“

Die Gewehrläufe richteten sich auf Fives und Jesse.

„Wartet!“, rief Fives. „Das ist falsch, und das wissen wir alle! Der General macht einen Fehler. Kein Klon sollte so sterben müssen. Wir befolgen Befehle, aber wir sind kein Haufen hirnloser Droiden. Wir sind Männer. Man muss uns zutrauen, Entscheidungen zu treffen, insbesondere wenn die Befehle, die man uns gibt, falsch sind!“

Dogma blieb ungerührt. „Feuer!“

Gewehrschüsse peitschten durch die Luft – und schlugen in die Wand hinter Fives und Jesse ein. Jeder Schuss daneben.

„Was ist passiert?“, wollte Dogma wissen.

Geschlossen ließ das Kommando die Gewehre fallen.

Rex konnte mit seiner Erleichterung nicht hinter dem Berg halten. „Sie haben das Richtige getan, Dogma“, sagte er. Jetzt erkannte er das. „Denn wenn das die Belohnung für die heldenhafte Tat eines Soldaten ist, dann könnte eines Tages jedem Mann dieses Bataillons dasselbe Schicksal drohen. Nehmt ihnen die Fesseln ab!" Eine seltsame Leichtigkeit beflügelte ihn. Er missachtete Befehle. Das hätte er schon viel früher tun sollen.

Krell rief Rex sofort zu sich, als er von dem Vorfall hörte. Kaum trat Rex ein, fauchte er: „Ich hatte befohlen, diese Klone zu zerstören! Sie machen einen Fehler, mich zu hintergehen, Klon."

Rex hielt seinem Blick stand. „*Captain*, Sir."

Eine Übertragung unterbrach ihre Auseinandersetzung. „General", meldete ein Klon über Holo, „die Umbaraner verstärken ihre Offensive." Rex erkannte ihn als Waxer. „Noch halten wir sie in Schach, aber sie haben einer unserer Einheiten aufgelauert und Waffen und Uniformen erbeutet. Wir glauben, sie planen einen Großangriff."

Krell wandte sich an Rex. „Sieht so aus, als müssten wir die Hinrichtungen aussetzen – fürs Erste. Bringt die Verräter hinter Gitter und bereitet die Einheiten zum Ausrücken vor. Wir müssen dem Feind zuvorkommen, indem wir mit allem, was wir haben, zuschlagen. Und dann werden wir die Hauptstadt endlich einnehmen." Gerade als Rex wegtreten wollte, fügte Krell noch hinzu: „Und Captain, unterrichten Sie Ihre Männer davon, dass sich die Feinde möglicherweise als Klone verkleiden, um uns zu täuschen."

Rex hatte sich schon fast an Umbaras lichtarme Umgebung gewöhnt. Er beobachtete, wie Tup Dogma vor einer der Vixus-Pflanzen mit den Tentakelranken warnte.

„Pass bloß auf", sagte Tup. „So ein Ding hat schon Hardcase angegriffen." Er warf einen Stein nach der Pflanze. Sie öffnete ihren Schlund, der feindselig leuchtete, und schlug mit ihrer Zunge und ihren Tentakeln um sich, um ihre Beute zu erwischen.

Bald schon konnte Rex jedoch nicht einmal mehr für die bösartigen Pflanzen Aufmerksamkeit erübrigen. Feindliches Feuer zerriss die Dunkelheit. „Bringt die Granaten hier rauf!", rief Rex. „Hat irgendjemand Sichtkontakt?"

„Negativ", rief Kix zurück. „Ist zu dunkel."

Das Blasterfeuer wurde heftiger, und die Soldaten robbten in Deckung.

„Moment", meldete sich Kix wieder. „Ich sehe sie." Dunkle Gestalten näherten sich. „Sie haben sich tatsächlich als Klone verkleidet."

Die Wut jauchzte in Rex' Blut. Der Feind kämpfte ebenso gut wie die Klone. Sie zielten mit verheerender Genauigkeit. Seine Männer mussten schwere Verluste einstecken.

Voller Ehrgeiz, die Widersacher zu demaskieren, rannte Rex dem Haupttrupp voraus. Er entdeckte einen der gefallenen Gegner und ging in die Knie, um ihm den gestohlenen Helm abzunehmen. Zu seinem Entsetzen glich das reglose Gesicht darunter seinem eigenen. „Feuer einstellen!", brüllte Rex. „Wir schießen auf unsere eigenen Männer! Das sind keine Umbaraner, das sind Klone! Nehmt eure Helme ab! Zeigt ihnen, dass ihr nicht der Feind seid!"

Die unfassbare Nachricht sorgte für Unruhe in der Truppe. Rex' Männer zögerten, doch dann folgten sie einer nach dem anderen seinem Befehl.

„Seht doch!", rief Rex der anderen Seite zu – *der eigenen Seite*. Er packte einen der anderen Soldaten und riss ihm den Helm herunter. „Wir sind alle Klone!"

Auf beiden Seiten stellten die Männer das Feuer ein und starrten einander fassungslos an.

Kix kam zu Rex gerannt. „Captain, ich habe den Truppenführer gefunden. Es ist Waxer. Er lebt noch."

Rex hörte heraus, was Kix nicht sagte: *Wir haben ihn beinahe umgebracht.* Er folgte Kix in die Schatten unter einem Baum, wo Waxer zusammengebrochen am Boden lag. Dem Mann blieb nicht mehr viel Zeit.

„Waxer", sagte Rex sanft. „Sag mir, wer hat dir den Befehl gegeben, uns anzugreifen?"

Waxer hustete. „Es war General Krell. Er hat uns hierhergeschickt, um den Feind zu stoppen. Wir dachten, sie hätten unsere Uniformen an ..." Die gleiche Geschichte, die Krell Rex erzählt hatte. „... dabei wart es ihr."

Damit tat Waxer seinen letzten Atemzug, und Rex ballte die Faust.

Als sich die Truppe nach der Schlacht wieder gesammelt hatte, sprach Rex zu seinen Männern: „Wir wissen alle, wer dafür die Verantwortung trägt. Nur den Grund dafür, den kennen wir nicht. Es muss etwas geschehen. Was ich euch jetzt vorschlage, ist Hochverrat. Falls es jemand vorziehen sollte, auszusteigen, dann jetzt."

Niemand meldete sich.

Es blieb ihnen keine ehrenhafte Alternative mehr. „Wir verhaften General Krell wegen Verrats an der Republik", sagte Rex.

Bewaffnet und entschlossen marschierten sie zum Kontrollturm. Auf ihrem Weg machten sie beim Arrestblock halt, um Fives und Jesse zu befreien, die sich ihnen anschlossen.

Ganz oben im Turm traten die Klone Krell entgegen. Die Soldaten verteilten sich, um ihn zu umstellen.

Rex trat zuletzt ein. „General Krell", sagte er. „Ihr werdet von Euren Pflichten entbunden."

Krell wandte sich vom Fenster ab und sah ihn an. „Das ist Hochverrat."

Rex zielte mit seinen beiden Blasterpistolen auf ihn.

Krell zuckte nicht mit der Wimper. „So etwas nennt man Meuterei, Captain."

„Erklärt Eure Befehle. Ihr habt Eure Truppen gegeneinander kämpfen lassen", sagte Rex.

„Ich bin überrascht, dass Sie dahintergekommen sind, noch dazu als *Klon*."

Rex war damit nicht ins Wanken zu bringen. „Ergebt Euch, General, wir sind in der Überzahl."

Krell setzte einen Machtstoß ein, um die Männer um sich herum wegzurempeln, sodass sie über den Boden purzelten. „Sie wagen es, einen Jedi anzugreifen? Ich lasse mich doch nicht von Kreaturen aus irgendeinem Labor zum Narren halten."

Rex' Truppe sammelte sich und feuerte auf Krell, doch der zog seine beiden Doppelklingenlichtschwerter und parierte ihre Schüsse. Noch bevor sie ihn irgendwie aufhalten konnten, sprang er durch die Scheibe aus dem Fenster.

Rex und seine Männer rannten zum Lift ins Erdgeschoss.

Unten angekommen, trafen sie auf Dogma. Er richtete seinen Blaster auf sie. „Keine Bewegung!"

„Nimm die Waffe runter", warnte ihn Rex und richtete seinerseits seine beiden Pistolen auf Dogma.

Ein wirrer Blick lag in Dogmas Augen. „Es ist meine Pflicht! Ihr seid alle Verräter!"

Rex hätte abdrücken können, aber heute hatten schon genug Klone auf Klone geschossen. Er steckte einen seiner Blaster ins Halfter und nahm den Helm ab. „Ich habe auch mal geglaubt, dass ein guter Soldat alles tut, was man ihm sagt", erklärte Rex. „Dafür wurden wir entwickelt. Aber wir sind keine Droiden, wir sind nicht programmiert. Du musst lernen, deine eigenen Entscheidungen zu treffen."

Dogma zögerte, dann senkte er seinen Blaster. Zwei Klone rangen ihn zu Boden.

„Bringt ihn in die Zelle", sagte Rex.

Die Unterbrechung hatte sie wertvolle Zeit gekostet. Krell war in den Urwald geflohen und hatte eine blutige Spur gefallener Soldaten hinterlassen. Es blieb ihnen keine andere Wahl, als ihm zu folgen. Wenn Krell es vom Planeten schaffte, dann …

Doch Krell hatte anderes im Sinn. Sein Gelächter dröhnte aus dem Dschungel. „Hätten Sie mal lieber auf Ihren ARC-Soldaten gehört, Captain", rief er.

Fives.

„Er hatte recht. Ich habe Sie nur benutzt." Ohne Vorwarnung stürzte Krell von oben herab und schwang seine Lichtschwerter in grausam glühenden Wirbeln. Rex' Soldaten feuerten auf ihn, doch es war vergebens. Innerhalb von Sekunden streckte er mehrere Männer nieder und brach einem weiteren mit bloßen Händen das Rückgrat.

Rex' Komlink piepte. „Captain Rex", meldete sich jemand mit drängendem Ton. „Hier ist Tup. Führen Sie den General, wenn möglich, in meine Richtung!"

„Was? Warum?", wollte Rex wissen.

„Vertrauen Sie mir, Sir!"

Es lief darauf hinaus, sich auf einen seiner Männer zu verlassen. Leichte Entscheidung. „Jungs, hört mal her. Umzingelt ihn und drängt ihn in Tups Richtung!"

Die Klone gaben vor davonzulaufen, und als Krell ihnen nachsetzte, spottete Tup: „Hey, Breitmaul! Komm her und hol mich!"

Krells Selbstüberschätzung sollte sein Untergang sein. Er stürzte sich auf Tup, kam dabei aber einer riesigen Vixuspflanze zu nahe, deren Tentakel sich vor dem Klon über den Boden wand. Der Tentakel packte Krell und hob den Wild-um-sich-Schlagenden in die Höhe. Er schnitt sich los, fiel zu Boden und landete auf dem Rücken.

Tup feuerte von hinten einen Betäubungsschuss auf ihn ab, und schon wurde er von den Klonen in Handschellen gelegt.

Rex und seine Männer warteten ab, bis Krell in einer Zelle wieder aufwachte. Dogma saß in der Zelle daneben.

„Wieso tötet Ihr Eure eigenen Männer?", fragte Rex.

Krell erhob sich. „Weil ich es kann", sagte er. „Weil ihr darauf reingefallen seid. Weil ihr minderwertig seid."

„Aber Ihr seid ein Jedi!"

Krell lachte. „Nicht mehr. Eine neue Macht erhebt sich. Die Jedi werden diesen Krieg verlieren, und die Republik wird in sich zusammenbrechen. An ihre Stelle wird eine neue Ordnung treten, und ich werde einen Teil von ihr beherrschen."

Rex konnte es nicht fassen. „Ihr seid ein Separatist!"

„Ich stehe auf keiner Seite, nur meiner eigenen – und bald auf der meines neuen Meisters."

„Ihr seid ein Handlanger von Dooku!"

„Noch nicht, aber ich hoffe doch, wenn ich hiermit fertig bin", sagte Krell. „Sobald ich die Republik von Umbara vertrieben habe, wird mich der Count für meine Taten belohnen und mich zu seinem neuen Schüler machen."

„Wie konntet Ihr das tun?", platzte es aus Dogma heraus. „Ich habe Euch vertraut, Euch treu gedient, und Ihr lasst mich meine Brüder töten!"

Wieder lachte Krell. „Weil du der bei Weitem größte Narr von allen warst. Dein blinder Gehorsam war genau das, was ich brauchte, um meinen Plan zum Erfolg zu führen."

Rex hatte genug gehört. „Ihr seid ein Verräter, General, und als solcher werdet Ihr auch behandelt."

Krell schüttelte den Kopf. „Sie werden es nie lernen, Captain. Die Umbaraner erobern diesen Stützpunkt zurück." Er setzte sich wieder. „Und wenn sie das tun, werde ich frei sein."

Krell lag nicht falsch. General Kenobi hatte die Hauptstadt eingenommen, aber die verbliebenen Umbaraner waren auf dem Weg zum Stützpunkt.

Nachdem Rex den Einheiten befohlen hatte, sich auf den Angriff vorzubereiten, nahm Fives ihn beiseite. „Sir, wenn die Umbaraner an Krell rankommen, wird er alles an sie weitergeben. Unsere Verteidigungscodes, einfach alles. Er wird der Republik einen tödlichen Schlag versetzen."

„Wir können nicht riskieren, dass er möglicherweise flieht", schaltete sich Jesse ein. „Solange Krell am Leben ist, ist er eine Bedrohung für jeden von uns."

„Wohl wahr", stimmte Rex zu. Er wusste, was er zu tun hatte.

Rex kehrte mit seinen Männern zu den Zellen zurück und ließ Dogma frei. Dann zog er einen Blaster und baute sich vor Krell auf. „Dreht Euch um und geht auf die Wand zu!"

Krell verdrehte die Augen, tat aber, wie ihm geheißen.

„Auf die Knie!", sagte Rex.

Jesse drückte auf die Konsole, und das Energiefeld, das Rex von Krell trennte, erlosch.

Krells Lachen jagte Rex einen Schauer über den Rücken. „Jetzt haben Sie die Fäden in der Hand", sagte Krell. „Wie fühlt sich das an?"

„Ich sagte: ‚Auf die Knie!'"

Krell kniete sich hin. „Ein gutes Gefühl, nicht wahr? Aber ich kann Ihre Angst spüren. Sie zittern, hab ich recht?"

Das hatte er.

„Worauf warten Sie denn noch?", höhnte Krell. „Die Umbaraner kommen immer näher. Sie werden es nicht können, stimmt doch? Irgendwann muss man das Richtige tun und …"

Mit einem Schuss im Rücken sackte Krell vornüber.

Rex drehte sich zu Dogma um, der Fives' Blaster genommen hatte. „Ich konnte nicht anders", keuchte Dogma. „Er hat uns verraten."

Ausgerechnet Dogma hatte getan, wozu Rex nicht imstande gewesen war. Es lag eine gewisse Gerechtigkeit darin.

Später sah Rex zu, wie Klonsoldaten Dogma unter Arrest zu einem Kanonenboot eskortierten. Schweigend nickten sie sich zu. Rex wusste Dogmas Handeln zu würdigen, auch wenn dieser jetzt die Konsequenzen dafür tragen musste.

Fives trat an Rex heran. „General Kenobis Truppen haben die restlichen Stellungen der Umbaraner besiegt, und wir haben alle Sektoren gesichert. Wir haben es geschafft. Umbara ist erobert."

Rex sah durch ihn hindurch. „Was hat das Ganze für einen Sinn? Ich meine … wieso?"

Fives zuckte mit den Schultern. „Ich weiß es nicht, Sir. Ich glaube, das weiß keiner. Aber eines weiß ich: Eines Tages wird dieser Krieg zu Ende sein."

Rex' Unbehagen ließ sich nicht so leicht wegwischen. „Und was dann? Wir sind Soldaten. Was wird dann aus uns werden?"

Fives hatte darauf keine Antwort. Gemeinsam sahen sie zu, wie das Kanonenboot mit Dogma an Bord davonflog.

BANES GESCHICHTE

Tom Angleberger

„Cad Bane? Schon zurück? Nach all dem Ärger, den ich hatte, um dich hier rauszuhauen? Ziemlicher Pfusch!"

Im ganzen Gefängnis gab es nicht einen Mann, der den Mumm hatte, so mit mir zu reden. Aber es gab einen Jungen. Ein Kopfgeldjäger wie ich kann sich keine Freunde leisten, aber dieser Junge war in Ordnung. Außerdem schuldete ich seinem Vater Jango Fett ein paar Gefallen.

„*HZUURRKZZ!*"

Ach, richtig ... Bossk war auch da. „Boba ... Bossk ... nehmt Platz", sagte ich. „Ich habe eine Geschichte, bei der dreht es euch den Magen schlimmer um als bei dem grünen Schlabber auf euren Tellern."

Sie setzten sich mir gegenüber an den Tisch. Ein paar Kleinganoven am anderen Ende schlichen fort, um sich neue Plätze zu suchen. Clever.

„Eine Geschichte, ja?", fragte Boba. „Ich hoffe, sie hat ein schönes Ende, bei dem ich das Geld bekomme, das du mir dafür versprochen hast, dass ich diese Ablenkung für dich abziehe."

„Nein."

„*HRRGKZZZZ*", fauchte Bossk.

„Entspann dich", sagte ich. „Ihr habt so viel Spaß dabei gehabt, die Wachen zu vermöbeln, *ihr* solltet *mich* bezahlen."

„*HRK HRKK*", kicherte Bossk.

„Ich versteh's nicht", meinte Boba. „Du hast gesagt, Moralo Eval würde dir einen Haufen Credits bezahlen, um ihn rauszuhauen. Wir haben dir dabei geholfen. Also: Wo ist unser Anteil?"

„Tja", sagte ich. „Erinnert ihr euch an den Dreckskerl, der mit uns abgehauen ist?"

„Du meinst Hardeen? Der Typ, der Kenobi umgelegt hat?"

„Der Typ, der *gesagt* hat, er habe Kenobi umgelegt."

„Aber er *hat* ihn umgelegt. Scharfschützengewehr, aus der Distanz. Ein paar Jedi haben gesehen, wie er's getan hat. So ist er ja hier drin gelandet."

„Junge, Kenobi ist nicht mal tot!"

„Was? Aber ..."

„Hör zu, Junge, wieso haltet ihr beiden nicht mal einen Moment die Klappe und lasst mich erzählen, was passiert ist?"

Also wenn ihr Moralo Eval fragt, wird er euch wahrscheinlich etwas anderes erzählen. Es würde mich nicht überraschen, wenn der alte Schlaffsack versuchen würde, mir alles in die Schuhe zu schieben. Aber ich erzähle euch jetzt, was wirklich abgelaufen ist – die wahre Geschichte über das größte Verbrechen, das jemals diesseits von Kessel versucht wurde.

Der Ausbruch war nur der Anfang. Moralo Eval hatte größere Pläne. Keine guten, nur große. Er tut gern so, als wäre er irgendeine Art kriminelles Superhirn, aber er ist kein Hutt, so viel steht fest.

Eval arbeitete für Count Dooku, und Dooku hatte es satt, separatistische Droiden in den Kampf gegen republikanische Klone zu schicken. Er versuchte, endlich die Klonkriege zu gewinnen – mit der Entführung des Kanzlers der Republik, des alten Palpatine höchstselbst. Für so einen Job gibt's frachterweise Credits, und Eval hatte mir versprochen, ich könnte mitmachen, wenn wir erst draußen wären. Da sollte das Geld für dich herkommen, Junge.

Aber wie ich bereits sagte, tauchte Hardeen auf und hat alles ruiniert. Ihr erinnert euch, wie er hier rumstolziert ist: „Seht mich an, ich bin der Kerl, der Obi-Wan umgelegt hat."

Ich hab's ihm nicht abgekauft, aber Eval schon, und wir beide haben den Preis dafür bezahlt.

Eval bog es so hin, dass Hardeen für ein Gespräch in unsere Zelle kam. „Ein Mann wie du", raunte Eval ihm zu. „Es gibt größere Nummern als den Jedi – wenn du den Mut dazu hast."

„Ich bin ganz Ohr", brummte Hardeen.

„Ein brillanter Plan, wenn ich so sagen darf", sülzte Eval. „Und er betrifft den Kanzler."

Mir gefiel die Richtung nicht, in die das Ganze ging. „Wenn ich diesen Gauner mit uns hier rausschaffe", sagte ich zu Eval, „dann verlange ich das doppelte Honorar."

„Wen nennst du hier einen Gauner?", knurrte Hardeen.

„Jeder Schwachkopf mit einem Zielfernrohr kann einen Jedi hinterrücks erschießen", erklärte ich ihm. „Du willst meinen Respekt, dann kämpfe von Angesicht zu Angesicht."

„Wer sagt, dass ich deinen Respekt will?", konterte Hardeen und streckte mir sein hässlich tätowiertes Gesicht entgegen.

Ich starrte ihn an und suchte nach jenem Aufflackern der Furcht, die ein junger Dreckskerl wie er verspüren sollte, wenn er mit mir in einer Zelle sitzt. Ich sah nichts, und das gefiel mir ganz und gar nicht. „Verdreifache mein Honorar", sagte ich.

Ich dachte, damit sei alles geregelt, aber als ihr beide dann später an diesem Tag den Aufstand im Speisesaal veranstaltet habt, damit wir ausbrechen konnten, hat sich dieser elende Sack Hardeen an uns drangehängt.

„Wer hat dich denn bitte eingeladen?", knurrte ich ihn an.

„Er hat einen Jedi getötet", keuchte Eval, dem schon die Puste ausging, nachdem wir durch ein paar Versorgungskorridore gerannt waren. „Er könnte hilfreich sein."

Alarmsirenen plärrten, Koms krähten Warnungen, und jede Sekunde konnten weitere Wachen aufkreuzen.

„Von mir aus", meinte ich. „Verschwenden wir keine Zeit." Und das war mein Fehler. Wäre ich in meiner Zelle geblieben, wäre ich besser dran gewesen. Stattdessen führte ich sie zur Leichenhalle.

„Die Leichenhalle?", stänkerte Hardeen. „Das soll dein brillanter Plan sein?"

„Ist nicht das erste Mal, dass ich aus diesem Drecksloch ausbreche", erklärte ich. „In ein paar Minuten schaffen sie die Toten von der Revolte, die wir angezettelt haben, raus. Sie stecken sie in Leichenkapseln und schicken sie runter ins Krematorium auf Ebene vier-dreizehn."

„Und was bringt uns das?", fragte Eval.

„Wir fahren mit den Leichen in den Kapseln mit. Im Krematorium rechnen sie nicht mit Lebenden, also können wir von dort aus ohne Probleme fliehen. In der Nähe wartet ein Schiff, das ich klargemacht habe, um uns vom Planeten zu bringen."

Wie sich herausstellte, gab es dann doch ein paar Probleme. Aus den Särgen raus-, zu unserem Schiff und vom Planeten wegzukommen, lief tatsächlich wie am Schnürchen. Aber dann zeigte sich, dass die Flucht eines „Jedi-Killers" wie Hardeen immer auch ein paar Jedi auf den Plan ruft, denen das nicht passt und die einen mit ihren blöden Jedi-Tricks von Planet zu Planet jagen. Wie sich zeigte, unterscheiden sie sich, wenn sie sauer werden, gar nicht so sehr von Kopfgeldjägern.

Dabei hatte ich immer gehört, Jedi hätten ihre Gefühle unter Kontrolle. Aber die beiden Irren, die an uns dran gewesen waren, hatten *nichts* unter Kontrolle. Ihr werdet's kaum glauben, aber es waren Skywalker und seine kleine Schülerin – die mit den Hörnern oder was immer sie da am Kopf hat. Sobald ich mich umdrehe, stecken sie ihre Nasen in meinen Kram.

Skywalker war dermaßen darauf aus, sich an Hardeen zu rächen, dass er tatsächlich von ihrem Schiff auf unseres sprang und anfing, mit seinem Lichtschwert ein Loch reinzuhauen! Ich ging raus, um ihn runterzuschmeißen, aber die andere Jedi – die Kleine mit den Hörnern – fing an, mit ihrem Schiff das unsere zu rammen.

Ehe ich mich's versah, legten beide Schiffe eine Bruchlandung hin – in einer Art Raffinerie. Es gab Flammen und

Explosionen, und ich und Skywalker wurden nicht gerade schmerzlos vom Schiff geschleudert.

Der Jedi rappelte sich auf und wollte immer noch kämpfen. Das ging in Ordnung, denn in diesem Augenblick war auch ich in Kampflaune. Ich zog meine LL-30er und gab's ihm. Während er damit beschäftigt war, meine Blasterschüsse mit seinem Lichtschwert abzuwehren, schoss ich mein Fangseil auf ihn ab und fesselte ihn. Der älteste Trick im Handbuch.

Dann tauchte endlich Hardeen auf, aber anstatt Skywalker umzulegen, schlug er ihn nur k. o.

Ich trat näher, um Skywalker den Rest zu geben, aber in dem Moment kam die gehörnte Jedi aus ihrem Schiffswrack gesprungen und drehte völlig durch. Sie schlug mit zwei Lichtschwertern um sich, dass ich dachte, *gleich haut sie sich die eigenen Hörner ab*.

Ich hab vor nichts und niemandem Angst, aber ich weiß, wann es schlauer ist, die Cantina durch die Hintertür zu verlassen. Eval hatte unser Schiff wieder zum Laufen gebracht, also zog ich meinen Hut vor der Kleinen und nahm die Beine in die Hand.

Allmählich hatte ich das Gefühl, für das Geld, das Eval mir zahlte, einen ganz schönen Haufen Arbeit zu leisten. Eval behauptete immerzu, dass wenn ich bei ihm bliebe, sein Boss Count Dooku mich für den Job mit dem Kanzler anheuern würde. Und da steckte viel Kohle drin. Richtig viel Kohle.

Allerdings hatte er das Gleiche auch Hardeen versprochen. Das bedeutete, er blieb den ganzen Weg bis zu Dookus Palast auf Serenno bei uns, ganz gleich wie sehr ich mich bemühte, diese miese Wompratte loszuwerden.

Dookus Bude war ein richtiges Schloss, und er stolzierte darin herum wie ein König. Beeindruckte mich nicht. Geld beeindruckt mich, nicht die Idioten die's haben. „Moralo Eval", polterte er. „Endlich bist du da."

„Count Dooku, bitte entschuldigt meine Verspätung", katzbuckelte Eval. Er ging vor Dooku und seinen Droidenwächtern auf die Knie.

„Dein achtloses Zuspätkommen hätte meinen Plan fast ruiniert, Eval", sagte Dooku verächtlich. Dann schaute er mich an. „Ich sehe, Cad Bane ist bei dir." Er nickte mir fürstlich zu.

Ich hoffte, er erwartete nicht von mir, mich hinzuknien wie Eval. So was mache ich nicht. Was ich auch nicht mache, ist irgendeinen alten Mann „mein Lord" zu nennen, nur weil er einen langen Bart und eine schicke Bude hat.

„Wer ist der andere?", wollte er wissen.

„Das ist Rako Hardeen", stellte Eval ihn vor. „Ich dachte, er könnte vielleicht nützlich sein für unser Turnier."

Das war das erste Mal, dass ich etwas von einem Turnier hörte. Was ich eigentlich hören wollte, war etwas von Bezahlung! „Schluss mit dem Geplauder! Ich will meine Credits haben."

„Da sind wir schon zu zweit", stimmte Hardeen mit ein.

„Die bekommt ihr auch", behauptete Dooku, „und vielleicht noch viel mehr. Was meint ihr, hättet ihr Interesse an unserem amüsanten kleinen Wettbewerb?"

„Ihr seid mir ohnehin noch was schuldig, Dooku", entgegnete ich. „Beim nächsten Job kassiere ich das Dreifache."

„Ich versichere dir", meinte Dooku, „wenn du die Herausforderung bestehst, wird die Belohnung deinen Einsatz mehr als wettmachen."

Dooku zeigte auf einen riesigen dunklen Würfel mit allerlei Schnickschnack dran. Sah mehr aus wie das Wrack eines Sandkriechers als ein Gegenstand aus einem Schloss. „Entschuldigt die äußere Erscheinung“, sagte er. „Eval hat dies für mich entwickelt. Es ist ein Testgelände … für Kopfgeldjäger.“

„Ein Test?“ Ich spuckte auf den Boden. „Ich muss keinen Test ablegen.“

„Ich auch nicht“, meinte Hardeen. „Ich hab meinen bestanden, als ich Kenobi ausgeknipst habe.“

„Sicher, sicher“, säuselte Dooku. „Bei einem gewöhnlichen Auftrag wäre das auch mehr als ausreichend. Aber … versteht ihr, ich brauche für diese Mission die Besten der Besten. Das ist wichtiger, als ihr wissen könnt. Es darf nicht ein einziges schwaches Glied geben.“

„Also habe ich die Box konzipiert, um die Schwachen auszusortieren“, krächzte Eval, „und zu eliminieren.“

Das hörte sich nicht gut an. Eval hatte es nach oben geschafft, indem er log, betrog und Leuten in den Rücken schoss. Bei einem Test, den er entwickelt hatte, würde es ungefähr so fair zugehen wie bei einer Partie Sabacc gegen einen Socorraner.

„Wir haben ein Dutzend der besten Kopfgeldjäger diesseits der Galaxis versammelt“, fuhr Eval fort. „Ihr geht alle in die Box – und nur die besten fünf kommen raus.“

Das klang schon viel besser. Es war mir egal, wen sie zusammengetrommelt hatten – es gibt sowieso keine fünf Kopfgeldjäger, die besser sind als ich. „Genug gequatscht“, sagte ich. „Los geht's!“

Ich war neugierig, wen Eval und Dooku noch überredet hatten, sich ihrem Test zu stellen. Es war ein hässlicher Haufen, und Hardeen trug nicht gerade viel dazu bei, ihn hübscher zu machen. Es waren ein paar alte Bekannte dabei, auch dieser Kyuzo Embo. Ihr kennt Embo, oder? Der ist gar nicht so übel – allerdings auch nicht halb so gut wie ich.

Ein paar alte Feinde waren auch dabei und ein paar kleine Fische, die ich noch nie gesehen hatte. Aber der, der herausstach, war dieser schleimfressende, x-beinige Hammerkopf, der meinen Hut trug. Na gut, es war nicht *mein* Hut, aber er sah deutlich besser aus als der, den ich auf Nal Hutta gefunden hatte.

„Schöner Hut", sagte ich. „Wo hast du den her?"

Schweigen breitete sich aus, und alle wollten hören, was er zu sagen hatte.

Der Kerl musterte mich von oben bis unten, ehe er antwortete – indem er seinen Blaster zog.

Ich zog eine LL-30 und pustete ihn weg, bevor er abdrücken konnte. Den Hut nahm ich ihm ab, während er auf den Boden sackte. Passte perfekt.

„Nun", sagte Dooku, „wie es aussieht, hat Bane das erste schwache Glied gefunden. Hat noch jemand eine offene Rechnung, die beglichen werden muss? Nein? Dann willkommen bei unserem Turnier!"

Dooku deutete auf Evals große Box. Aus der Nähe sah sie aus wie eine haushohe Wompratten-Falle, und als wir drinnen waren, begriff ich, dass sie im Grunde genommen genau das war: eine Falle. Nichts als schmutzige Tricks und Falltüren. Flammenwerfer in einem Raum, Giftgas im nächsten. Und immer war irgendein Trick vonnöten, um wieder rauszukommen – etwa durch das Giftgas tauchen, um den Ausgang zu finden.

Ich hatte nirgends große Schwierigkeiten, in den nächsten Raum zu gelangen, aber es ärgerte mich, dass ich meist nur Zweiter wurde. Hardeen war mir immer voraus. Auch Twazzi schlug mich ein paarmal. Habt ihr sie mal getroffen? Tja, passt bloß auf euch auf, wenn's mal so weit sein sollte. Die ist schnell wie eine thunianische Warzenhornisse – und sieht auch irgendwie so aus.

Embo war nicht so schnell, aber er schaffte es dennoch jedes Mal rechtzeitig in den nächsten Raum.

Die letzte Herausforderung bestand in einer unmöglichen Runde Zielschießen. Normalerweise stellen bewegliche Ziele kein Problem für mich dar, aber dieses bewegte sich vollkommen zufällig. Man konnte überhaupt nicht sagen, wo es als Nächstes hinsteuerte. Und habe ich erwähnt, dass wir auf einer schmalen Plattform hoch über einer Flammengrube standen?

Der großmäulige Schütze Sixtat schnappte sich das Gewehr, das Eval für uns bereitgestellt hatte. „Zurücktreten, Jungs! Ich zeig euch, wie man das macht."

Er fing an rumzuballern, traf ein paarmal, und dann schoss er daneben. Die Plattform unter ihm fiel weg, und er stürzte in die Flammen hinab. Bin nicht sicher, was genau ihn umgebracht hat: der Sturz oder die Flammen. Jedenfalls hatte ich es nicht eilig, der Nächste zu sein.

„Alles klar", stellte Hardeen fest. „Wenn wir danebenschießen, verkleinert sich die Plattform. Bis irgendwann keiner mehr da ist." Wieder öffnete sich ein Fach, und Hardeen nahm das Gewehr darin heraus.

Wenigstens werd ich ihn endlich los, dachte ich.

Nur kam es nicht so. Diese miese Hutt-Brut schoss partout nicht daneben. Sieben Schüsse, sieben Treffer. Sieben *unmögliche* Treffer. Wer war dieser Kerl? Dann legte er zum achten Schuss an, doch das Gewehr klickte nur.

„Oooh, so ein Pech aber auch", lachte Eval aus einer Türöffnung. „Keine Munition mehr! Auch als Kopfgeldjäger muss man Glück haben – und leider hat dich deines gerade verlassen." Er tippte auf einen Regler an seiner Armschiene.

Die Plattform unter Hardeen verschwand, und der großspurige Dreckskerl stürzte in die Flammen.

Ich schoss Hardeen meine Fangleine hinterher und fing ihn damit auf, ehe ihn die Flammen verschlingen konnten.

Warum?

Nun, wie ich Eval gleich darauf sagte: „Wenn du ihn schon tötest, dann töte ihn wie ein Mann."

Dooku musste meiner Meinung gewesen sein. Denn schon verwandelte sich eine kahle Wand in einen riesigen Monitor, der sein Gesicht zeigte, und seine Stimme dröhnte durch die Box.

„Du hast ihn gehört, Eval. Zeig uns, aus welchem Holz *du* geschnitzt bist."

Die meisten Flammenwerfer am Boden der Box erloschen, sodass Hardeen und Eval genügend Platz fanden für einen Schlagabtausch. Der Rest von uns sah von der Plattform aus zu.

Es war alles andere als ein fairer Kampf. Eval hatte ja seinen Regler, mit dem er all die schmutzigen Tricks aktivieren konnte, die er in die Box eingebaut hatte. Fliegende Droiden umschwärmten Hardeen, und Wände schossen aus dem Boden hervor, um seinen Gegner in ein Labyrinth zu sperren.

Aber schon wenige Augenblicke später hatte Hardeen die Droiden zerlegt und war aus dem Labyrinth entkommen. Dann zertrümmerte er auch noch den Regler und schlug Eval besinnungslos. „Bring es zu Ende, Hardeen!“, dröhnte Dookus Stimme.

Aber Hardeen ging einfach davon.

„Ich bin enttäuscht“, grummelte Dooku.

„Bei allem Respekt, ich will nur meine Arbeit machen und mein Geld“, murrte Hardeen.

Es war das erste Mal, dass ich mit ihm bei irgendetwas einer Meinung gewesen war.

„Nichtsdestotrotz“, sagte Dooku, der noch immer vom riesigen Monitor auf uns herabblickte, „meinen Glückwunsch! Ihr habt die Box überlebt.“

Wie Eval es vorausgesagt hatte, waren fünf von uns übrig geblieben: ich, Hardeen, Embo, Twazzi und dieser Gasknilch Derrown. Wenn ich „Gasknilch“ sage, meine ich damit nicht, dass er übel stinkt. Er ist ein Parwaner. Schon mal einem begegnet? Die haben Gas in ihrem Körper, das sie leichter als Luft macht, sodass sie rumschweben und mit ihren Tentakeln nach Sachen greifen können. Sieht völlig albern aus.

Der Rest der zwölf war tot – getötet durch Evals billige Tricks und Fallen. Ich weinte keinem eine Träne nach, war aber schon froh, dass auch Twazzi es geschafft hatte – sie schuldete mir noch Geld.

Die Plattform sank herab, und wir gesellten uns zu Hardeen und diesem Möchtegern-Verbrecherlord Moralo Eval.

„Morgen entführt ihr Kanzler Palpatine auf dem Festival

von Naboo", erklärte uns Dooku. „Mit dem Anführer der Republik als unserer Geisel verlangen wir die Freilassung aller gefangenen Separatisten. Wird unsere Forderung nicht erfüllt, werden wir den Kanzler exekutieren. So oder so, ihr tragt dazu bei, die Galaxis neu zu ordnen."

Der alte Halsabschneider hörte sich auf jeden Fall gern selbst reden, aber das Nächste, was er sagte, erregte tatsächlich meine volle Aufmerksamkeit.

„Die Leitung der Operation auf Naboo übernimmt Cad Bane. Ab jetzt hört ihr alle auf sein Kommando."

Hardeen sah aus, als ob er protestieren wollte, aber da er nach der Dresche, die er bezogen hatte, kaum noch stehen konnte, ließ er es sein.

Und was mich anging, so dachte ich darüber nach, wie hoch mein Honorar noch steigen könnte, jetzt, wo ich den Laden schmiss.

Ein paar Stunden später saßen wir in einem Transporter in Richtung Naboo – Palpatines Heimatwelt. Denn er stattete dem Planeten einen Besuch ab, um eine Rede beim großen Festival des Lichts zu halten.

Dem alten Knittersack zuzuhören, wie er sich den Mund fusselig redete, war nicht gerade ein Fest, wenn ihr mich fragt. Aber wenn wir es schafften, ihn zu entführen, bevor er zu reden anfing, würden uns die Naboolianer – oder wie immer die sich nennen – wahrscheinlich sogar eine Medaille verleihen.

„In Ordnung, Eval", sagte Dooku, nachdem wir den Sprung durch die Lichtmauer geschafft hatten. „Geh jetzt mit Bane den Plan durch, damit er die Leitung des Teams übernehmen kann."

„Aber, Euer Exzellenz, es ist *mein* Plan."

„Ganz recht, und wenn du für ihn bezahlt werden willst, sorgst du besser dafür, dass Bane in jedes Detail eingeweiht ist. Der Rest von euch kann sich jetzt etwas Schlaf gönnen. Von der Sekunde an, in der wir auf Naboo landen, müssen alle auf Zack sein."

Während die anderen hinausgingen, schaltete Eval einen Holoprojektor an, und eine Stadtkarte erschien. Hardeen blieb stehen, um einen Blick darauf zu werfen. Einen *sehr* genauen Blick.

Ich schaltete das Holo ab. „Du hast Dooku gehört. Mach 'ne Runde Augentrost! Ich sag dir, was du wissen musst, *wenn* du es wissen musst."

Hardeen ging raus, und ich schaltete das Holo wieder an. Wir schauten auf die furchtbare Bausünde von Palast, mit Balkons und Türmchen und prunkhaftem Schrott überall.

„Der Großteil des Festivals wird sich unten in den Straßen abspielen", erklärte Eval. „Aber der Kanzler wird seine Rede hier auf dieser Plattform halten, umgeben von der Königin, ein paar adligen und reichen Leuten, jeder Menge Wachen und wahrscheinlich einem elektromagnetischen Schild." Er zoomte die Plattform heran. „Die einzige Verbindung zum Palast ist dieser Steg, der natürlich streng bewacht sein wird."

„Wie sieht dein Plan aus?", fragte ich.

Er brauchte eine Stunde, um mir alle Einzelheiten zu erklären, aber im Grunde lief es auf einen Punkt hinaus: Masken tragen.

Dabei waren es nicht mal richtige Masken, sondern irgendeine neue Art Schattenhologramm-Schnickschnack, den wir tragen sollten. Es sollte uns wie die Wachen aussehen lassen. Auf diese Weise konnte sich einer von uns reinschleichen und den Schild abschalten, sodass ein anderer Palpatine mit einem Betäubungsgewehr treffen konnte, damit wieder ein anderer sich als Palpatine ausgeben konnte, und noch ein anderer … Na ja, ihr kapiert schon.

„Das ist dein perfekter Plan? Ein perfekter Haufen Bantha-Mist, wenn du mich fragst", entgegnete ich. „Eine Million Sachen können dabei schiefgehen, angefangen mit diesen Hologrammen."

„Nichts wird bei *meinem* Plan schiefgehen, solange *du* nichts vermasselst", knurrte Eval.

Die erste Sache, die bei *seinem* Plan schiefging, geschah, als wir mit unserem Schiff in dem verlassenen Landehangar ankamen, den er ausfindig gemacht hatte. Es stellte sich nämlich heraus, dass der gar nicht so verlassen war. Darum bekamen wir alle eine kleine Aufwärmrunde mit ein paar Technikern, die dort Spätschicht schoben.

Nachdem wir unsere Operationsbasis eingerichtet hatten, hielt Dooku eine kleine Ansprache, von der er wohl dachte, sie würde sich schmissig anhören. „Das ist er, meine Freunde, der Tag der Abrechnung mit der Republik", donnerte er los. „Wenn ihr ausführt, was man euch befohlen hat, werdet ihr für immer in die Geschichte eingehen, ganz zu schweigen davon, dass ihr genügend Credits bekommt, um nie wieder arbeiten zu müssen."

So viel heiße Luft hatte sonst eigentlich nur der Parwaner drauf.

„Ich werde das Wort nun an Cad Bane übergeben", endete er.

Endlich!

Ich wies jedem im Team seine Aufgaben zu und gab ihnen ihre Verkleidungen. Die Schattenhologramme funktionierten tatsächlich, und ich glaubte allmählich, Evals Plan könnte das auch. Oder dass er zumindest so weit funktionierte, dass ich die Sache dann vollends in die Hand nehmen konnte. „Sobald ihr hier rausgeht, ist jeder von euch auf sich allein gestellt", warnte ich sie. „Na schön, dann begebt auf eure Posten."

Die anderen gingen hinaus, nur Dooku gab mir ein Zeichen, noch zu bleiben. „Alle Achtung, ich hätte dir das Kommando längst übertragen sollen", sagte er. „Dennoch ein kleiner Rat: Behalte diesen Hardeen im Auge, irgendetwas an dem Burschen macht mich misstrauisch."

„Nur keine Angst", beruhigte ich ihn. „Ich werde jeden Einzelnen im Auge behalten."

Wie sich herausstellen sollte, hätte ich auch Dooku im Auge behalten sollen.

Wir teilten uns auf und gingen auf verschiedenen Wegen zum Festival. Es war etwas knifflig, meinen Posten zu erreichen. Mit meiner Holomaskierung sah ich aus wie einer von Palpatines Lakaien, und auf meinem Weg zur Plattform stieß ich mit einem seiner echten Lakaien zusammen. Blasterschüsse hätten den gesamten Palast alarmiert, also schlug ich ihn k.o., fesselte ihn und deponierte ihn in einem Droidenaufladeraum.

Als ich zur Festivalbühne kam, wurde mir ein Platz zwischen noch mehr Lakaien zugewiesen. Da fiel ich nicht weiter auf. Tief unter uns jubelten die versammelten Nabooliianer. Der Kanzler überquerte den schmalen Steg vom Palast zur Bühnenplattform. Er wurde von einer ganzen Horde adelig aussehender Typen begleitet – und von ein paar Jedi einschließlich Skywalker und der kleinen Braut!

Ihr wisst, dass ich mich nicht vor Jedi fürchte, aber es gibt dieses Gefühl, so ein Kribbeln im Nacken, wenn man realisiert, dass man in was reingeraten ist, wo man vielleicht nicht mehr rauskommt. Manche nennen es Angst, ich nenne es *clever sein*.

Für mich sah es so aus, als wüssten die Jedi, dass irgendwas faul war. Und das bedeutete, der Plan war bereits im Eimer und ich würde für meine Belohnung richtig arbeiten müssen. Palpatine fing an zu reden – und er redete und redete. Noch so einer, der sich gern selbst reden hört.

Ich hockte mitten unter den Lakaien und musste so tun, als würde ich einen Blurrg-Schiss drauf geben, was er sagte. Klatschen und jubeln wie irgend so ein willenloser Büttel! Das war wohl das Erniedrigendste, das ich je gemacht habe, die Sache damals auf Corellia mit eingerechnet.

Plötzlich sprangen die Jedi auf. Skywalker zündete sein Lichtschwert und rannte quer über die Plattform zum Schildgenerator.

Dann löste sich der Schild mit einem lauten Knall auf. Der Parwaner hatte es geschafft, mit seinen Tentakeln an die Steuerung zu gelangen. Aber irgendwoher hatten die Jedi gewusst, dass er das tun würde. Sie waren uns mindestens einen Schritt voraus. Die ganze Sache stank übler als ein verrottender Rathtar.

Gleichzeitig drehte der gesamte Palast durch – Jedi schwangen Lichtschwerter, reiche Bonzen verkrochen sich unter Tischen, Wachen versuchten, die Adligen zu schützen. Ich konnte nur hoffen, dass die beiden Wachen, die sich Palpatine näherten, Embo und Twazzi waren. Und wir alle mussten darauf warten, dass Hardeen dem alten Knacker einen Betäubungsschuss verpasste. Aber genau das passierte nicht.

Mir blieb keine Zeit, darüber nachzugrübeln, weshalb der Plan nicht aufging. Also schoss ich selbst auf den Kanzler. Ganz unauffällig natürlich – und mit Betäubung, damit Dooku glücklich war.

Zwei Wachen stürzten vor, als Palpatine zusammensackte. Ich behielt sie im Auge und sah den Wechsel. Von einem Augenblick zum nächsten verwandelte sich eine der falschen Wachen in einen falschen Palpatine. In Wirklichkeit war es Twazzi. Derweil setzte Embo dem echten Palpatine eine Holomaske auf und verwandelte ihn in eine falsche Wache. Dann half die andere falsche Wache dem falschen Palpatine, fortzukommen. Versteht ihr jetzt, warum ich meinte, der Plan sei zu kompliziert?

Tja, nun wurde es wohl oder übel Zeit, dass ich mitmischte. Ich kniete mich neben den betäubten Körper, den sie zurückgelassen hatten. Er sah wirklich wie eine tote Wache aus, also fasste ich durch das Hologramm und spürte die Falten in seinem Gesicht. Oh ja, das war definitiv der alte Palpi.

Ich fing an, ihn zum Rand der Plattform zu schleifen. Niemand versuchte, mich aufzuhalten oder mir zu helfen. Alle Blicke richteten sich auf die falschen Wachen. Ich hatte das große Vergnügen zuzusehen, wie Skywalker dem „Kanzler" zu Hilfe eilte. Statt eines Danks bekam er ein paar Faustschläge ins Gesicht.

Eval flog mit einem Gleiter an die Kante der Plattform heran. „Mach schon! Mach schon!", rief er zu mir herüber. „Wirf ihn rein!"

Glaubte er wirklich, ich würde auf so einen alten Trick reinfallen? Ich zog meinen Blaster.

„Hände weg vom Steuer! Eine Bewegung, bevor ich in diesem Gleiter sitze, und ich puste dir den Kopf weg."

„Du verschwendest nur Zeit!"

„Nein, *du* verschwendest Zeit. Hände weg vom Steuer!"

Er gab nach, und ich ließ den alten Mann auf den Rücksitz fallen.

Ich behielt meine Pistole auf Eval gerichtet und schaute zurück zu dem ganzen Trubel. Die Jedi hatten die Maskierungen durchschaut und rannten auf uns zu. „Macht's gut, Jedi!", rief ich ihnen zu, und Eval brachte uns weg, sodass Skywalker und die anderen allein auf der Plattform zurückblieben.

„Was habe ich dir gesagt, Bane?", krächzte Eval, als wir bei den Wasserfällen ankamen, wo wir Dooku treffen sollten. „Mein Plan hat doch perfekt funktioniert."

„Was heißt hier, *dein* Plan? Es war meine Durchführung, die brillant war", sagte ich und warf den benommenen Kanzler aus dem Gleiter. „Dein grandioser Plan war schon zu Ende, bevor er überhaupt angefangen hat. Du hattest Glück, dass ich da war, um zu retten, was zu retten war."

„Das war kein Glück, das war Teil meines Plans!"

„Ach ja? Und was ist mit dem Teil, wo wir bezahlt werden? Wo bleibt Dooku? Ich dachte, er wollte sich hier mit uns treffen."

„Das war … der Plan", murmelte Eval.

„Was … was ist hier los?", stöhnte der Kanzler.

„Aufstehen!", sagte ich und hielt ihm meinen Blaster unter die Nase.

Mühselig rappelte er sich auf.

Erbärmlich, dachte ich, die ganze Streiterei wegen dieses alten Mannes. Langsam hatte ich ein mieses Gefühl, und es wurde schlimmer, als Hardeen auftauchte. „Hardeen, was hast du denn schon hier zu suchen?"

„Ich will nicht noch mal hintergangen werden."

„Anscheinend werden wir hier alle hintergangen", gab ich zurück. „Dooku taucht nicht auf."

„Was sollen wir jetzt mit dem Kanzler machen?", fragte Eval.

„Wir setzen ein Lösegeld auf ihn aus", sagte ich. „Wenn Dooku nicht für ihn bezahlt, dann bezahlt eben ein anderer."

Und dann, ganz plötzlich, hatte *ich* einen Blaster vor der Nase.

„Ich fürchte, der Kanzler kommt mit mir", knurrte Hardeen.

Eval stürzte sich von der Seite auf ihn. Hardeen stieß ihn mühelos beiseite, aber das gab mir den Sekundenbruchteil, den ich brauchte, um mich unter Hardeens Blaster wegzuducken und ihn zu Boden zu schlagen. Ich hatte genug vom Reden und war bereit zu schießen. Ich zog meine LL-30er und schoss ihm direkt ins Herz ... nur ... dass ich nicht traf. Er wich meinem Schuss aus. Unmöglich! Niemand kann einem Blasterschuss ausweichen, schon gar nicht, wenn *ich* der Schütze bin. Niemand! Außer vielleicht ...

Ein Jedi! Ich hatte schon ein paar schnelle Aktionen von Hardeen gesehen, aber jetzt war er unmöglich schnell – schnell wie ein Jedi. Er schaffte es, auf mich zuzukommen, während ich auf ihn schoss. Ehe ich michs versah, packte er mich und schleuderte mich auf Eval.

Noch bevor wir uns aufrappeln konnten, sausten weitere Gleiter heran, und auf einmal wimmelte es von Jedi und Klontruppen.

Skywalker sprang aus einem der Gleiter und rannte zu Hardeen. „Obi-Wan?"

„Ja, ich bin es, Anakin."

„*Kenobi?*", keuchte Eval.

„Ich hätte es wissen müssen", meinte ich. „Irgendwas an dir kam mir doch von Anfang an seltsam vor!"

„Tja, so viel Zeit mit dir zu verbringen, war für mich auch nicht gerade eine Belohnung", erwiderte er.

„Belohnung? Eines Tages werde ich dir deine Belohnung schon noch geben – direkt aus dem Lauf meines Blasters!"

Als Eval und ich von den Klonsoldaten abgeführt wurden, hörte ich, wie Skywalker sich mit Kenobi stritt.

„Warum habt Ihr mich hereingelegt, Meister? Warum habt Ihr mich glauben lassen, Ihr wärt tot?"

„Ich musste es tun, Anakin. Ich ..."

Den Rest hörte ich nicht mehr, aber wen interessiert schon, was Kenobi sagt? Er ist ein Lügner. Er hatte von Anfang an gelogen. Von Eval hätte ich so etwas erwartet. Oder von Dooku. Aber von einem Jedi? Ich kann mich noch an Zeiten erinnern, in denen man von einem Jedi zumindest einen fairen Kampf erwarten konnte. Na ja, die Zeiten ändern sich.

„Ich sagte ja, die Geschichte wird euch den Magen umdrehen. Wir alle wurden von diesem Jedi zum Narren gehalten. Und für nichts davon wurde ich bezahlt. *Und* ich habe schon wieder einen Hut verloren."

„Jedi sind das Schlimmste", fauchte Boba.

„Ja, ist nicht mehr wie früher … Fast frage ich mich, ob ich nicht einfach in den Sonnenuntergang fliegen und dir den Platz als bester Kopfgeldjäger der Galaxis überlassen sollte."

„KURZHRKZZZ!"

„Klar, dir auch", log ich. „Hier, nimm dir noch etwas Schlabber!"

Der Echsenbrummer nahm meinen Teller und schüttete sich den Schlabber in sein Riesenmaul. *„Htlhrkkzzzz"*, seufzte er.

„Häng deine Blaster besser noch nicht an den Nagel, Bane", meinte Boba, „denn ich und Bossk haben einen Plan. Einen großen. Viel größer als alles, wovon Eval je geträumt hat! Wir brauchen dich dafür – und du wirst deine Blaster brauchen."

Manchmal erinnerte mich dieser Junge an mich selbst vor langer, langer Zeit. „Hört sich ziemlich gut an", sagte ich. „Ich bin sowieso noch nicht bereit, meine Blaster an den Nagel zu hängen, solange ich Kenobi nicht seine Belohnung gegeben habe – direkt zwischen die Augen."

DIE VERLORENE NACHTSCHWESTER

Zoraida Córdova

Asajj Ventress brachte so schnell nichts um. Sie hatte es überlebt, ihrer Mutter entrissen zu werden. Sie hatte die Versklavung überlebt. Sie hatte die Jedi-Ausbildung unter ihrem alten Meister überlebt. Sie hatte Count Dooku überlebt. Sie hatte General Grievous' Massaker an ihren Schwestern überlebt. Sie hatte Duelle mit Jedi-Abschaum wie Obi-Wan Kenobi und Anakin Skywalker überlebt.

Ventress überlebte, weil die einzige Alternative war, *nicht* zu überleben – und dazu war sie zu stur. In dem vollgepackten Frachtraum des Transportschiffes dachte sie nun allerdings für einen ganz kurzen Moment, sie würde den Gestank nicht überleben, der von dem Weequay neben ihr ausging. Im Transporter roch es wie in einem Fathier-Stall, aber gegenwärtig konnte sie sich nichts Besseres leisten.

Im Frachtraum zwischen Dutzenden anderer Passagiere eingezwängt, die unterwegs waren zum Äußeren Rand, wanderten Ventress' Gedanken zu den jüngsten Ereignissen, und sie kam zu der Einsicht, dass all diese Geschehnisse ins Verderben geführt hatten. Nach Dathomir zurückzukehren, war ihr nicht leichtgefallen, aber nach Dookus Verrat kam es ihr vor, als würde die gesamte Galaxis auf sie einschlagen.

Außerdem hatte Mutter Talzin sie zu Hause willkommen geheißen. Sie und die Nachtschwestern hatten Ventress schon einmal wieder auf die Beine gebracht, bei ihnen hatte sie Kraft und Bestimmung gefunden.

Doch dieses Mal war es eine andere Rückkehr – eine dauerhaftere. In jener Nacht hatte sie sich zur Schwesternschaft bekannt, hatte ihr altes Leben aufgegeben, um eine Schwester der Nacht zu werden. Und dann hatte Dookus Droidenarmee alles zerstört.

Selbst verwundet und mutterseelenallein, war es ihr gelungen zu entkommen. Sie konnte sich kaum noch daran erinnern. Als sie sich nach dem Abzug der Droiden an Bord eines Schiffes geschleppt hatte, blieb ihr keine andere Wahl, als alles und jeden zurückzulassen. Wer hatte ihre Schwestern bestattet? Wer würde um sie trauern? Wenn Dooku erst erfuhr, dass Ventress noch am Leben war, würde er sie wieder verfolgen. Sie musste weit fort im All ins Exil gehen, damit ihr ehemaliger Meister sie nicht aufspürte. Irgendwo würde sie Arbeit finden und untertauchen können.

Der entlegene Wüstenplanet, den der Transporter ansteuerte, würde sich genauso gut eignen wie jedes andere Loch in den Randgebieten der Galaxis, selbst wenn sich dort der eine oder andere Feind von ihr herumtrieb. Als das Schiff jedoch auf Tatooine landete, kamen Ventress Zweifel über ihren neuen Aufenthaltsort. Sie atmete die trockene Luft ein, und schon dieser eine Atemzug fühlte sich an wie eine Schaufel voller Sand. Jeder Schritt hielt ihren Verstand dazu an, diese Einöde mit dem Ort zu vergleichen, den sie gerade erst verlassen hatte.

Dathomir war wunderbar dunkel. Die Zwillingssonnen von Tatooine dagegen brannten ihr in den Augen. Auf Dathomir ließen uralte Kräfte die Luft flirren. Tatooine aber war ein Glutofen aus Hitze und Staub. Dathomir sollte ihre Heimat sein. Tatooine jedoch hatte – immerhin – eine Cantina.

Als sie auf Mos Eisley zuging, war sie sich der Blicke bewusst, die ihr folgten. Ein Jawa, der bei einem Eopie stand, versuchte, ihre Aufmerksamkeit auf sich zu ziehen. Mit seiner schrillen Stimme rief er irgendetwas, das sie nicht verstand. Sie ignorierte ihn und die anderen Jawas, die vor hölzernen Ständen lungerten, auf denen sie aufgesammelte Waren und Blaster feilboten. Ventress hatte nichts bei sich außer ihrer Kleidung am Leib und den beiden Lichtschwertern an ihrer Hüfte. Trotz allem, was sie durchgemacht hatte, ging sie erhobenen Hauptes.

Sie drang ins Zentrum der Siedlung vor, wo noch mehr Eopies faul herumbummelten. Ansonsten schienen alle zu laufen, so als müssten sie irgendwohin. Ventress tat es ihnen gleich. Sie wusste, dass der einzige Ort, an dem sie der Hitze entgehen konnte, die Cantina war. Lebhafte, fröhliche Musik drang aus dem Lokal, als sie sich dem Eingang näherte. Es klang deutlich vergnügter, als sie sich fühlte.

Ventress' Augen passten sich an das spärliche Licht in der Kaschemme an. Schummrige Leuchten hingen an den Wänden. Spieltische, gespickt mit Karten, waren umringt von verdrossenen Verlierern. Ein Bith spielte Kloo-Horn und ein gelbhäutiges Twi'lek-Mädchen tanzte dazu. Piraten und Kopfgeldjäger standen herum, mit einem Drink in der einen und einem Blaster in der anderen Hand.

Niemand hier hatte einen Schimmer davon, was auf Dathomir passiert war. Was mit ihr passiert war. Niemand hier wusste, dass ihre Welt *untergegangen* war. Jeder Schritt erinnerte sie daran, dass sie allein war. Es nagte an ihr. Nein, es erzürnte sie. Der Zorn, den sie über Jahre verspürt hatte, brannte unter ihrer Haut. Dann hörte sie wieder Mutter Talzins Worte. *Dein Schicksal wird immer mit dem unseren verknüpft sein. Aber du musst jetzt deinem eigenen Weg folgen.*

Tja, da war sie nun. Wie sah ihr Weg aus? Ihr Schicksal?

Genug, dachte Ventress und stellte sich an die Bar. „Prow", sagte sie und schnippte einen Credit auf den Tresen. „Ohne Eis."

Mit seinen dicken Fingern machte sich der Barmann sofort daran, ihren Drink zu servieren. Sie konnte die bittere blaue Flüssigkeit während des Eingießens riechen, genauso wie sie noch den Rauch in der dunklen Luft von Dathomir riechen konnte. Sie wollte ihre Gedanken reinwaschen.

Ventress schmetterte das leere Glas auf den Tresen und sagte: „Noch einen."

Der Barmann füllte ihr Glas wieder auf, aber bevor sie trinken konnte, spürte sie eine Präsenz. Sie hätte ihn schon früher spüren können, aber ihre Verbindung zur Macht war seit Dathomir diffus.

„Hallöchen", ertönte eine tiefe Stimme.

Ventress richtete ihren Blick auf ihn, machte sich aber nicht die Mühe, den Kopf zu heben.

„Was hat so ein hübsches Glatzköpfchen in dieser trostlosen Gegend zu suchen?"

Ventress kniff die Augen zusammen. Bei dem Widerling handelte es sich um einen Humanoiden mit käsiger Haut und zwei kleinen Hörnern über den Nasenschlitzen. Aus seinen Wangen wuchsen vier fleischige Anhängsel, die ein Grinsen voller scharfer Zähne einrahmten. Sie war nicht in der Stimmung für seine erbärmlichen Annäherungsversuche. „Verzieh dich!"

Sie konnte spüren, dass er nicht gehen würde. Schlimmer noch, er berührte sie. Packte sie beim Handgelenk, als wäre sie eine Sache, die er besitzen könnte. „Hey, ich rede mir dir, Lady!"

Ventress gehörte niemandem außer sich selbst. Sie erinnerte sich daran, welche Hilflosigkeit sie auf Dathomir verspürt hatte. Nur zweimal in ihrem Leben hatte sie diese Hilflosigkeit gefühlt. Einmal, als ihr Jedi-Meister ermordet wurde, und einmal, als Count Dooku befohlen hatte, sie zu töten. Hilflosigkeit fühlte sich an wie Ertrinken. Hier aber konnte sie sich *wehren*. Besser noch, sie konnte gewinnen. Mit festem Griff um ihr Lichtschwert drückte sie dessen Heft an seinen Bauch – und aktivierte es.

Die Überraschung in seinem Blick war, nun ja, überraschend. Es schien so, als wären die Männer, die versuchten, sie herumzuschubsen, *immer* überrascht, wenn sie sich wehrte.

Die Musik verstummte abrupt. Alle, vom angeschickerten, zockenden Snivvianer bis zu dem grünen Rodianer am Ende der Bar, starrten sie an. Die Twi'lek-Tänzerin rang nach Luft. Irgendwo zerbrach ein Glas.

Ventress wandte sich wieder ihrem Drink zu und verkündete: „Ich bin keine große Rednerin."

Die Cantina-Gäste lachten darüber, und die Bith-Band spielte weiter.

Für einen Augenblick atmete Ventress auf. Nun konnte sie sich sicher sein, dass man sie in Ruhe ließ.

Der Barmann kehrte mit einem Glas in der Hand zurück. Seine dunklen Augen blickten wachsam, und sie spürte seine Nerven wie unterbrochene Schaltkreise knistern. „Äh … mit Grüßen von der Echse dahinten", sagte er.

In einer gewölbten Nische saßen zwei Fremde. Einer von ihnen war der Trandoshaner, der ihr den Drink spendiert hatte. Er saß mit einer jungen Theelin beisammen. Sie hatte eine zartlila Haut und trug ihr orangefarbenes Haar zu zwei Zöpfen hochgeflochten. Der echsengesichtige Trandoshaner hob seine Flasche und winkte sie zu sich herüber.

An Orten wie diesem schloss man keine Freundschaften. Die beiden hatten eben gesehen, wie sie den letzten Kerl, der sie belästigte, abgestochen hatte, und jetzt wollten sie … was? Quatschen? Aber irgendetwas, ein Gefühl, das sie nicht richtig einordnen konnte, ließ sie aufstehen und zu den beiden hinübergehen.

„Was willst du denn?", fragte Ventress und verschränkte die Arme vor der Brust.

Das Echsengesicht züngelte in ihre Richtung. „Ich bin Bossk, und das ist Latts Razzi. Wir sind Kopfgeldjäger und …"

„Wir haben ein Problem", schnitt ihm die Theelin das Wort ab.

Ventress legte die Hände an ihre Lichtschwerter. Auch wenn sie keine Feindseligkeit spürte, die von den beiden ausging, konnte man nie vorsichtig genug sein. „Was für ein Problem denn?"

Bossk deutete auf die Leiche am Boden hinter ihnen. Der Barmann schleifte sie gerade an den Füßen hinaus. „Er war einer aus unserem Team", erklärte Bossk.

Ventress zuckte mit den Schultern. „Das tut mir leid."

Bossk sah sie neugierig an. Seine Schlangenstimme zischte mit einem Züngeln. „Und … wo hast du die Lichtschwerter her?"

„Gestohlen", sagte sie freiheraus.

Er schien beeindruckt zu sein. „Kopfgeldjägerin, ja?"

Kopfgeldjägerin. Sie war Asajj Ventress. Eine Attentäterin. Eine Machtnutzerin. Sie war so vieles, und er dachte, sie wäre eine gewöhnliche Söldnerin. „Nein", sagte sie.

„Schon mal darüber nachgedacht?", fragte Bossk. Seine Reptilienaugen musterten sie von oben bis unten. „Wie man sieht, hast du das Zeug dazu."

„Kam mir noch nie in den Sinn", sagte sie und setzte sich. „Wird das gut bezahlt?"

Latts Razzi hob ihr Glas und stellte damit die vielen Ringe an ihrer Hand zur Schau – teuer aussehende, glitzernde Ringe. „*Überaus* gut."

„Wir haben einen Job zu erledigen." Bossk erhob sich und baute sich zu voller Größe auf. Er trug einen Fliegeranzug mit Halsschutz. „Und du schuldest uns einen Mann. Schließ dich unserer Kopfgeldjägertruppe an, oder wir übergeben dich den Behörden."

Ventress blieb ruhig sitzen. Für Drohungen oder Ultimaten hatte sie nichts übrig. Kurz überlegte sie, ob er log. Gab es in einer Ortschaft wie dieser überhaupt Behörden? Dann erinnerte sie sich: Auf Tatooine gab es eine andere Art Behörden: die Hutts. Und wo es Hutts gab, gab es jemanden, der bereit war, zu bezahlen. Ventress konnte es sich nicht leisten, dass Jabba auf sie aufmerksam wurde. Nicht, nachdem sie bei der Entführung seines Sohnes mitgemacht hatte. „Und was soll ich tun?"

„Am besten, wir zeigen es dir", meinte Latts.

Im Hinterkopf hörte sie wieder Mutter Talzins Worte: *Du musst jetzt deinem eigenen Weg folgen.* Dieser Job konnte nicht ihr Weg sein. Aber zumindest war es ein Anfang. Ventress folgte Latts und Bossk hinaus ins sengende Sonnenlicht. Schweigend gingen sie durch die Straßen. Obwohl sie sich dazu entschlossen hatte, sich den beiden anzuschließen, vertraute Ventress ihnen nicht vorbehaltlos. Immer, wenn sie jemandem vertraute, ging alles schief.

Bossk steuerte ein heruntergekommenes Haus an, vor dem ein Mann mit einem Blaster im Schoß auf ein paar Kisten saß. Er trug Panzerplatten, und zum Schutz vor der Sonne hatte er Bandagen um den Kopf gewickelt.

„Hey, Bossk!", sagte der Mann. „Welche davon ist deine?"

„Halt die Klappe, Dengar!", knurrte Bossk und ging an ihm vorbei.

Bossk ging voraus und schob einen Vorhang beiseite. Dahinter lag ein karger Raum. Ventress erkannte, worum es sich handelte: eine Klitsche, in der sie sich versteckten, während ihre Truppe einen Job an Land zog. Vor ihnen standen ein C-21-Droide und ein gerade einmal halb so großer Junge.

„Hey, Boss!", sagte die Echse.

„Boss?", wiederholte Ventress. Das musste ein Witz sein. „*Das* da soll dein Boss sein?"

Der Junge hatte ein vertrautes Gesicht, das sie nicht einordnen konnte. Er trug die Haare kurz geschoren, und eine finstere Zornesfalte lag zwischen seinen Augen. Sie spürte Zorn, eine Wut, die ihn einschnürte wie ein straff geschnürtes Seil. „Hast du ein Problem damit? Mein Name ist Boba, und das ist Highsinger."

Der Droide namens Highsinger gab einen tiefen, metallenen Ton von sich.

„Wie ich sehe, kennst du Bossk und Latts bereits", sagte Boba. „Wie ist dein Name?"

„Ich habe keinen Namen“, sagte Ventress regungslos.

Boba schnaubte. „So eine bist du also.“

„Hör zu, Kleiner“, sagte sie finster und kam ihm näher. „Ich mache mir nichts aus Befehlen. Besonders nicht von einem von deinem ... Format und mit augenscheinlichem Erfahrungsmangel.“

Als könnte er die Anspannung im Raum mit seiner Zunge schmecken, trat Bossk vor, um die Lage zu erklären. „Sie hat Oked getötet. Dafür springt sie für ihn ein bei diesem speziellen Job.“

Latts wandte sich an Boba. „Auch wenn sie ihre Ecken und Kanten hat, wir brauchen sechs Jäger. Ohne sie können wir den Job vergessen.“

„Na schön ... Los, gehen wir!“ Boba drängelte sich ungeduldig an ihnen vorbei.

Damit war die Sache also geregelt. Sie folgte ihnen zu einem kastenförmigen Schiff, das Latts die *Reißzahn* nannte.

Als sie an Bord gingen, wanderte Bobas Blick mit einer Mischung aus Bewunderung und Argwohn über ihre Lichtschwerter. „Dann wollen wir doch mal sehen, ob du mit dem Rest der *Klaue des Krayts* Schritt halten kannst“, sagte er.

„So nennt ihr euch also?“, erwiderte sie mit einem Schmunzeln und machte sich auf alles gefasst.

Die *Reißzahn* dockte an einer sternförmigen Raumstation im Orbit von Quarzite an. Als sie von Bord gingen, wurden sie von einem Beluganer begrüßt. Umgehend spürte Ventress eine seltsame Dringlichkeit. Dieser wollte unbedingt jemanden zufriedenstellen.

„Willkommen! Willkommen! Ich bin Major Rigosso", sagte der Beluganer. Die vier schnabelartigen Lippen seines Munds gaben eine Reihe kleiner Zähne frei. „Hocherfreut, dass ihr gekommen seid. Bitte erlaubt mir, euch den Auftrag zu erläutern."

Major Rigosso aktivierte ein Hologramm der Station mit spitz zulaufendem Fuß. So etwas wie die dargestellte Bauweise hatte Ventress noch nie gesehen, doch sie hatte schon von Planeten gehört, die eine solche Vorrichtung benötigten, um zur Oberfläche zu gelangen, wenn Schiffe den Anflug durch die Atmosphäre nicht überstehen konnten.

„Diese Aufzüge werden uns unter die Oberfläche des Planeten bringen. Dort wartet eine Untergrundbahn, die äußerst kostbare Fracht befördert. Eure Aufgabe ist es, die Bahn zu beschützen, bis sie ihren Bestimmungsort erreicht hat."

„Was ist das für eine kostbare Fracht?", wollte Dengar wissen.

„Das tut hier nichts zur Sache", sagte Major Rigosso kurz angebunden. „Sorgt einfach dafür, dass sie ihr Ziel erreicht."

Latts trat vor, um eine Frage zu stellen. „Und wo genau ist dieser Zielort?"

Major Rigosso deutete auf ein neues Holobild, das einen Beluganer mit dickem Bauch zeigte, der eine Hand dramatisch in die Höhe hielt. Ventress sah in ihm jemanden mit großer Macht – oder zumindest jemanden, der glaubte, große Macht zu besitzen.

„Bei meinem Herrn Otua Blank. Er herrscht über diesen Planeten mit eiserner Faust. Versagt ihr darin, seine Fracht zu beschützen, wird der Verlust eurer Prämie wohl die geringste eurer Sorgen sein. Hier entlang, bitte!"

Major Rigosso bot ihnen keine Möglichkeit für Kommentare oder Einwände. Ventress war es egal, wie er von seinem Herrn sprach. Hatte sie auch einmal so geklungen, wenn sie von Count Dooku sprach? Sie folgte den anderen zum Aufzug.

„Warum benutzen wir denn eine Untergrundbahn?", fragte Boba. „Wäre es nicht einfacher, direkt am Ziel zu landen?"

„Sollte man meinen. Doch der Druck der Atmosphäre unseres Planeten ist extrem hoch, was jegliche Flugaktivitäten absolut unmöglich macht. Sollten wir versuchen, auf der Planetenoberfläche zu landen, würde unser Schiff sofort implodieren."

Ventress konnte nicht richtig hören, was Boba darauf erwiderte. Sie traten auf kreisrunde Plattformen, die von blauen Leuchten erhellt wurden. Ein Hochdruckzischen war zu hören, und schon jagten die Aufzüge nach unten. Sie spürte den Druck auf den Ohren und in ihrem ganzen Körper. Ein seltsames Gefühl überkam sie, das sie der blitzschnellen Abfahrt zuschrieb.

Als sie am Boden eintrafen, wurden sie von zwei Wachen empfangen, die vor einer großen Truhe mit verzierten Metallgriffen standen.

„Ganz gleich, was passiert, ihr öffnet niemals diese Kiste", warnte sie Major Rigosso.

„Sie machen die Regeln", meinte Boba mit einem Schulterzucken. „Ich befolge sie."

Ventress sah zu, wie die Wachen die große Kiste in die Subtram luden. Was konnte so wichtig sein, dass sechs Kopfgeldjäger beschützen mussten, was die Wachen dieses *Herrschers* nicht beschützen konnten? Sie sagte sich, es spiele keine Rolle. Sie würde den Job erledigen, ihre Credits einsacken und danach noch tiefer im Äußeren Rand verschwinden.

Durch eine Strecke aus Magnetringen fuhr die Subtram mit voller Fahrt davon. Ventress wurde ans Heck der Hochgeschwindigkeitsbahn verwiesen. Als jüngster Neuzugang in der Klaue des Krayts hatte sie niedere Aufgaben erwartet. Sie stützte sich auf die Reling und sah sich die vorüberziehende Landschaft von Quarzite an. Hier war es dunkel wie auf Dathomir. Wieder und wieder wanderten ihre Gedanken dorthin zurück. Das musste aufhören. In der Vergangenheit zu leben, war gefährlich. Aber das war das Leben in der Zukunft auch, und wie sie so allein am Heck der Bahn stand, wusste sie, dass es ein Leben voller Gefahren war, das auf sie wartete. Ihre Antwort auf Bobas Frage nach ihrem Namen fühlte sich plötzlich wahr an. Sie war niemand. Nichts.

Die endlos hohen Höhlenwände von Quarzite wurden von Ansammlungen violett leuchtender Kristalle gesprenkelt. Sie blickte über die Reling und sah Hunderte, ja Tausende weitere, die pulsierten, als wären es Kyberkristalle, die aus der Erde ragten. Das seltsame Gefühl, das sie verspürt hatte, als sie Major Rigosso zuhörte, wallte wieder in ihr auf. Langsam wandte sie sich der Kraft zu, die ihr innewohnte, doch diese Kraft rührte sich nicht wie sonst. Was immer sie zu fühlen geglaubt hatte, es war fort.

Dengar wurde geschickt, um mit ihr das Heck des Zuges zu schützen. Er hatte eine lockere Art an sich – und auch eine lockere Zunge. „Und? Was, glaubst du, ist in der Kiste?"

Sie dachte an Frachtgut, das sie für Count Dooku befördert hatte. Credits, Gold, Schätze – an all solche Dinge kam man überall in der Galaxis mühelos heran. Wieso also hatte der Herrscher von Quarzite solche Probleme mit seinem kostbaren Gut? Was könnte er haben, das einzigartig genug war, um Diebe anzuziehen? „Was immer es ist, ich hoffe doch, der Inhalt ist den Aufwand wert", sagte sie zu Dengar.

Plötzlich konnte Ventress ihre Präsenz spüren, noch bevor sie sie sah: Zwei ganz in Schwarz gekleidete Krieger sprangen auf die Heckplattform. Bis auf die Augen waren ihre gesamten Körper in Leder gehüllt. Ventress erkannte die typisch gelb leuchtenden Augen und Merkmale der Kage und ließ sich einen Sekundenbruchteil Zeit, um sie einzuschätzen. Sie wusste von deren schattenschnellen Kampftechniken, aber sie war schneller.

Einer sprang auf und trat Dengar ins Gesicht, der zweite stürzte sich auf sie. Sie blockte seine kräftigen Hiebe ab und stieß ihn mit dem Stiefel von sich. Doch kaum lag er am Boden, kletterte schon der nächste an Deck. Mit einem Salto sprang er über sie hinweg, aber sie wirbelte rechtzeitig herum, um ihn abzuwehren. Sie schlug und schlug – und stieß den Krieger von der Plattform.

Adrenalin rauschte durch ihre Adern. Ventress spürte den vertraut belebenden Funken des Kampfes. Ihr Instinkt lenkte ihre Aufmerksamkeit nach links, jedoch einen Sekundenbruchteil zu spät. Die Faust eines weiteren Kriegers krachte ihr ins Gesicht. Sie spürte den Stich der eigenen Zähne, die in ihre Lippe stachen, schmeckte das metallische Aroma des eigenen Blutes. Ihr Herz schwoll an vor Zorn. Sie klammerte sich an dieses Gefühl und nutzte es, um zurückzuschlagen. An den Schultern gepackt, rammte sie den Kage auf ihr Knie. Sie spürte seine Rippe knacken und hörte das Keuchen, mit dem ihm der Atem stockte.

Noch eine Schar Kage-Krieger sprang auf die fahrende Subtram und erklomm flugs das Dach der Bahn. Ihr blieb keine Zeit, sich zu fragen, woher sie kamen. Ihr Komlink meldete sich mit Dengars Stimme: „Alle mal herhören! Wir haben Besuch."

Besuch konnte man es natürlich auch nennen. Ihr kam es vor, als materialisierten sich die Krieger aus dem Nichts. Verschwommen rauschten die violetten Kristalle vorbei. Sie schaute hoch. Die anderen waren in der Überzahl.

Dengar kämpfte verbissen, aber er geriet ins Straucheln. Zweien seiner Kage-Gegner heftete er Sprengsätze an, dann kauerte er sich grinsend hin und drückte den Zünder an seinem Gürtel.

Ventress hörte kurz ein vertrautes, schneller werdendes Sirren, dann erhellten zwei Explosionen das Heck der Bahn. Zu sehen, wie ihre Kameraden in die Luft flogen, hielt die drei Männer, die auf sie einschlugen, nicht auf. Sie musste sich konzentrieren. Die Kage waren schnell und unnachgiebig. Von einer Seite zur anderen wich sie ihren Fäusten aus und verteidigte sich. Sie musste sich für eine Offensive entscheiden. Die Kage drängten sie in eine Ecke, doch sie sprang mit einem Rückwärtssalto auf eine Schwelle zum Wagendach, um über ihnen zu stehen. Alle drei zogen Elektroschwerter, um deren Klingen blassgrüne Energie knisterte.

Wie süß, dachte Ventress und aktivierte ihre zwei roten Lichtschwerter. Sie kostete den Augenblick der Überraschung aus, als ihre Klingen durch die drei ihrer Angreifer schnitten. Sie genoss die Angst, die sie ausstrahlten, als sie einem der Kage auf die Brust sprang. Weit holte sie aus und grinste. Nach der ganzen eintönigen Reise wurde ihr klar, dass sie das hier *vermisst* hatte. Sie vermisste es, ihre Fäuste einzusetzen. Ihre Beine. Ihre Stärke, die aus ihr etwas Besonderes gemacht hatte, seit sie ein kleines Kind war. Mit jedem Hieb, den sie einsteckte, spürte sie ihre Wut ansteigen, und sie schlug umso härter zurück.

Ventress war so in den Kampf vertieft, dass sie nur hörte, wie Dengar schreiend von der Bahn stürzte. Nun lag es allein an ihr, das Heck zu schützen. Die Kage benutzten riesige, tausendfüßlerartige Reittiere, um die Untergrundbahn zu verfolgen. Sie warf einen Blick über die Reling. Im Schatten verbarg sich ein langes Untier. Was immer es war, es bewegte sich enorm schnell und trug die Kage auf seinem Rücken. Sie sprangen hinauf. Manche hielten sich gar nicht erst mit der Plattform auf, sondern rannten sofort das Dach der Subtram entlang.

„Ist das alles?", meinte sie trocken. Sie sprang aufs Dach, ließ ihre Lichtschwerter herumtanzen und trat Gegner beiseite. Sie stellte sich die Kage als die Droiden vor, die auf Dathomir gelandet waren. Ihre Lichtschwerter zerschlugen deren erbärmliche Klingen. Einer stürzte auf sie zu, und sie sprang hoch, schlang ihre langen Beine in einer Drehbewegung um seinen Hals. Sie stellte sich Count Dooku vor, während sie sich zurücklehnte, um seiner hinauffahrenden Klinge auszuweichen. Ausnahmsweise geriet sie durch ihre Wut ins Straucheln, denn der Gedanke an Dooku war eine Wunde, die sie nicht spüren *wollte*.

Dieser Sekundenbruchteil des Zögerns verschaffte dem Kage die Gelegenheit, ihre Verteidigung zu durchbrechen. Ihr erster Mentor, ausgerechnet ein Jedi, hatte sie gelehrt, niemals auf diese Weise unachtsam zu werden. Der Kage drehte sich. Sie spürte einen Tritt in den Rücken, dann einen von vorn. Ihr Atem stockte, aber sie behielt einen klaren Kopf. Sie schöpfte tief aus ihrem Innersten, sprang weit nach oben und stieß sie alle mit einem Machtstoß vom Zug. Der eigene Schweiß stieg ihr in die Nase – und die kühle, mineralische Luft des Planeten.

Ventress' Erfolg war nur von kurzer Dauer. Es kamen immer noch mehr von ihnen. Sie aktivierte ihr Kom. „Sie springen am Zugende auf. Ich könnte hier hinten Hilfe brauchen."

Drei weitere Kage griffen sie hinterrücks an, und Ventress wirbelte gerade noch rechtzeitig herum, um sie abzuwehren.

„Bossk, geh nach hinten und hilf unserem Frischling!", rief Boba über Kom.

Blasterfeuer und splitterndes Fensterglas war zu hören, als Bossk antwortete: „Schon unterwegs."

Ventress verließ sich auf ihre Kraft. Sie konnte kämpfen, aber sie konnte die Kage nicht in solcher Zahl zurückdrängen. Wie Flutwellen stürzten sie wieder und wieder heran. Das war der Punkt, an dem sie das Untier sehen konnte, auf dem die Kage ritten. Ein Milodon – ein Insekt mit leuchtenden Augen und kräftigen Beißscheren. Mit seinen zig Beinen war es schnell genug, um mit der Untergrundbahn Schritt zu halten. Im Sattel saß ein weiterer Kage mit markanten goldenen Mustern auf seinem Lederanzug. War er der Anführer?

Ventress schnellte herum, um einen weiteren Angriff abzuwehren. Wo blieb Bossk? Sie musste davon ausgehen, dass er in Schwierigkeiten steckte – wie sie alle. Sie musste sich zurückziehen, bevor sie noch weiter ins Hintertreffen geriet.

Als sie in die Subtram zurückkehrte, bemerkte sie, dass etwas nicht stimmte. Es war zu still. Major Rigosso lag bewusstlos am Boden. Als sie einen Schritt über seinen Körper machte, öffnete sich zischend die Tür zum nächsten Abteil. Dort stand der goldene Kage-Krieger und hielt ein Kage-Mädchen mit rosa leuchtenden Augen im Arm. Ihr gelbes Haar hatte sie zu umständlichen Knoten geflochten. *Sie* hatte die ganze Zeit über in der Kiste gesteckt!

„Sieh mal einer an, wen haben wir denn da?“, meinte Ventress.

„Bleib zurück!“, fauchte der junge Mann sie an.

„Dieses kleine Mädchen da wird mir eine Menge Geld einbringen. Also *geh zur Seite!*“ Und damit zündete sie ihre Lichtschwerter. Sie sah, wie das Mädchen hinter dem groß gewachsenen Jungen in Deckung ging. Auf einmal wurde Ventress klar, dass sie das Mädchen nicht vor den Kage beschützten. Die Kage beschützten das Mädchen vor *ihnen*.

An sich sollte das keine Rolle spielen. Sie waren eine Bande von Kopfgeldjägern. Das machte das Mädchen zum reinen Objekt ihres Auftrags.

Bevor Ventress losschlagen konnte, warf der Kage-Junge eine Rauchbombe. Qualm stieg um sie herum auf, und sie konnte nur noch das rote Leuchten ihrer Lichtschwerter sehen. Ihr übriges Ich aber nutzte die Macht. Obwohl sie sich verbargen, konnte sie die Angst des Mädchens und den Trotz des Jungen spüren.

Ventress pirschte die Sitzreihen des Waggons entlang. Der Rauch lichtete sich, und das violette Licht Quarzites schien durch die Fenster. Dann fand sie ihn auf einer Sitzreihe liegend. Der Kage-Junge war schneller, als sie erwartet hatte. Er trat eines ihrer Lichtschwerter aus ihrer Hand. Sie schlug zu, aber er packte ihre andere Hand und verdrehte ihr das Handgelenk. Das rote Licht ihres Schwertes erlosch. Er trat nach ihrem Kopf, was sie abblockte, dann sprang er mit einem Rundumtritt über sie hinweg. Wenn er nicht versucht hätte, sie um ihre Prämie zu bringen, hätte sie ihn fast bewundert. Doch jetzt hatte sie die Spielchen satt. Sie stieß ihn zu Boden.

„Hört auf!“, schrie das Mädchen.

Doch der Junge wollte nicht am Boden bleiben. Die Wucht, mit der er zuschlug, ließ ihn zu dicht an sie herankommen. Sie bediente sich der Macht. So viele Tage schon hörte sie unterschiedliche Stimmen im Kopf, und jede war lauter als ihre eigene. Zweifel, Furcht, Versagen. Sie klangen wie ihre Vergangenheit. In diesem Moment hörte sie nur noch sich selbst. *Überlebe.* Sie lenkte die Macht um die Kehle des Jungen und hob ihn hoch. Sein Leben lag in ihrer Hand. Dennoch wollte sie nicht, dass er starb. Sie wollte ihn aus dem Weg haben. Ventress schleuderte den Kage-Anführer quer durch den Waggon, sodass er vor den Füßen des Mädchens liegen blieb.

„Krismo!“, rief das Mädchen.

Deutlich hörte Ventress den Schmerz in der Stimme der Kleinen. Sie erinnerte sich, wie sie den Namen ihrer Schwester gerufen hatte. *Karis.* Das war der Augenblick, in dem sie bemerkte, dass auch ihr Boss anwesend war.

Boba rappelte sich auf, wo er bewusstlos zusammengebrochen war. Rasch ging er auf Ventress zu. „Die Kleine ist ja verrückt! Die sollen wir beschützen?“

Ventress hätte am liebsten gelacht. Der Bursche demonstrierte, wie alt er war. „Benimm dich doch nicht wie ein Anfänger. Mach die Augen auf! Sie ist auf deren Seite.“

Boba schüttelte den Kopf. „Das spielt keine Rolle. Fessle die beiden! Bringen wir den Job zu Ende."

Sosehr es ihr auch widerstrebte, es zuzugeben, Boba hatte recht. Der Job bestand darin, die Kiste abzuliefern. Sie brauchte die Credits. Sie brauchte einen Neuanfang. Und das war dieser Job – dieses Mädchen. Als Boba hinausging, zerrte sie den Jungen auf einen Sitz und fesselte ihn dem Mädchen gegenüber mit Handschellen.

„Muss das denn wirklich sein?", fragte das Mädchen.

Es lag ein gewisser Trotz in ihren juwelenartigen Augen, den Ventress nicht erwartet hätte. Obwohl sie sich nicht wehrte, konnte Ventress ihre Verurteilung spüren.

„Ich kann überhaupt nichts dafür. Ich wollte nicht, dass man mich aus der Heimat verschleppt – von meiner Familie. Du weißt ja nicht, wie so etwas ist."

Ventress starrte aus dem Fenster, hinaus in die pulsierende Landschaft. Und wie sie das wusste! Sie wusste es besser als jeder andere. Ventress hatte jede Familie verloren, zu der sie je gehört hatte. Am Ende stand sie immer allein da. War das nicht besser? Auf diese Weise konnte sie nichts und niemand je wieder verletzen. „Ich wünschte, es wäre so, doch ich weiß es", sagte sie.

„Dir geht es doch nur ums Geld. Es ist nichts weiter als ein Job. Dich kümmert es kein bisschen, was mit uns passiert, wenn das hier vorbei ist."

Ventress wurde nicht dafür bezahlt, sich um etwas zu kümmern. Hunderte Leben hatte sie in Händen gehalten. Hatte gefühlt, wie sie endeten. Niemals hatte es sie gekümmert. Also, warum kümmerte es sie jetzt?

Die Türen des Zuges öffneten sich.

„Hey, Frischling! Ich brauche dich dort hinten."

Ventress sah Boba an. Dann wandte sie sich dem Mädchen am Boden zu. Sie dachte daran, wie Karis ihr gesagt hatte, dass sie so stolz sei, Ventress ihre Schwester zu nennen. Wie Mutter Talzin ihr gesagt hatte, dass ein neues Leben auf sie warte. „Du hast recht. Ihr seid nichts weiter als ein Job und interessiert mich einen Dreck", sagte sie zu dem Mädchen und fügte dann mit gesenkter Stimme hinzu: „Nicht bewegen."

Dann ging sie Boba hinterher.

„Wir sind bald am Übergabeort", erklärte er. „Dann liefere ich dem Auftraggeber die *Rotzgöre* und streiche eine hübsche Prämie ein, von der du deinen Anteil kriegst."

„Einen Anteil?", entgegnete Ventress. „Es sind nur noch wir beide übrig. Ich kriege die Hälfte."

„Die Hälfte? Ich *bitte* dich! Du bist gerade erst eingestiegen."

Ihr fiel auf, dass er gar nicht nach den anderen gefragt hatte. Wusste er überhaupt, ob der Rest der Klaue des Krayts noch am Leben war oder tot? So jemand war kein Anführer. „Junge, stell mich nicht auf die Probe. Ich werde die Fracht ausliefern, und dann kassiere ich die Prämie. Wer auch nur halbwegs wichtig ist, macht keine Geschäfte mit so einem *Milchgesicht*."

Bei diesem Wort wirbelte Boba zu ihr herum. Er umklammerte seinen Helm. Wer war er ohne ihn? „Milchgesicht? Du hast ja keine Ahnung, wen du vor dir hast. Ich habe die Verantwortung für die ganze Opera..."

Ventress hob eine Hand, um ihn im Würgegriff der Macht zum Schweigen zu bringen. „Nein, *du* hast keine Ahnung, wen du vor dir hast." Sie drückte zu, bis er seinen Helm fallen ließ. Dann schleppte sie ihn zurück in den Waggon mit ihren beiden Geiseln. Der Kage-Junge und das Mädchen sahen zu, wie sie den Deckel der Kiste öffnete. Das Mädchen fing an, sich wimmernd zu winden.

„Pluma, nein!", rief Krismo.

„Ich an deiner Stelle würde auf deinen Bruder hören", riet Ventress. Dann bereitete sie die Kiste für die Ablieferung vor. Sie schloss den Deckel und zog die Kiste zur Tür. Als der Zug langsamer wurde, schaute sie aus dem Fenster. Im Herzen von Quarzite erleuchteten Tausende Kristalltrauben den Bahnsteig.

Otua Blank höchstpersönlich erwartete sie, begleitet von einem Trupp Wachen. Wie es meistens bei Machthabern der Fall war, wirkte er weniger imposant als sein Holo. „Willkommen!", grüßte er erwartungsvoll. „Ah, na endlich, meine Braut!"

Ventress legte ihre Hand auf den Deckel der Kiste. „Braut?" Dieses *Mädchen*? Als einer der Wachmänner versuchte, den Deckel anzuheben, wies Ventress ihn zurück. „Zuerst die Prämie!"

Otua gab einen kehligen Laut von sich, mit dem er den Wachmann aufforderte, vorzutreten. Dieser öffnete einen Koffer mit der Bezahlung. „Die unmarkierten Credits, wie versprochen."

Mit der Prämie in Händen stieg Ventress wieder in die Subtram. Als sich die Türen schlossen, sagte sie noch: „Viel Vergnügen!" Sie wünschte, sie hätte Otuas Gesicht sehen können, wenn er die Kiste öffnete und darin statt seiner gewünschten Braut Boba fand.

„Warum hast du das getan?", fragte Pluma, als Ventress zu ihnen zurückkam. Ihre Stimme klang sanft. Unschuldig.

In der Galaxis gab es keine Unschuldigen. Das durfte Ventress nie vergessen. Warum sollte die Kleine ihr Mitleid und ihre Gnade verdienen, wenn ihren Schwestern nicht das Gleiche vergönnt gewesen war? Sie schaute zu Krismo. „Ihr könnt gehen. Sobald ich meine Bezahlung kriege für – wie nennst du sie gleich? – Pluma. Plumas Freilassung."

Pluma schüttelte den Kopf. „Aber ..."

„Abgemacht", knurrte Krismo.

Ventress konnte Plumas Furcht spüren und Krismos schwelenden Hass ihr gegenüber. Sollten sie sie nur fürchten. Sollten sie sie hassen. Ventress ließ ihn gehen. Sie hatte keinen Grund anzunehmen, dass er sich nicht an die Abmachung halten würde. Sie hatten Dutzende ihres Volkes geopfert, um Pluma zurückzubekommen. Ein Stück weit war Ventress neidisch darauf, dass jemand bereit war, so verbissen um dieses Mädchen zu kämpfen. Wieso war es etwas so Besonderes? Welchen Wert hatte es?

Nein, so durfte sie nicht denken. Der Wert dieses Mädchens würde ihren Selbstwert nicht schmälern. Ventress nahm eines ihrer Lichtschwerter. Sie ließ Krismo durch den Zug vorausgehen, während sie die Waffe auf Pluma gerichtet hielt.

„Warum hast du es getan?", fragte Pluma vorsichtig, während sie marschierten. „Du hast mir keine Antwort gegeben."

„Um die Prämie zu verdoppeln, natürlich", schnurrte Ventress.

„Dennoch gehst du ein hohes Risiko ein. Du weißt nicht, wozu sie fähig sind."

Draußen fühlte Ventress den Wind auf ihrer Haut und atmete tief durch. Sie spürte, wie sich ein Funke in ihrer Brust regte. Ein Funke, den sie nicht mehr gespürt hatte seit dem Tag, an dem sie als Nachtschwester wiedergeboren worden war. „Kleine, die wissen nicht, wozu *ich* fähig bin."

Damit brachte sie Pluma endlich zum Schweigen. Krismo pfiff scharf, und ein Milodon krabbelte entlang einer Felswand auf sie zu. Auf seinem Rücken ritten mehrere Kage-Krieger. Das Untier kletterte am Heck des Zuges hinauf.

Krismo drehte sich um und sah Ventress an. „Woher weiß ich, dass du nicht das Geld nimmst und uns dann auslieferst?"

„Überhaupt nicht", entgegnete sie.

Krismo gab ein Signal, und ein Bündel Credits wurde Ventress in die Hand geworfen.

Ventress deaktivierte ihr Lichtschwert und ließ das Mädchen los. „Na los, geh schon!", sagte sie.

Pluma eilte los, aber als sie sich noch einmal umdrehte, sagte sie mit leiser Stimme: „Danke!"

Ventress wollte keinen Dank. Sie wollte nur von diesem Planeten runter. Sie stieg wieder in den Hochdruckaufzug, der sie auf die Raumstation im Orbit brachte, und dachte, sie könnte sich dort die herrenlose *Reißzahn* unter den Nagel reißen, doch stattdessen traf sie die übrigen Mitglieder der Klaue des Krayts an. Ventress war sich nicht sicher, wer mehr überrascht war, sie oder die anderen.

„Du hast es geschafft?", fragte Dengar. Seine Stimme klang mehr beeindruckt als enttäuscht. „Ist ja nicht zu fassen."

„Hier ist die Prämie. Ich habe meinen Anteil schon abgezogen. Bobas ist auch noch da drin." Sie dachte an den zornigen Jungen, den sie wahrscheinlich noch zorniger gemacht hatte. Sie hoffte, mit diesem Anteil wären sie quitt. „Seht zu, dass er ihn bekommt."

„Wo steckt er?", fragte Bossk.

„Der taucht schon auf", schmunzelte Ventress.

„Tja, du hast dich wahrlich als vollwertiges Mitglied unseres Teams erwiesen, was meinst du?", sagte Latts.

„Ich war nie Mitglied eines Teams."

„Du hältst dich wohl für zu gut, hab ich recht?", meinte Bossk.

„Nein. Ich war einmal genauso wie ihr, aber heute bin ich nicht mehr wie früher. Heute habe ich eine Zukunft."

Als sie dieses Mal wieder Mutter Talzins Worte hörte, wurden sie nicht von Schmerz begleitet. *Dein Schicksal wird immer mit dem unseren verknüpft sein. Aber du musst jetzt deinem eigenen Weg folgen.*

Ventress ging ein paar Schritte weiter den Hangar hinunter. Millionen Sterne sprenkelten den Himmel. Es würde immer irgendein Schiff geben, das sie stehlen konnte. Sie dachte daran, wie Pluma zu ihrer Familie zurückkehrte. Sie dachte an die Möglichkeiten, die da draußen auf sie warteten. In Wahrheit hatte immer ein Weg vor ihr gelegen. Sie hatte ihn nur zeitweise aus den Augen verloren. Ventress war so vieles gewesen: Sklavin, Jedi, Sith, Nachtschwester, Kopfgeldjägerin. Sie war niemals nichts gewesen. Niemals niemand. Sie war Asajj Ventress, und die Galaxis wartete auf sie.

DUNKLE VERGELTUNG

Rebecca Roanhorse

Die wahre Geschichte des Darth Maul und seiner Rache an dem Jedi Obi-Wan Kenobi

Sag mir, mein Kind, weißt du, wer ich bin? Flüstern sie meinen Namen in den Unterrichtsräumen deiner Akademie, in den gewundenen Gängen deiner Raumstation, auf den Feldern deines Agrarplaneten oder in den Dünen deiner Wüstenheimat? Wenn sie es tun, was sagen sie über mich? Dass ich einst ein großer Sith-Lord war, ausgebildet vom mächtigsten Wesen der Galaxis? Dass ich bei der Schlacht von Naboo den legendären Jedi namens Qui-Gon Jinn getötet habe? Erinnern sie sich an meine ruhmreichen Taten? An meine unverkennbare schwarz-rote Haut und an meine Hörner? Mein unübertreffliches Geschick mit dem Doppelklingenlichtschwert? Oder erinnern sie sich nur daran, wie ich starb?

Ah, ich erkenne deine Verwirrung. Tot? Wenn ich tot bin, wie kann ich dann hier sein und dir meine Geschichte erzählen? Du bist scharfsinnig, ein guter Zuhörer. Du würdest einen vielversprechenden Sith-Schüler abgeben.

Natürlich hast du recht, ich bin nicht tot. Ich starb nicht an jenem Tag, an dem mich, nachdem ich Qui-Gon besiegt hatte, sein egoistischer und mordlüsterner Schüler Obi-Wan Kenobi niederstreckte. Kenobi war von Sinnen vor Wut, und in seiner Wut schlug er mich entzwei, schnitt die Beine unter mir weg!

Ich weiß, das ruft kein schönes Bild hervor, verzeih mir, falls du zartbesaitet sein solltest. Doch du begreifst besser, wozu die Jedi fähig sind. Wahrscheinlich hat man dir dein Leben lang Lügen über sie erzählt, über ihre *Güte*, aber die Wahrheit ist ... Nein. Nein, noch nicht. Ich bin vorschnell. Zum wahren Wesen der Jedi kommen wir noch früh genug. Es reicht, wenn du weißt, dass ich überlebte. Ich überlebte in der Dunkelheit, dem Wahnsinn anheimgefallen, ausgeschlossen und vergessen – bis mein Bruder mich fand und mich auf meinen Weg der Vergeltung führte.

Ich erinnere mich nicht mehr, wie ich auf den Schrottplaneten Lotho Minor kam. Ich muss davon ausgehen, dass mein Körper dort nach der Schlacht von Naboo mit so viel anderem Müll und Schrott abgeladen wurde. Durch schiere Willenskraft und getrieben von meinem Hass auf Obi-Wan Kenobi, überlebte ich in den finstersten Tiefen des Planeten. Aus Schrott konstruierte ich mir einen Unterkörper, der dem Hinterleib und den Beinen einer Spinne ähnelte. Ich passte mich den Umständen an. Kriechend, krauchend, klein und zerschlagen, immerzu wartend – das war ich. Bis zu jenem wunderlichsten aller Tage.

Ich traf in meiner Höhle auf jemand anderen. Einen Mann, so wie ich einst einer gewesen bin. Mit Gesichtsmalen und Hörnern wie den meinen und mit einem Lichtschwert.

Zuerst hielt ich ihn für eine Vision, ein Symptom meines Wahnsinns, doch dann nannte er mich Bruder!

Was konnte das bedeuten? Ein … Bruder? Gekommen, um mich zu finden? Zu retten? Du musst wissen, dass mein Verstand ziemlich in Mitleidenschaft gezogen war. So lange lebte ich allein in der Dunkelheit, jahrelang konnte ich mich nicht erinnern, dachte verloren in meinem Schmerz und Kummer nur daran, was mir genommen wurde. Jetzt fand man mich? Erhielt ich eine Chance auf ein neues Leben? Ich muss zu meiner Schande gestehen, dass ich es zunächst nicht verstand. Ich kämpfte gegen ihn. Versuchte, ihn zu töten. Doch er war zu stark und zwang mich nieder. Er sagte, sein Name sei Savage Opress, doch dieser Name sagte mir nichts. Ich konnte mich nicht einmal an meinen eigenen erinnern.

Nur einen Namen vergaß ich nicht in meinem Gemurmel, Gegeifer und Wehklagen, und den nannte ich ihm.

Kenobi. Kenobi. Kenobi.

Savage Opress kannte den Namen des Jedi nicht, aber er wusste, dass ich Hilfe brauchte. Also lockte er mich in sein Schiff und brachte mich zurück auf unsere Heimatwelt Dathomir. Wieder erinnere ich mich kaum an die Reise. Mein Verstand, so zerrüttet, so verloren … Aber ich erinnere mich, was als Nächstes geschah.

Mutter Talzin war eine Hexe, die mächtigste der Nachtschwestern. Sie übte höchste Zauberkunst aus, und alle Dathomirianer respektierten sie als Anführerin. Sie kam zur Begrüßung unseres Schiffes und brachte mich zu ihrem Altar. Dort befahl sie mir zu schlafen. Ich legte mich auf den kalten Stein und ließ sie ihre Arbeit verrichten.

Zuerst kam der grüne Rauch. Er hüllte mich ein, drang mir

in Augen, Ohren und Mund und überwältigte meine Sinne. Gleichzeitig trieb sie die Dunkelheit aus, die meinen Verstand befallen hatte, ein schwarzes Miasma aus Qual und Verwirrung. Und während sie ihre Zauberkunst an mir ausübte, kehrte langsam mein Verstand zurück. Zuerst mein Name, dann der Name meines Bruders, dann meine Heimatwelt und meine Vergangenheit als Sith-Lord. Alle Einzelheiten meines Lebens strömten auf mich ein – und natürlich die Erinnerung an Kenobi.

Mein Verstand war wiederhergestellt, doch war ich immer noch mit meinem Spinnenkörper verbunden. Heute erkenne ich, wie grotesk er war, doch auf Lotho Minor diente er mir trefflich. Nichtsdestotrotz wusste Mutter Talzin, dass ich mit ihm nicht auskommen würde. Sie riss ihn von meinem Körper und bestückte mich mit starken, mechanischen Beinen aus Droidenschrott, mit gepanzerten Armschienen und einem metallenen Kragen. Es war eine Tortur, und ich schrie, doch ich hatte schon so viel gelitten, hatte Qualen erlebt, die du dir nicht vorstellen kannst, mein junger Freund, sodass ich durchhielt. Und dann, am Ende, war ich gänzlich wiederhergestellt.

„Bruder", sagte Savage Opress.

Dieses Mal konnte ich ihm antworten. Ich setzte mich auf und schloss meine Hand um seinen Kiefer. Ich zog sein Gesicht nah an meines und starrte ihm in die Augen. Die gleichen goldenen Augen wie meine. Die Augen des Mannes, der mich gerettet hat. „Bruder", brummte ich.

Ich ließ ihn los und begann meine neuen Beine zu prüfen. Meine Füße waren dreizackige Klauen. Sie sahen robust aus, und ich glaubte, sie würden mich behände tragen, doch als ich versuchte aufzustehen, fiel ich sofort auf die Knie. Es tat nicht weh, aber ich musste mich auf den Steinaltar stützen, um mich wieder hochzustemmen. Mir wurde klar, dass es noch einiger Übung bedurfte, um meine neuen Körperglieder zu beherrschen.

Bei meinem zweiten Versuch gelang es mir bereits, zu gehen, und dann rannte ich auch schon. Oh, wie wunderbar fühlte es sich an, wiederhergestellt zu sein, wieder Darth Maul zu sein. Savage folgte mir, und wir rannten durch die wüste Landschaft. Ich sah mich um. Durch meinen Wahnsinn war es mir zuvor nicht aufgefallen, doch Dathomir war eine Einöde. Hier gab es nichts als Trümmer, dunklen Stein und Sand – und wabernden, blutroten Nebel. Was war mit meiner Heimat geschehen?

Ich dachte daran, Savage zu fragen, schätzte aber, dass er es auch nicht wusste, da er so lange fort gewesen war, um die Galaxis nach mir abzusuchen. „Wie ich dich vermisst habe", sagte ich und dachte dabei nicht nur an meine Heimatwelt, sondern an die Galaxis im Ganzen. Nun, da mein Verstand wieder intakt war, kehrte endlich auch mein Sith-Gespür zurück. „Die Macht scheint aus dem Gleichgewicht zu geraten."

„Ja", bestätigte Savage. „Es gibt einen Konflikt: die Klonkriege."

Ah, die Klonkriege. „Dann begann es also ohne mich."

Savage stellte sich neben mich. „Du kannst noch einmal neu beginnen, Bruder", sagte er, und seine Stimme klang ach so ermutigend. Er hielt mir seine Hand hin, mit der Handfläche nach oben. Darin lag etwas, etwas sehr Vertrautes – meine alte Waffe, mein Lichtschwert.

Ich streckte meine Hand danach aus, hielt sie nur knapp darüber. Dann ließ ich die Macht durch mich fließen. Für einen Augenblick fürchtete ich, es würde nicht gelingen, doch dann stieg das Lichtschwert empor und schwebte in meine Hand. Begleitet vom vertrauten Geräusch des Metalls, das auf Haut trifft, fühlte sich dieser Vorgang an, als wäre ein weiterer Teil meines Lebens wiederhergestellt.

Voller Erinnerungen blickte ich auf das Lichtschwert in meiner Hand. „Ich war ausersehen zu so viel Höherem, hatte ein ruhmreiches Schicksal vor mir, aber die Jedi haben mich – genauer Obi-Wan Kenobi – dieses Schicksals beraubt."

„Dann musst du an ihm Rache üben, mein Bruder", sagte Savage.

„Ja", knurrte ich und ließ meinen Blick über die Ebenen schweifen, über meinen Planeten und zu dem Ort in der Zukunft, an dem ich Kenobi finden würde. „Beginnen wir unseren Rachefeldzug."

Savage sah mich mit einem schiefen Lächeln an, das ich erwiderte. Wir verstanden einander, und ich hatte einen Plan.

„Bruder?", fragte Savage. „Was wollen wir hier?"

„Hier" war ein Planet im Äußeren Rand namens Raydonia. Während wir mit unserem Schiff über die Oberfläche glitten, bewunderte ich die Landschaft. Grüne und rosafarbene kugelrunde Pflanzenblüten wiegten sich im leichten Wind und leuchteten im Morgenlicht. Trampelpfade zogen sich durch Felder, auf denen Männer und Frauen arbeiteten. Unter uns lag ein Dorf. Es wirkte friedlich, voller Unschuldiger, die ihr Leben in glückseliger Unwissenheit lebten. Das war der Grund, weswegen ich es ausgesucht hatte.

Wir landeten mit dem Schiff – demselben, das mein Bruder gestohlen hatte, um nach Lotho Minor zu gelangen –

auf einer Lichtung. Es war ein Versorgungsschiff, und an den erwartungsvollen Gesichtern der Kinder, die herbeiliefen, um uns zu begrüßen, erkannte ich, dass sie glaubten, es sei noch immer eines – was die Umsetzung meines Plans nur umso leichter machte.

„In einer Galaxis im Krieg", erklärte ich meinem Bruder, als wir zur Ausstiegsluke gingen, „gibt es nur einen Weg, die Aufmerksamkeit der Jedi zu wecken: indem wir die Unschuldigen abschlachten, gnadenlos und ohne Kompromisse." Ich drückte den Knopf, und die Luke öffnete sich.

Gleich vor uns stand ein Dutzend Kinder, vielleicht mehr. Sie kicherten und lächelten, gespannt darauf, zu sehen, was wir mitgebracht hatten. Doch wir hatten nur den Tod im Gepäck.

Ich zündete mein Lichtschwert und ging mit meinem Bruder an meiner Seite zu ihnen.

Nun, ich weiß, dieser Teil der Geschichte mag schwer zu ertragen sein, mein Freund. Der Tod ist niemals leicht, aber manchmal ist es unumgänglich, dass Unschuldige geopfert werden. Ich werde dich nicht anlügen wie die Jedi. Viele starben an jenem Tag durch meine Hand. Unter ihnen viele Kinder, wie du eines bist.

Macht dir das Angst? Wühlt es dich auf? Das verstehe ich. Aber gib nicht mir die Schuld! Es lag einzig an Kenobi. Er hatte mich auf diesen Pfad geführt, er hatte mich dazu gebracht, und er, so hoffte ich, würde meine Botschaft laut und deutlich verstehen.

„Stell das Hologramm auf Aufnahme", wies ich meinen Bruder an.

Savage tat es, und so konnte ich mit meiner Nachricht an Obi-Wan und den Rat der Jedi beginnen.

„Bald klebt noch mehr Blut dieser Unschuldigen an deinen Händen, Kenobi", sagte ich, während ich drohend die Reihen der zusammengetriebenen, verängstigten Farmer abschritt. „Es sei denn, du kommst hierher und stellst dich mir. Und wenn du das nicht tust …" Hier aktivierte ich mein Lichtschwert und streckte die Farmer nieder. „… wird diese Welt verbrennen."

Ich stelle mir vor, wie Kenobi und der Rest des Jedi-Rates auf meine Nachricht reagierten. Vor dem Augenblick, in dem sie mein Gesicht sahen, sich meiner Grausamkeit bewusst wurden, hatten sie gedacht, ich sei tot. Oh, die langen Gesichter, die sie gemacht haben müssen, die vor Schreck geweiteten Augen! Es würde mich nicht wundern, wenn ein paar von ihnen geweint haben.

Ich fragte mich, ob die Sache nicht zu offensichtlich war und sie nicht erkennen würden, dass mein Plan eine glasklare Falle war. Selbst ein Jedi würde sich darüber im Klaren sein, dass ich im Vorteil wäre, wenn er allein käme. Aber verlass dich drauf, dass ein Jedi immer versuchen wird, das Richtige zu tun. Was immer in deren Besprechung gesagt wurde, es funktionierte. Obi-Wan Kenobi kam allein nach Raydonia, um zu versuchen, das Massaker an Unschuldigen zu verhindern, und ich erwartete ihn.

Ich beobachtete Kenobis Eintreffen. Vorbei an Leichen und kaputten Droiden, ging er die Dorfstraße hinunter, die Savage und ich niedergebrannt hatten. Der Rauch der Feuer, die wir gelegt hatten, hing in der Luft, und in der Dorfmitte loderten rote und gelbe Flammen. Er war allein gekommen, ganz wie ich es gefordert hatte. Dieser Narr!

Doch das würde meine Rache nur umso befriedigender gestalten.

Als er nahe genug gekommen war, gab ich mich zu erkennen, trat aus dem Schatten, eingehüllt in den Schein des lodernden Feuers hinter mir. „Jedi!", rief ich ihm mit zornesheiserer Stimme zu. „Ich habe schon auf dich gewartet."

Er blickte hinauf zu dem Dach, auf dem ich stand, und kniff die Augen zusammen. „Ich wüsste nicht, dass wir uns bereits kennen", sagte er, und beinahe barst mein Herz. Er war so ruhig, so schlagfertig – ich hingegen war über Jahre von ihm besessen gewesen. Ich hatte seinen Namen sogar gekannt, als ich meinen eigenen vergessen hatte. Doch ich behielt meine Wut vorerst für mich.

„Ich bin überrascht, dass du mich so schnell vergessen konntest", sagte ich, und obwohl ich versuchte, meinen Zorn zu verbergen, schwang er in meiner Stimme mit. „Ich tötete damals deinen Meister, und du glaubtest mich tot auf Naboo." Mit Sicherheit würde er sich daran erinnern!

Grimmig verzog er seinen Mund, und sein Blick wurde hart. „Du bist es", flüsterte er, doch ich hörte ihn.

„Du hast *mich* vielleicht vergessen", knurrte ich, „aber ich werde dich niemals vergessen." Nun ergoss sich all der Zorn, den ich zurückzuhalten versucht hatte, aus meinem Mund. „Du hast ja keine Vorstellung, welche Mühen ich auf mich genommen habe, um am Leben zu bleiben, nur angespornt von meinem abgrundtiefen Hass auf dich!", schrie ich ihn an.

„Das mag ja sein", entgegnete Kenobi. Er zog sein Lichtschwert vom Gürtel und aktivierte es. Hell leuchtete die blaue Klinge. „Aber ich habe dich damals besiegt, und ich besiege dich auch heute!"

Oh, die Arroganz der Jedi! Teures Kind, glaube mir, wenn ich dir sage, sie besitzen nicht einen Funken Bescheidenheit. Er, der mir so viel Leid zugefügt hatte, stand vor mir und sagte mir ins Gesicht, dass er es noch einmal tun würde. Ich lachte ein Lachen, das selbst in meinen Ohren bitter klang. „Sei dir da mal nicht so sicher."

Das war das Stichwort, auf das hin mein Bruder aus seinem Versteck sprang und hinter Kenobi trat. Bereit, sich mit mir im Kampf gegen den verräterischen Jedi zu vereinen, landete Savage leichtfüßig und zog sein Lichtschwert.

Kenobi drehte sich zu Savage um, und ich sah die beiden kämpfen. Kenobi schlug auf meinen Bruder ein, aber Savage parierte den Angriff mühelos. Wieder schlugen sie aufeinander ein. Knisternd trafen die Lichtschwerter aufeinander, aber der Jedi war meinem Bruder nicht gewachsen. Savage sah seine Lücke und stieß vor. In einer Wirbelbewegung schlug er Kenobi den Unterarm ins Gesicht, und der Jedi ging mit einem Stöhnen zu Boden. Sein Lichtschwert fiel ihm aus der Hand, und für einen Augenblick blieb er benommen liegen.

Ich streckte meine Hand aus und bediente mich der Macht. Gehorsam flog Kenobis Lichtschwert in meine Hand. Triumphierend hob ich es in die Höhe und schleuderte Kenobi mithilfe der Macht durch die Luft. Er segelte zu Savage, der ihn mit einem Faustschlag abfing. Mit einem „Uff!" ging der Jedi zu Boden.

Aber er wollte nicht aufgeben. Ich muss zugeben, dass ich das an den Jedi bewundere. Sie sind nicht leicht zu besiegen. Kenobi rappelte sich auf, bereit, den Kampf weiterzuführen, doch Savage wartete bereits auf ihn. Er verpasste ihm einen kräftigen Hieb ins Gesicht, und endlich brach der Jedi bewusstlos zusammen.

Ich stand über Kenobi und freute mich, ihn so mühelos besiegt zu sehen, aber ich war noch nicht fertig mit ihm. Es lag keine Befriedigung in einem allzu leichten Sieg. Ich wollte ihn leiden sehen, so wie ich gelitten hatte. Das war nur gerecht.

Ich nickte Savage zu. Er wusste, was zu tun war, hob Kenobi auf und trug ihn wie einen Getreidesack über der Schulter zurück zu unserem Versorgungsschiff. Dort hätten wir unsere Ruhe und die Mittel, meine Rache entsprechend schmerzhaft auszuüben. Oh ja, es fing gerade erst an.

Was ich jedoch nicht wusste, mein Kind, war, dass draußen bereits andere Kräfte gegen mich vorgingen. Kenobi war nicht mehr allein. Tatsächlich näherte sich just in diesem Augenblick eine Person, die eigentlich auf meiner Seite sein und sich über die Niederlage des Jedi freuen sollte, um all meine Pläne zu zerstören.

Zurück auf unserem Schiff, sah ich zu, wie Savage Kenobi quer durch den Frachtraum schleuderte. Er landete zwischen ein paar Kisten, die krachend zu Bruch gingen. Savage zerrte den Jedi auf die Beine und hielt ihn mir entgegen.

Angewidert hob ich meine Hand und verpasste Kenobi eine Ohrfeige. „Noch genauso schwach wie immer", verhöhnte ich ihn. „Und so einen nennen sie ‚Meister'."

Mit einem Knurren schleuderte Savage ihn fort, und Kenobi rutschte über das Deck.

Wieder rappelte sich der Jedi atemlos und angeschlagen auf von den Prügeln, die mein Bruder und ich ihm erteilt hatten. „Zu dumm", sagte er und stützte sich mit den Händen auf die Knie. „Anstatt dich zu halbieren, hätte ich dir lieber den Kopf abschlagen sollen."

Wie dreist! Was habe ich dir über diese Jedi erzählt? Nicht die geringste Reue über das, was er mir angetan hatte. Ich gab Savage mit einem Nicken zu verstehen, er solle ins Cockpit gehen und die Triebwerke starten. Savage ging, und schon bald hörte ich das Brummen der hochfahrenden Turbinen. Das Schiff hob langsam ab. Ich beugte mich über Kenobi. „Hast du noch irgendwas zu sagen?"

„Mir gefallen deine neuen Beine", erwiderte er. „Die machen dich irgendwie größer."

Oh, wie gern hätte ich ihm an Ort und Stelle den Garaus gemacht. Aber ich hatte zu lange auf meine Rache warten müssen, um mich jetzt von seinen boshaften Worten voreilig hinreißen zu lassen. Ich nutzte die Macht, um ihn zu mir zu ziehen, und legte meine Finger um seinen Kiefer. Er keuchte, und ich beugte mich dicht zu ihm vor, zündete mein Lichtschwert und hielt es ihm an die Kehle. „Ich werde dafür sorgen, dass du bei jedem einzelnen Schnitt bei Bewusstsein bist", flüsterte ich ihm aus nur wenigen Zentimetern Entfernung ins Gesicht. Ich sah seine Augen ganz genau. Der Blick trotzig und unnachgiebig. Nun, diesen Trotz würde ich schon noch brechen, bevor ich mit ihm fertig war. „Dein Tod wird unerträglich qualvoll sein. Du wirst leiden müssen, so wie ich leiden musste."

Das Geräusch einer Tür, die sich öffnete, lenkte meine Aufmerksamkeit ab, aber es war nur mein Bruder, der aus dem Cockpit zurückkehrte. Ich entspannte mich wieder, doch da erklang eine Stimme aus der Dunkelheit.

„Welch eine Überraschung!"

Verwundert drehte ich mich um. Es war noch jemand auf

dem Schiff! Ich spähte in den Schatten nahe der Decke, von wo aus die Stimme gekommen war. Viel konnte ich nicht erkennen. Ein bleiches Gesicht, dunkle Kleidung. Aber ich wusste, dass es eine Frau war, und sie grüßte Savage.

„Mein früherer Dienstknecht", sagte sie zu ihm. „Noch immer ein wildes Tier." Ihr Blick wanderte zu mir. „Wie ich sehe, hast du auch einen Freund."

„Mein Bruder", schnaubte Savage.

„Dein Bruder?", wiederholte die Frau mit gespielter Freude. Mit finsterem Blick musterte sie mich. „Der scheint ja im Vergleich zu dir nur eine halbe Portion zu sein, Savage", spottete sie. „Wie bedauerlich! Da sucht man eine Herausforderung und trifft auf zwei jämmerliche Figuren aus dem Clan der Brüder der Nacht. Was für eine Enttäuschung." Und damit zog sie sich lachend in den Schatten zurück.

„Wer war das, Bruder?", fragte ich. Ich schlug Kenobi bewusstlos, rückte näher an meinen Bruder heran und suchte die Dunkelheit ab, um zu sehen, wohin die Frau verschwunden war.

„Eine Dathomir-Hexe namens Ventress", erklärte er mit wutschwangerer Stimme. „Sie hat mich verraten."

„Sie weiß zu viel", stellte ich fest. Ich konnte sie nirgends sehen, wusste aber, dass sie noch auf dem Schiff sein musste. Allzu schwer sollte sie nicht zu finden sein. „Vernichte sie!"

Wir teilten uns auf, um nach der Hexe zu suchen. Ich schickte Savage hinauf zu den Sparren, zwischen denen wir sie das letzte Mal gesehen hatten, und durchsuchte den Rest des Schiffs. Nach erfolgloser Suche ging ich zurück, um mich zwischen den Kisten im Frachtraum zu verstecken. Schon bald hörte ich Stimmen. Still harrte ich aus, um zu sehen, was geschah.

Die Dathomir-Hexe stand bei Kenobi und half ihm auf die Beine. Ich schlich näher, um ihr Gespräch zu belauschen. Es klang, als wären sie einst Feinde gewesen, als wären sie es immer noch, und trotzdem wollte sie ihm helfen. Oh, welch Verrat! Ich kannte diese Ventress nicht, das ist wahr, aber sie stammte von Dathomir so wie ich und sie diente der dunklen Seite so wie ich. Dennoch war sie hier und half meinem Todfeind.

Von oben hallte Savages Stimme zu uns hinunter. „Die Hexe und der Jedi", verkündete er und klang dabei so angewidert, wie ich mich fühlte.

„Wie auf dem Präsentierteller", sagte ich und trat mit aktiviertem Lichtschwert aus dem Schatten.

Die Hexe Ventress besaß zwei Lichtschwerter, und eines davon gab sie Kenobi. Rücken an Rücken nahmen sie Kampfhaltung ein. Savage sprang hinunter, um Ventress entgegenzutreten, und ich trat Kenobi entgegen. So kämpften wir.

Der Kampf verlief rasant und heftig. Schwert gegen Schwert, Hieb und Parade. Jeder von uns Kriegern gewann den Vorteil und verlor ihn wieder, nur um ihn aufs Neue zu gewinnen. Im weiteren Verlauf wurde mir jedoch klar, dass ich etwas unternehmen musste, um den Jedi zu einem Fehler zu verleiten.

Schließlich drängte ich Kenobi in eine Ecke. Mit verzweifeltem Blick sah er sich um. Es gab nur einen Ausweg. Er sprang geradewegs in die Höhe und landete auf einem Sims über uns. Ich folgte ihm, und wieder rangen wir Lichtschwert gegen Lichtschwert.

Mir war klar, dass ich einen Vorteil brauchte, nur eine winzige Lücke in Kenobis Verteidigung, daher überlegte ich, was ihn am meisten provozieren könnte. „Deinen Meister Qui-Gon Jinn", knurrte ich, während sich unsere Lichtschwerter kreuzten. „Ich weidete ihn aus, während du hilflos zusehen musstest. Was war das für ein Gefühl, Obi-Wan?"

Ich wusste, dass ich ihn damit *hatte*, als er die Augen wütend zusammenkniff und mich schreiend von sich stieß. Wie wild ging er mit dem Schwert auf mich los. Zunächst drängte er mich mit einem heftigen Angriff zurück. Seine Hiebe waren hitzig und unkontrolliert. Er traf die Schiffswände, sodass überall um uns herum Funken sprühten. Ich parierte und schlug zurück, und als ich eine Lücke erkannte, trat ich zu und traf ihn mitten in die Brust. Brüllend flog er mehrere Meter gegen die Wand hinter ihm, an der er zu Boden sackte. Mit verlorenem und verzweifeltem Blick schaute er zu mir auf. Beinahe hätte ich Mitleid mit ihm gehabt. Beinahe.

„Deine Wut bringt dich aus dem Gleichgewicht", erklärte ich ihm. Dass dies schon die ganze Zeit über mein Plan gewesen war, sagte ich nicht. „Das entspricht nicht ganz der Art der Jedi, oder?" Ich sprach samtweich, höhnisch. Ich wollte sehen, was er tun würde.

Er stand auf, und wir führten unseren Kampf fort. Aber ich hatte recht, er hatte das Gleichgewicht verloren. Schon bald hatte ich ihn wieder am Boden, doch erneut stand er auf und wehrte sich. Unbändig schlug er nach mir, verfehlte mich jedoch. Durch seinen Schwung stolperte er mit dem Rücken zu mir bis zur Kante des Simses. Ich trat zu. Er stürzte in die Tiefe, allerdings frustrierend behände, sodass er es sogar schaffte, neben Ventress auf den Füßen zu landen.

Ich hatte den Kampf meines Bruders gegen die Hexe nicht

mitverfolgt, aber offensichtlich hatten sie sich festgefahren. Savage stand wenige Schritte entfernt und schaute mit gezücktem Schwert zu ihnen.

„Sie sind uns überlegen“, hörte ich Kenobi sagen.

Ich gönnte mir ein zufriedenes Lächeln. Ventress' Antwort konnte ich nicht verstehen und auch nicht, was Kenobi daraufhin sagte, aber dann hörte ich die Hexe laut und deutlich ein Wort sagen: „Cockpit.“

Ich wusste, dass das Cockpit auch als Rettungskapsel für Notfälle diente. Sie wollten davonrennen! Diese Feiglinge! Brüllend sprang ich mit einem Salto vom Sims, mein Lichtschwert in Händen, um ihnen den Fluchtweg abzuschneiden. Ventress griff mich an, ich parierte. Unser Schlagabtausch zeigte, dass ich stärker war, sie dafür aber flinker und in der Lage, meinen mächtigen Hieben auszuweichen. Sie war gut, diese Dathomir-Hexe. Wer immer ihr Lehrmeister gewesen war, hatte ganze Arbeit geleistet.

Ich hörte einen Ruf. Kenobi hatte Savage ausgestochen, und die Tür zum Cockpit stand offen. „Komm schon!“, rief er Ventress zu.

Sie sprang in die Luft, trat mir ins Gesicht, um sich abzustoßen und quer durch den Frachtraum zu segeln. Ich taumelte zurück. Mit einem Überschlag sprang sie zu Kenobi. Savage versuchte, sie zu treffen, aber sie war außer Reichweite und bewegte sich zu flink. Er verfehlte sie.

Ventress landete bei Kenobi. Sie streckte die Arme aus und setzte die Macht ein. Mit Wucht wurde Savage gegen die Brust getroffen und durch den Raum geschleudert. Ich jedoch hatte ihre Aktion erahnt. Ich sprang über meinen am Boden liegenden Bruder hinweg, aber sie war bereits im Durchgang zum Cockpit und schloss die Tür.

Ich rammte mein Lichtschwert in die Tür. Es durchstach das Metall und zerschnitt es, während ich es nach unten zog.

„Beeilung, Kenobi!", hörte ich sie den Jedi drängen.

Savage trat neben mich und versenkte sein Lichtschwert ebenfalls in der Tür. Langsam, aber sicher schnitten wir uns durch das Metall. Nur noch wenige Augenblicke, dann wären wir drinnen, und unseren Feinden bliebe kein Ausweg mehr.

Dann bebte das Schiff, und die Cockpitkapsel löste sich vom Vorderteil des Schiffes. Nein! Wir waren zu langsam gewesen. Das All tat seine Wirkung und saugte die Luft durch den plötzlich offenen Bereich. Frachtkisten flogen an uns vorbei, verfehlten uns nur um wenige Zentimeter und glitten hinaus in die eisige Dunkelheit vor der Türöffnung. Ich schlug auf den Schalter der Notfallenergieverriegelung, um die Öffnung zu schließen und wieder eine Atmosphäre in dem, was vom Schiff verblieben war, zu erzeugen.

Savage stützte sich auf die Knie und atmete tief durch. Als er sich erholt hatte, blickten wir durch die Energiebarriere hinaus und sahen zu, wie die Cockpitkapsel in der Ferne verschwand.

Ich müsste lügen, wenn ich nicht zugeben würde, dass ich einen gewissen Grad an Enttäuschung verspürte. Es fühlte sich an wie das krude Nagen in meinem Bauch, als ich auf Lotho Minor Woche um Woche nichts anderes zu essen fand als Müll und die kleinsten Ratten. Doch auch dieses bittere Gefühl konnte mich nicht entmutigen.

„Was jetzt, Bruder?", fragte Savage. „Wollen wir sie verfolgen?"

„Nein", antwortete ich gelassen. „Haben wir lieber Geduld, Savage." Ich wusste, dass er meinen Widerwillen, meinen Feind zu verfolgen, wahrscheinlich nicht verstand, daher versuchte ich, es zu erklären. „Ich habe so viele Jahre auf meine Rache gewartet, da habe ich es nicht mehr eilig."

„Aber jetzt wissen die Jedi, dass du überlebt hast", wandte er ein. „Sie heften sich an unsere Fersen."

Das ist der Punkt, in dem mein Bruder und ich anderer Meinung sind. Ich lächelte, und meine goldenen Augen leuchteten auf vor Erwartung. Die Jedi würden sich an unsere Fersen heften, weil sie töricht und berechenbar sind, und sie und Kenobi würden mir unweigerlich in die Falle gehen. Sollten sie kommen – ich würde sie alle sterben lassen. „Und genau darauf warte ich", sagte ich zu Savage.

Ach, teures Kind, jetzt hast du wahrscheinlich viele Fragen. Vielleicht fragst auch du dich, weshalb ich Kenobi hatte entwischen lassen. Warum ich ihn und die Verräterin Ventress nicht verfolgt hatte. Warum ich ihn, wo ich doch so von meiner Rache besessen war, nicht bei der ersten Gelegenheit niedergestreckt hatte.

Wenn ich etwas gelernt habe, während ich ohne jeden rationalen Gedanken und nur vom Hass gestärkt wie ein Tier in dieser Höhle gehaust hatte, dann, dass man Rache nicht übereilt üben kann. Nein, man muss sich Zeit lassen, das Spiel mitspielen und darauf warten, dass der Feind einen Fehler macht. Ich werde den richtigen Augenblick abwarten, dieses lange und qualvolle Spiel bis zum bitteren Ende mitspielen. Und wenn Kenobi schließlich tot ist, werde ich es genießen wie das erlesenste Mahl, das ich je gegessen habe.

Für den Augenblick reichte es aus zu wissen, dass er am Leben war und mich fürchtete. Er wusste, dass wir uns wieder begegnen würden, und wenn es so weit wäre, würde ich ihm nicht nur einen qualvollen Tod bereiten, ich würde auch die Jedi als den verlogenen Orden bloßstellen, der sie sind. Dann wäre meine Rache vollkommen.

Mein Weg war lang und von Schmerz gepflastert, Kind. Es ist kein Schicksal, das ich für mich selbst erwählt hätte, doch oft tun wir einfach, was zu tun ist, um zu überleben, und schmieden so in dieser Zeit unser Schicksal. Heute habe ich meine Rache nicht bekommen, aber das wird die Rache in der Zukunft nur umso süßer machen.

Bis wir uns wiedersehen, Obi-Wan Kenobi.

BEINAHE EINE JEDI

Sarah Beth Durst

Ich hätte niemals gedacht, dass ich vor Beendigung meiner Jedi-Ausbildung einmal von Piraten gejagt werde – und zweimal erst recht nicht. Oder war es das dritte Mal? Es ist schwer, den Überblick zu behalten, wenn man von *Piraten gejagt* wird!

Als ein Laserschuss unseren „geborgten" Gleiterpanzer traf, ging ich mit einem der anderen Jedi-Jünglinge, Petro, hinter den Triebwerken in Deckung. Ein zweiter Treffer erschütterte das gesamte Fahrzeug, und es setzte uns beide auf den Hintern. „Äh, die sind wohl sauer, weil wir sie reingelegt haben", sagte ich. Ein weiterer Treffer schüttelte den Panzer durch, und ich krabbelte zur Luke.

Petro folgte mir ins Innere. „Sie werden damit klarkommen, sobald wir vom Planeten runter sind", meinte er.

„Also da wäre ich mir nicht so sicher", sagte Padawan Ahsoka, die am Steuer saß.

Genau, *die* Ahsoka Tano, Schülerin des Jedi-Ritters Anakin Skywalker und so ziemlich die stärkste, schnellste, tapferste und cleverste Padawanschülerin überhaupt. (In meinem Zimmer im Jedi-Tempel habe ich mal ein Poster von ihr mit ihren beiden unverkennbaren Lichtschwertern gemalt.

Na gut: *drei* Poster.) Sie hatte den Auftrag, uns alle sechs – Petro, Ganodi, Zatt, Byph, Gungi und mich – zu einem Initiationsritus zu bringen, der *die Versammlung* genannt wird. Dabei sollten wir unsere Kyberkristalle finden und lernen, unsere ersten Lichtschwerter zu bauen. Wir sollten *nicht* von Piraten überfallen werden, die unsere Kristalle klauen wollten. Sie bekamen sie nicht, aber dafür fingen sie Padawan Ahsoka. Wir retteten sie dann vor dem Piratenanführer Hondo – oder retteten sie beinahe. *Beinahe* ist das Schlagwort.

Petro kontaktierte unser Sternenschiff. „Ganodi, wir müssen schnellstens weg hier. Bitte kommen, Ganodi!"

Wir hatten Ganodi auf dem Schiff gelassen, weil sie die Einzige von uns sechs Jünglingen war, die schon einmal im Flugsimulator trainiert hatte. Sie fuhr die Schiffssysteme wieder hoch und arbeitete mit R2-D2 daran, Professor Huyang, den Droiden, der uns im Lichtschwertbau unterrichtete, zu reparieren. Er war bei unserer ersten Begegnung mit den Piraten beschädigt worden. Mit „beschädigt" meine ich, dass es ihm Kopf und Arme abgerissen hatte. War nicht gerade sein bester Tag.

„Vielleicht blockieren die Piraten das Signal", spekulierte Zatt hinter mir.

Gungi stieß ein Wookiee-Jaulen aus.

„Wo könnte sie sein?", fragte ich. Was, wenn das Schiff angegriffen worden war? Wenn man sie gefangen genommen hatte? Was, wenn ...?

Dann drang Ganodis fröhliche Stimme plötzlich knisternd aus der Kom-Einheit. „Ich bin hier! Ich war hinten und habe Huyang repariert."

„Toll! Das ist gut!", meinte Petro. „Aber du musst uns *alle* reparieren, wenn du die Turbinen nicht anschmeißt!"

Da hat er recht, dachte ich, während erneut ein Laserschuss der Piraten den Gleiterpanzer erschütterte.

„Wo seid ihr?", fragte Ganodi.

Die Hände fest am Steuer, drehte sich Padawan Ahsoka um, damit sie in Petros Kom sprechen konnte. „Ganodi, hier ist Ahsoka."

Ich hörte, wie Ganodi nach Luft schnappte. „Padawan Tano! Wir haben Euch gerettet!"

„Beinahe", sagte sie.

Beinahe, dachte ich. Beinahe war nicht gut genug. Genauso wie es nicht gut genug war, dass ich mein Lichtschwert *beinahe* zusammengebaut hatte. „Beinahe" bedeutete, dass es noch immer in Einzelteilen in meiner Tasche herumklimperte. Ich war beinahe eine Jedi. Ich war beinahe tapfer. Beinahe glaubte ich, wir würden die Sache überleben.

„Du musst uns jetzt nach Hause bringen", fuhr Ahsoka fort. „Starte die Turbinen und flieg zu diesen Koordinaten." Sie tippte auf den Monitor, um unsere Position direkt an R2-D2 zu senden.

Die Piraten dicht auf unseren Fersen, jagten wir zwischen Felsbrocken hindurch und kassierten Schuss um Schuss. Ich klammerte mich so fest an Ahsokas Rückenlehne, dass mir die Finger wehtaten. Und dann legte sich ein großer Schatten auf uns. *Sie haben uns!*, kreischte mein Hirn. Aber nein, es war unsere Rettung. Unser Schiff war da!

„Los, alle nach oben!", befahl Ahsoka. „Und in Deckung bleiben!"

Zatt, Byph und Gungi folgten ihrem Befehl und kletterten durch die Luke hinauf.

„Aber wer soll denn am Steuer sitzen?", fragte Petro.

Ahsoka drehte sich herum und zeigte auf eine der Zirkusmasken, mit denen wir die Piraten ausgetrickst hatten. „Katooni, nimm diese Maske!"

Sie kennt meinen Namen!, fuhr es mir durch den Kopf. Dann schaltete sich der logisch denkende Teil meines Hirns ein. *Natürlich kennt sie meinen Namen.* Es war nur so, dass sie ihn außer beim Anwesenheitsappell noch nie ausgesprochen hatte. Sie nannte uns alle immer nur „Jünglinge". Rasch nahm ich die Rancor-Maske und warf sie Ahsoka zu, die sie an das Steuer des Panzers klemmte.

Wir eilten hinauf auf das Oberdeck, während Ganodi über uns im Tiefflug die Schiffsrampe hinabließ. Mit ihren beiden Lichtschwertern wehrte Ahsoka das Laserfeuer der Piraten ab. Einer nach dem anderen fassten sich die übrigen Jünglinge jeweils an den Knöcheln und bildeten so eine Kette, um auf die Rampe hochzuklettern. „Wir haben es!", rief ich.

Aber in diesem Moment lockerte sich die Steuerung. Der Panzer raste auf eine Klippe zu, während die Piraten die Triebwerke unseres Sternenschiffes zerschossen – unserer einzigen Fluchtmöglichkeit.

Blaue Blitze zuckten über uns um das Schiff, und Ahsoka rief in ihr Komlink: „Erzwo, komm sofort da raus! Ihr müsst jetzt alle loslassen! Springt runter!"

Überall am Schiff detonierten Explosionen und rissen es in Stücke. Wir ließen los und landeten oben auf dem Panzer, während das Schiff abstürzte. Gekippt streifte es eine unserer Turbinen, und der Gleiterpanzer schlingerte und krachte im selben Moment gegen eine Felsformation, in dem das Schiff auf dem Boden aufschlug. Wir wurden abgeworfen und kullerten nur wenige Meter neben der Absturzstelle über Sand und Geröll.

Ich fühlte mich, als wäre mein ganzer Körper bis in die Enden meiner Kopffortsätze eine einzige Prellung. Als ich mein Gesicht aus dem Schmutz hob, sah ich einen Piraten, der sich vor Ahsoka stellte und ihre beiden Lichtschwerter aufhob.

„Guter Versuch, kleine Jedi", knurrte der Pirat. „Aber es sieht so aus, als müsstet ihr mit uns kommen."

Beinahe war definitiv nicht gut genug.

Ursprünglich waren wir auf einer Exkursion, um etwas zu lernen, und jetzt lernte ich, dass es mir nicht gefiel, gefangen genommen zu werden. Mir gefielen keine Handschellen, und definitiv gefielen mir keine Piraten. Gungi lernte, dass sich nicht einmal ein Wookiee durch Stahl beißen kann.

Als wir auf den Komplex zufuhren, aus dem wir gerade erst (beinahe) entkommen waren, sah sich einer der Piraten Hondos Basis durch sein Makrofernglas an. „Was zum ...? Droiden!" Er senkte das Fernglas und gab Signal, den Gleiterpanzer anzuhalten. „Das ist eine Invasion!"

Bewacht von den Piraten, versteckten wir uns auf einer Anhöhe hinter einer Felsnase und spähten hinunter zum Komplex. Während wir durch die Geröllllandschaft des Planeten gerast waren, hatten mehrere Droidentransporter zur Landung angesetzt. Nun setzten sie eine Reihe Kampfdroiden nach der anderen ab. In geschlossener Formation entfalteten sie sich und marschierten los. Ihnen folgten Superkampfdroiden und mehrere Kommandodroiden als Eskorte für ... General Grievous!

Ich hatte ihn noch nie zuvor gesehen, aber ich erkannte ihn sofort. Selbst aus der Ferne war der Cyborg unverkennbar und furchterregend. Vornübergebeugt und die Hände auf dem Rücken verschränkt, stampfte er auf Metallbeinen aus seinem Schiff. Sein Körper bestand aus Metallkomponenten wie eine Rüstung, aber eng verschweißt, ohne Platz für Fleisch zu lassen, und die Füße waren stählerne Klauen. Es heißt, nur seine Augen sähen noch aus wie die des Mannes, der er einst gewesen war, und in sie hineinzuschauen, wäre, als blickte man in den gähnenden Schlund eines schwarzen Lochs. Ich war froh, dass ich sie aus der Entfernung nicht sehen konnte. Im Grunde hatte ich überhaupt nichts dagegen, wenn wir nicht näher hingingen.

„Das sieht nicht gut aus", murmelte der Pirat. „Diese Schrotthaufen von Droiden plündern! Sie nehmen unsere Schiffe auseinander!"

„Wenn Grievous mit seiner gesamten Flotte hier ist, bedeutet das, dass Meister Kenobi überrannt worden ist", meinte Ahsoka. „Das ganze System wird nun von den Separatisten kontrolliert."

Wie konnte sie das nur so gelassen aussprechen? *Vielleicht, weil sie Padawan Ahsoka Tano ist*, dachte ich, *und sie kommt immer in die unvorstellbarsten Situationen. Für sie ist das ein ganz normaler Nachmittag.* Ich hingegen hätte mich am liebsten im Boden vergraben wie ein tholothianischer Erdmull. Ich konnte deutlich das unfertige Lichtschwert in meiner Tasche spüren. Nutzlos, selbst wenn ich keine Handschellen getragen hätte. „Was sollen wir jetzt tun?", fragte ich Ahsoka. „Wir können nirgendwo mehr hin."

„Ihr werdet auch nirgendwo hingehen", sagte der Pirat. „Ihr seid meine Gefangenen. Vielleicht kann ich euch bei den Separatisten als Gegenleistung für meine Freiheit eintauschen."

Das wäre noch schlimmer gewesen, als eine Gefangene der Piraten zu sein. Die Separatisten hassten Jedi!

„Nein, das denke ich nicht“, meinte Ahsoka. Sie drehte sich zu ihm, um ihn anzusehen, obwohl die Bewegung wegen der auf den Rücken gefesselten Hände wehtun musste. Dem Rest von uns hatten sie die Hände vorn gefesselt. Aber die Piraten stuften sie als gefährlicher ein, was ja auch stimmte. „Grievous ist nicht zum Verhandeln hier. Er kontrolliert bereits den Planeten und das System. Wenn ihr uns ihm ausliefert, tötet er zuerst uns und dann euch. Wir sind beide mit Grievous verfeindet, und wir kommen nur vereint wieder hier raus. Ihr müsst doch irgendwo noch ein Schiff haben. Ihr seid *Piraten*.“

Ich hielt den Atem an. *Hoffentlich klappt das*, dachte ich. *Hört auf Padawan Ahsoka.* Sie hatte offensichtlich einen Plan, auch wenn ich nicht wusste, welchen. Ehrlich gesagt, kam mir das Ganze mit Piraten *und* Droiden mehr als nur ein klein wenig hoffnungslos vor.

Der Pirat schien aufmerksam zuzuhören, aber bei all seinen ledrigen Falten im Gesicht konnte ich nicht sagen, was er dachte. „Hondo hat eine Privatflotte“, sagte er, „aber nur er weiß, wo sich diese Schiffe befinden.“

„Das bedeutet, dass wir ihn retten müssen“, sagte Ahsoka.

Moment, wie bitte?, dachte ich. *Hondo retten?* Er war derjenige, der unser Schiff angegriffen hatte! Er hatte Ahsoka gefangen genommen! Er hatte seine Schergen losgeschickt, um uns wieder einzufangen! Aber ich sagte nichts. Ich vertraute unserer Lehrmeisterin. Sie war Padawan Ahsoka Tano, und sie würde uns aus dieser Sache raushauen.

„Ich kenne Grievous, und ich kenne die Droiden", fuhr Ahsoka fort. „Mit meiner Hilfe habt ihr eine bessere Chance."

Der Pirat hob seine Waffe und zielte auf Ahsokas Rücken.

Oh nein, jetzt erschießt er sie!

Ich wollte schreien. Aber ich tat es nicht, denn Ahsoka schrie auch nicht. Sie senkte nur tapfer und gelassen den Kopf. Sie sah exakt wie die würdevolle Heldin aus, die ich sein wollte.

Der Pirat schoss – und die Handschellen an Ahsokas Hände fielen zertrennt zu Boden. „Das klingt nach einem fairen Abkommen", sagte er.

R2-D2 steuerte den Gleiterpanzer zur Ablenkung auf Hondos Landefeld. Auf Ahsokas Anweisung hin sollte er in seinem Gepiepe und Gezwitscher erklären, dass er den Panzer beschlagnahmt hätte, während wir zu Fuß hinter den Wachdroiden hineinschlichen. Das gelang überraschend leicht. Wie ich lernte, sind Kampfdroiden nicht besonders schlau, und sowohl Piraten als auch Jedi sind sehr raffiniert. Ich bezweifelte jedoch, dass es auch so leicht werden würde, wieder hinauszuschleichen.

Ahsoka zerschlug die beiden Kampfdroiden, die Hondos Zelle bewachten. Ihre Bewegungen waren flüssig und fast schneller, als ich schauen konnte: ein *Wusch*, *Wusch*, *Wusch* ihrer Lichtschwerter – und dann das Klappern, mit dem die Droiden in Einzelteilen zu Boden sackten. Bevor der letzte Kopf aufschlug, hatte sie schon auf den Schalter neben der Tür gedrückt, und sie öffnete sich.

Im Inneren der Zelle hing Hondo an blau leuchtenden Energiefesseln an Handgelenken und Knöcheln in der Luft.

In dem Augenblick, bevor er uns erkannte, sah ich, wie er kurz vor Furcht zusammenzuckte. Aber dann strahlte er übers ganze Gesicht. „Jedi! Ich hab damit gerechnet, dass ihr geflohen seid, aber – nein?"

„Nein", bestätigte Ahsoka. „Es gab Komplikationen."

Ja, und das ist noch milde ausgedrückt, dachte ich. Wir alle drängten hinter Ahsoka in den Raum – sechs Jünglinge, die zwei Piraten, die uns gefangen hatten, und Droidenprofessor Huyang. Ganodi hatte es geschafft, ihm seinen Kopf wieder aufzusetzen, nur seine Arme fehlten ihm noch.

In der Luft baumelnd, hatte Hondo offensichtlich mit eigenen Komplikationen zu kämpfen. Wie ich ihn nun in der blauen Energie gefangen sah, wirkte er auf mich nicht so furchterregend wie zuvor. Vielleicht war das Ahsokas Rezept im Umgang mit ihren vielen Feinden: Sie verließ sich darauf, dass sie besiegt werden konnten.

„Wir müssen unsere Differenzen beiseitelegen und zusammenarbeiten", erklärte Ahsoka, „sonst werden wir hier sterben."

„Ah, das ist sehr diplomatisch. Ha! Ich wusste, dass Ihr nicht zurückkommt, um Hondo zu retten, weil Ihr – wie sagt man? – so ein gutes Herz habt. Nein, nein, nein, nein, irgendetwas braucht Ihr von mir!"

Ich trat vor. „Ein Schiff, um genau zu sein."

Er sah mich an, als würde er mich zum allerersten Mal bemerken. „Ach ja? Ein Schiff, ein Schiff ... aber wo wollen wir das jetzt bloß herkriegen? Mein neuer Freund, General Grievous, hat meine Schiffe zerstört."

Petro klinkte sich ein. „Wir wissen, dass Ihr eins habt, sogar eine ganze Flotte!"

Hondos Stimme klang weiterhin fröhlich, aber der Blick,

den er den beiden Piraten zuwarf, war streng. „Einer meiner alten Freunde hat offenbar zu viel geredet."

Die beiden Piraten zuckten mit den Schultern.

Hondo starrte sie noch strenger an und warf dann den Kopf in den Nacken. „Ach, was spielt das für eine Rolle? Wir würden eh nicht ankommen, Grievous' Armee ist viel zu groß."

„Ihr dürft nicht aufgeben", sagte Petro. „Wir können kämpfen." Er boxte mit so viel Begeisterung in die Luft, dass er fast vornüberfiel. Das wirkte nicht gerade vertrauenerweckend, aber wir alle nickten dazu. Wir wollten helfen.

Dann meldete sich der Droidenprofessor zu Wort. „Wenn Ihr mir gestattet, Sir." Sein Monokel schob sich nach oben, als er den Blick über uns schweifen ließ. „Ich unterrichte seit über tausend Generationen Jünglinge, und diese gehören zu den besten, die ich je gesehen habe."

Hat er ... das gerade ernst gemeint?, fragte ich mich. Auch Padawan Ahsoka war einmal ein Jüngling gewesen. Und auch die Jedi-Meister Obi-Wan Kenobi, Mace Windu, Luminara Unduli, Kit Fisto, Plo Koon ... selbst Meister Yoda musste einmal ein Jüngling gewesen sein, auch wenn ich mir das nur schwer vorstellen konnte. Konnte Professor Huyang wirklich der Meinung sein, *wir* gehörten zu den Besten? Ich auch?

„Tja, dann zeigt sie mir", sagte Hondo. „Zeigt mir eure Schwerter, ihr kleinen Jedi."

Oh nein!

Byph zog sein Schwert, und blaues Licht flammte auf, als er es aktivierte.

Dann zündete Petro seines.

„Zeigt Hondo, dass ihr bereit seid zu kämpfen!", trumpfte Hondo auf.

Mit einem Lächeln im haarigen Gesicht zog Gungi seines und entzündete dessen grüne Klinge, dann folgten Ganodi und Zatt.

Alle fünf hoben ihre Lichtschwerter, nur ich rührte mich nicht. Ich wünschte, ich könnte immer kleiner schrumpfen und mich selbst zusammenfalten, bis ich so klein wie ein Atom war.

Mit überraschend freundlicher Stimme meinte Hondo: „Und du, Kind? Wo ist dein Schwert?"

Ich zog die Teile aus der Tasche und hielt sie ihm hin. „Es ist noch nicht fertig. Ich hab's nicht fertig bekommen. Ich habe alles richtig gemacht, aber es funktioniert nicht." Die anderen hatten ihre auf dem Schiff zusammengebaut, bevor wir zu Ahsokas Rettung aufgebrochen waren, aber ich hatte es nicht geschafft. Die Teile wollten sich einfach nicht verbinden lassen, ganz egal, wie sehr ich mich auch bemühte.

Beinahe eine Jedi ist kurz vor *niemals eine Jedi*, dachte ich. Ich musste ja nicht sofort wie Padawan Ahsoka sein, aber wenigstens wünschte ich mir, dass *niemals* zu *eines Tages* wurde. Wie ich aber so dastand mit dem Energievortexring, dem Feldenergiekreislauf, dem Klingenemitter, der Knaufkappe … mit all den Teilen eines Lichtschwerts in meinen Händen, fühlte ich mich deutlich dichter an *niemals*.

Professor Huyang schaute mir über die Schulter. „Du musst sichergehen, dass die Komponenten, aus denen dein Lichtschwert gebaut wird, zusammengehören. Es gibt keinen anderen Weg. Es ist die Macht, die es zusammenfügt."

„Ja, das wollte ich auch gerade sagen", meinte Hondo. „Mach's fertig! Mach schon, mach schon! Das ist den Preis eines Schiffes wert, wenn ich wirklich sehen kann, wie das

Lichtschwert eines Jedi gebaut wird. Das ist … unbezahlbar. Bau es zu Ende, und gemeinsam können wir Grievous besiegen."

Er wirkte erwartungsvoll, richtig aufgeregt. Wie ich ihn ansah, wurde mir klar, dass dieser Pirat, unser Feind, glaubte, ich würde es schaffen. Er schaute mich an und sah nicht ein tholothianisches Mädchen, das von einer unerreichbaren Zukunft voller Heldentaten und ruhmreicher Siege träumte, zu der sie es niemals bringen würde. Er sah *mich*, Katooni, einen Jedi-Jüngling mit dem Kyberkristall, den ich allein gefunden hatte, und den Teilen, die ich für mein Lichtschwert ausgesucht hatte. Er sah ein Mädchen, das geholfen hatte, ihn auszutricksen, um Ahsoka zu befreien. Er sah jemanden, der hier war, um ihn zu retten. Und darüber hinaus sah er ein Mädchen, das alles werden konnte, was es wollte.

Mit übergeschlagenen Beinen setzte ich mich auf den Boden von Hondos Zelle, legte die Komponenten vor mir aus und ging in mich, zog mich zurück in die Ruhe meines Verstandes. Die Macht fühlte sich an wie ein unendlich tiefes Wasserbecken. Ich tauchte mit meinen Gedanken hinein und ließ sie in mich eindringen. Vor mir schwebten die Lichtschwertteile kreisend in der Luft.

Aus der Ferne hörte ich Hondos Stimme: „Wahnsinn! Oh, das ist wirklich unglaublich!"

Ich hörte auf, daran zu denken, wie sehr ich ein Lichtschwert wollte, wie sehr ich mir wünschte, dass Padawan Ahsoka stolz auf mich war, wie lange ich von diesem Augenblick geträumt hatte. Stattdessen ließ ich das kühle Nass der Macht durch meinen Körper fließen. Zum ersten Mal seit dem Beginn dieser Mission vertraute ich auf sie – und auf mich.

Die Teile schnappten ineinander, rotierend schraubte sich die Kappe an das Heft, die Ringe rutschten in Position, und der Kyberkristall drehte sich wie ein Holocron, bevor er in seiner Kammer zur Ruhe kam. Ich fischte das Lichtschwert – *mein* Lichtschwert – aus der Luft und zündete es.

Mit dem vertrauten Zischen erstrahlte blaues Licht, und ich stand auf und hob mein Lichtschwert empor. Mein Lichtschwert! Ich, Katooni! Ich fühlte mich, als würde ich innerlich glühen wie die Klinge.

„Na, dann schneid mich los, kleine Jedi", rief Hondo. „Es wird Zeit zu verschwinden."

Ich fuhr mit der Klinge unter seinen Füßen hindurch, und die Fesseln gaben ihn frei. Er fiel auf die Füße und nickte mir mit einem Lächeln zu. Ich lächelte und erwiderte sein Nicken. Jubelnd drängten sich die anderen Jünglinge um mich.

Hinter mir hörte ich Ahsoka zu Hondo sagen: „Was sollte das gerade? Ihr hattet doch gar keine Wahl. Ihr wisst, dass wir zusammenarbeiten müssen."

Mit gesenkter Stimme antwortete Hondo: „Es ist so, Jedi: Das, was wir vorhaben, ist sehr gefährlich. Ich bin zwar ein Pirat, aber ich führe trotzdem nicht gern Kinder in die Schlacht."

„Das hat Euch nicht gestört, als Ihr uns angegriffen habt."

Er lachte. „Tja, heute ist ein neuer Tag! Und zu Eurem großen Glück ..." Er drehte sich um, breitete die Arme aus und zwinkerte mir zu. „... habe ich heute Kinder gern. Befreien wir den Rest meiner Männer!"

Mit gezückten Lichtschwertern rannten wir aus der Zelle. Wir liefen von Zelle zu Zelle und befreiten die Piraten, die sich uns daraufhin anschlossen. Keinen von ihnen schien die Tatsache zu stören, dass sie uns nun folgten und nicht mehr versuchten, uns gefangen zu nehmen. Piraten, so schien es, waren nicht besonders wählerisch dabei, wen sie Freund und wen sie Feind nannten. *Wie gut, dass wir heute Freunde sind*, dachte ich.

Die Droiden hörten den Aufruhr und kamen in den Gefängnistrakt gelaufen. Als wir sie angriffen, rief einer von ihnen zu einem Hologramm General Grievous', das er in der Hand hielt: „Hier ist OOM-87, General. Der Gefängnisbereich wird angegriffen. Hier sind ganz viele Jedi in Miniaturform."

Das flackernde Grievous-Hologramm entgegnete: „Was? Das ergibt überhaupt keinen Sinn. Welche Jedi?"

„Ganz kleine! Halb so groß wie normale Jedi. Sie befreien die Gefangenen und – aaah, meine Knie!"

Petro und Zatt schlugen den Droiden entzwei, und der Projektor mit dem Hologramm von Grievous kullerte klappernd über den Boden. Wir stürmten weiter durch die Korridore.

Das Gebäude erzitterte durch ein plötzliches Erdbeben – oder, was wahrscheinlicher war, durch die Kanonen eines Kampfpanzers der Droiden. Stücke der Decke fielen auf uns herab, und die Wände schwankten. Wir legten einen Zahn zu und stürmten hinaus.

Ich hatte recht, dachte ich. *Hinausschleichen ist* nicht *drin.*

Die Droiden marschierten eine Reihe nach der anderen auf uns zu. Jeder von ihnen hielt eine Waffe auf Hüfthöhe und feuerte. Superkampfdroiden rückten ebenfalls vor, die Arme erhoben, um mit ihren Armblastern zu schießen. Rote Lichtstrahlen zischten über uns hinweg, während sie feuerten.

An unserer Spitze wirbelte Ahsoka mit ihren Lichtschwertern dreschend durch die Luft. Sie zerstückelte mehrere

Droiden, bevor sie wieder Boden unter den Füßen hatte, und hinterließ ein Schrottfeld Funken sprühenden Metalls. Wir rannten ihr nach und schwangen unsere Lichtschwerter, um Schüsse abzuwehren und Droiden zu zerteilen. Die Piraten benutzten Blaster – bis auf Hondo, der eine Vibroklinge führte, als wäre sie ein Lichtschwert.

Ich zögerte nicht.

Ich dachte nicht nach.

Ich spürte die Macht durch mich hindurchströmen und ließ mich von ihr – und meinem Training – leiten.

Mit einem hohen Satz landete ich auf den Schultern eines Droiden und stach tief in seine Prozessoren. Er sackte zusammen, und ich landete in einer Hockstellung, aus der ich bequem die Beine des nächsten Droiden durchsäbeln konnte, während Petro ihn an der Hüfte erwischte. Er fiel auf den Rücken, und Petro und ich bohrten unsere Lichtschwerter gleichzeitig in seine Schaltkreise. Funken sprühten, und wir rannten weiter.

Vor uns sprangen die Piraten auf Düsenschlitten und ließen die Antriebe aufheulen.

Ich rannte zu ihnen und sprang hinter Hondo auf einen der Flitzer. „Ich gebe Euch Rückendeckung", versicherte ich ihm.

„Toll", meinte er. „Jetzt fühl ich mich total … sicher."

Der leichte Sarkasmus in seiner Stimme störte mich nicht. Ich wusste, dass er bei mir sicher war. So wie ich wusste, dass wir entkommen würden – und dieses Mal nicht nur *beinahe*.

Ich schaute zurück und sah, wie sich Ahsoka, die anderen Jünglinge und Professor Huyang auf einen Gleiterpanzer der Piraten drängten, den der Astromechdroide R2-D2 steuerte.

Gemeinsam jagten wir von der Basis davon. Vor uns ging ein Bataillon Kampfdroiden in Formation, um auf uns zuzumarschieren, und wir pflügten geradewegs durch sie hindurch.

Da sie das Gelände kannten, übernahmen die Piraten auf ihren Düsenschlitten zusammen mit mir die Führung, während der Panzer hinter uns herraste. Mit wenigen Sekunden Abstand jagten ihnen Droiden auf eigenen Gleitern nach.

Wir heizten in enge Schluchten, die das Gelände durchfurchten. Ich drückte mich an Hondo, während wir scharfe Kurven nahmen und uns unter Felsbögen in der Form riesiger Skelettrippen hinwegduckten.

Als ich wieder einen Blick über die Schulter warf, sah ich, dass General Grievous nun auf einem Gleiter mit einem Podrennertriebwerk unsere Verfolger anführte. Dieses Mal war er so nahe, dass ich seine Augen sehen konnte: Entsetzlich lebendig saßen sie in der leblosen Stahlmaske. Ich würde *nicht* zulassen, dass er uns schnappte. „Schneller!", sagte ich zu Hondo.

„Oh ja, ich dachte, wir machen eine gemütliche Spritztour, aber wahrscheinlich hast du recht." Vielleicht wollte er sich über mich lustig machen, aber trotzdem beschleunigte er. Wir fegten durch die Schluchten.

Vor uns begann einer der Felsbögen einzustürzen. Stückweise brach er zusammen. Unsere Flitzer sausten unter den herabfallenden Brocken hindurch. Ich schaute zurück und sah, wie der Gleiterpanzer mit Ahsoka und den anderen in eine andere Schlucht abbog. General Grievous und die Droiden folgten ihnen.

„Die fliegen in die falsche Richtung!", rief ich Hondo zu.

„Keine Sorge", rief er zurück. Er zog eine Fernsteuerung aus seiner Tasche und richtete sie auf eine Felswand unterhalb eines alten Frachters, der in der Schlucht abgestürzt war. Die Felswand glitt nach unten und brachte Panzertüren zum Vorschein, die sich zur Seite schoben. Schon zischten wir in den verborgenen Hangar hinein.

In Hondos Hangar standen mehrere Schiffe, alle von unterschiedlicher Bauart und höchstwahrscheinlich gestohlen. Die Piraten stellten ihre Düsenschlitten ab und gingen zu einem grün-roten Raumschiff der *Firespray*-Klasse mit ovalem Unterbau. Es sah sehr alt aus, hatte aber jede Menge Kanonen. Einer der Piraten öffnete sofort die Einstiegsrampe.

Ich stieg vom Flitzer und folgte Hondo zu dem Schiff. Die konnten doch nicht ... Die würden doch nicht *abhauen*. Nicht, nachdem wir sie befreit hatten! „Was ist mit den anderen?", fragte ich. „Wir dürfen sie nicht zurücklassen."

Hondo ging bereits die Rampe hinauf. „Du bist herzlich eingeladen mitzukommen, Kleine." Er warf mir ein Lächeln zu. „Du darfst der fröhlichen Piratenbande beitreten."

„Ich werde nicht einfach weglaufen." Als ich es sagte, wurde mir klar, welche Wahrheit darin steckte. Klar, ich hatte die vergangenen Tage mit Weglaufen verbracht – vor Piraten, vor Droiden und vor der Angst, ich würde niemals diejenige werden, die ich sein wollte –, aber damit war nun Schluss. Die anderen brauchten mich. Sie brauchten *uns*. „Ahsoka hat Euch vertraut. Wir *alle* haben Euch vertraut."

Auf halbem Weg auf der Rampe blieb Hondo stehen und seufzte.

Das Piratenschiff erhob sich aus der Schlucht.

„Jetzt, Kleine!", rief Hondo über Kom.

Ich schlug auf den Steuerschalter und öffnete die Luke

zur Einstiegsrampe. Wind schlug mir entgegen, und ich hielt mich innen am Rahmen fest, während wir in der Luft schwebten. Das Tosen der Triebwerke dröhnte mir in den Ohren. Auf der Felsklippe unter uns sah ich sie.

Fünf Jedi-Jünglinge mit gezogenen Lichtschwertern. Vor ihnen stand Ahsoka mit schützend ausgebreiteten Armen und hinter ihnen R2-D2 mit Professor Huyang. Alle machten sich auf einen Kampf gefasst und kehrten uns den Rücken zu, während vor ihnen General Grievous zwei blaue Lichtschwerter schwang.

„Beeilt euch!", rief ich ihnen zu. „Kommt schon!"

Ich sah, wie sich Ahsoka den anderen zuwandte und ihre Lippen das Wort *Rennt!* formten. Die anderen drehten sich um und rannten auf die Klippe, das Schiff und mich zu. Hinter ihnen zog Ahsoka ihre beiden Lichtschwerter. General Grievous stakste auf sie zu, und seine beiden Metallarme teilten sich in vier. Vier Lichtschwerter flammten auf, eines in jeder Hand.

Sie gingen aufeinander los. Grievous' Klingen wirbelten in verschwommenen Kreisen herum. Ahsoka machte einen Rückwärtssalto, dann schlug sie zu. Die Lichtschwerter zischten, als sie aufeinandertrafen.

Geschichten über Ahsoka im Kampf zu hören, war eine Sache, aber es zu sehen ... Sie bewegte sich wie ein Komet, gnadenlos schnell und umwerfend stark. Mithilfe der Macht stieß Ahsoka Grievous mehrere Meter weit von sich. Um sich abzubremsen, rammte er seine Lichtschwerter in den Boden, während er nach hinten rutschte und entsetzlich keuchend hustete. Dann warf er sich auf sie. Sie sprang hoch, und sie kämpften weiter. Wieder und wieder trafen ihre Lichtschwerter aufeinander.

Mein Herz hämmerte wie wild in der Brust, und ich rief den anderen zu: „Schneller, schneller, schneller!"

Derweil packte Grievous Ahsoka mit einer seiner Fußklauen und warf sie durch die Luft. Sie schlug auf dem Boden auf und rollte ab, als er mit seinen rasant rotierenden Klingen auf sie zustürmte. Sie rollte weiter, sprang auf, und dann trafen seine vier Klingen auf ihre zwei.

Zatt, Petro, Byph, Ganodi und Gungi rannten die Rampe hinauf. Huyang brachte sich mit einem Sprung in Sicherheit, und R2-D2 nutzte seine Raketendüsen, um über die Rampe zu fliegen.

Gerade als sie mich erreichten, stieß Ahsoka Grievous mit aller Kraft ein Stück von sich und sprang dann auf seine Schultern, um von dort aus mit einem weiten Satz in unsere Richtung zu springen.

„Ahsoka!", rief ich. „Komm zu uns!"

Sie rannte auf die Klippe und das Schiff zu – und Grievous preschte ihr hinterher. Als sie die Klippe erreichte, sprang sie ab, segelte weit durch die Luft und landete auf der Rampe.

Gleich als sie bei uns war, schlug ich auf die Steuerkonsole, und die Luke zur Rampe schloss sich. Ich rannte mit den anderen zum Cockpit.

Am Steuer saß Hondo und schoss mit den Schiffskanonen eine Salve nach der anderen ab. Die ganze Klippe verwandelte sich in eine Wolke aus Staub und Schutt, in der ich etwas Silbrig-Weißes aufblitzen sah: Grievous, der auf allen vieren kriechend wie ein Käfer vor den Schüssen floh.

„Haben wir ihn erwischt?", fragte ich.

„Kann ich nicht sagen", antwortete Petro.

Zwei Droidenkampfpanzer schoben sich durch die rotbraune Staubwolke und fingen an, auf uns zu schießen.

Hondo riss das Steuer herum, und das Schiff ging in Vertikalposition. „Die Show ist vorbei, Kinder", sagte er. „Lasst uns verschwinden."

Mit einem letzten Blick zur Klippe sah ich Grievous, der vor den Panzern stand und seinen Kopf in den Nacken legte, als würde er uns vor Wut hinterherbrüllen. Dann flogen wir auch schon himmelwärts – und jagten zu den Sternen davon.

Sicher auf einem Kommandoschiff der Republik angekommen, versammelten wir uns im Hangar vor Hondos Schiff. Er besprach unser Abenteuer mit Jedi-Meister Obi-Wan Kenobi, während wir Geschichten über das austauschten, was wir erlebt und getan hatten.

„Ernsthaft, Kenobi", hörte ich Hondo sagen. „Eine Rettungsaktion durchzuführen, ist kein billiges Unterfangen!" Ich fragte mich, wie genau Hondo das Geschehene umschrieb.

Meister Kenobi sah ihn an und zog seine ausdrucksstarken Brauen hoch. „Ihr wollt mir weismachen, Ihr hättet eine Rettungsaktion durchgeführt und wolltet gar kein Jedi-Sternenschiff entführen?"

„Hab ich doch gern getan!" Mit dramatisch flatterndem Mantel kehrte Hondo Kenobi den Rücken zu. „Ach, Ihr seid so undankbar! Welch Anschuldigung!" Er schlenkerte mit der Hand in der Luft, als wollte er die ganze Angelegenheit für unwichtig erklären. „Ich bin weg – und schick Euch meine Rechnung!"

Er stolzierte an uns – Ahsoka, den Droiden, den anderen Jünglingen und mir – vorbei und folgte seinen Piraten die Rampe hinauf ins Schiff.

Ich sah ihm nach. Auf seltsame Weise wirkte dieser Pirat – der uns beinahe getötet hätte, der gewiss versucht hatte, uns gefangen zu nehmen, und der uns beinahe verraten hätte – auf mich wie … nun ja, wie ein neuer Freund. Er hatte an mich geglaubt, und er hatte auf mich gehört. Er hatte gesehen, was ich so lange nicht hatte sehen können: dass *beinahe* eine Jedi nicht *niemals* bedeutet, sondern *eines Tages* – eines nicht allzu weit entfernten Tages. Oben an der Rampe angekommen, hielt Hondo inne, drehte sich noch einmal um, und unsere Blicke trafen sich. Er nickte mir zu, und ich nickte zurück.

Als das Piratenschiff aus dem Hangar flog, trat Meister Kenobi an uns heran. „Ihr dürft stolz auf euch sein", sagte er. „Was ihr gemeistert habt, hätte keiner in eurem Alter überlebt." Er aktivierte sein Lichtschwert und hielt es tief mit der Spitze in unsere Richtung.

Im Kreis stehend, zogen wir alle unsere Lichtschwerter und senkten sie ebenfalls, sodass sich alle Spitzen trafen. Es sah aus wie ein Stern aus blauem und grünem Licht.

„Willkommen zu Hause, junge Jedi", sagte Meister Kenobi.

Ich lächelte ihm zu – und meinen Freunden und meiner Heldin Ahsoka Tano –, und zum ersten Mal hatte ich das Gefühl, dass *beinahe* gut genug bedeutete.

KENOBIS SCHATTEN

Greg van Eekhout

„Dies ist eine Nachricht für Obi-Wan Kenobi. Ich habe Mandalore verloren. Mein Volk wurde getötet. Ich habe keine Zeit für Details. Obi-Wan ... ich brauche Eure Hilfe."

Flackernd erlosch das Hologramm, doch Obi-Wan Kenobi starrte weiter konzentriert auf den Projektor in der Mitte des Kommunikationszentrums des Jedi-Tempels, als könnte er ihn damit dazu bringen, ihm noch mehr zu verraten. Die Nachricht stammte von Herzogin Satine Kryze, der Herrscherin von Mandalore. Sie klang gehetzt und wirkte aufgewühlt in ihrem sonst hoheitsvollen Auftreten. Wirklich besorgniserregend aber war das Ende der Übertragung, bei dem sie von mandalorianischen Superkommandos umstellt wurde, die ihre Blaster auf sie richteten.

Obi-Wan widerstand dem Drang, hinauszustürmen, in ein Schiff zu steigen und in den Hyperraum zu springen, um seiner Freundin zu helfen. Erst würde er Yoda und Ki-Adi-Mundi zuhören, den Jedi-Meistern, die ihn gerufen hatten, um ihm Satines Nachricht vorzuspielen.

Yoda sprach zuerst: „Eure Meinung dazu, Meister Kenobi?"

Obi-Wan ließ sich kurz Zeit, um sich zu sammeln, bevor er berichtete, was er über die Lage auf Mandalore wusste.

„Satine hat Feinde. Sie hat sich um die korrupten Machenschaften ihres Premierministers gekümmert, aber sie ist auch mit der Death Watch seit Jahren verfeindet. Die Herzogin ist bemüht, den Frieden aufrechtzuerhalten, während die Death Watch zu terroristischen Aktivitäten übergegangen ist, um sie zu stürzen. Außerdem arbeiten sie nicht mehr mit den Separatisten zusammen. Die feindliche Übernahme von Mandalore muss also eine unabhängige Aktion von der Death Watch sein."

„Die Death Watch ist eine mandalorianische Splittergruppe", sagte Ki-Adi-Mundi in seiner gemäßigten Art. „Ohne eine Beteiligung der Separatisten ist das eine innere Angelegenheit der Mandalorianer. Ich fürchte, dass wir ihnen nicht helfen können."

Obi-Wan glaubte, seinen Ohren nicht zu trauen. Hatte der Meister denn nicht gerade dasselbe Holo gesehen und gehört? „Wir sollen Mandalore den kriminellen Familien überlassen, und Satine wird zur Märtyrerin?", protestierte er.

Ki-Adi-Mundi drückte den Rücken durch. „Ich fürchte, Ihre Entscheidung, Mandalore neutral zu halten, macht die Situation ... schwierig."

„Bei allem Respekt, Meister, wir stehen jeden Tag vor schwierigen Entscheidungen. Alles an diesem Krieg ist schwierig."

Yoda seufzte. Ob aus Mitgefühl oder Frustration, konnte Obi-Wan nicht genau sagen. „Eure Gefühle verstehen ich tue, Obi-Wan. Doch um einzugreifen, Hilfe vom republikanischen Senat wir brauchen."

Obi-Wan konnte die Verbitterung in seiner Stimme nicht verbergen. „Ihr wisst, was der Senat entscheiden wird. Sie werden einem neutralen System keine Hilfe schicken."

Yoda schloss die Augen. „Im Moment nicht mehr tun wir können."

Obi-Wan bemerkte sehr wohl das Bedauern in ihren Gesichtern. Er selbst nahm sich zusammen. „Jawohl, Meister", sagte er. „Ich verstehe." Langsam und ruhig verließ er den Raum, um ihre Anweisungen zu missachten.

In dem belebten Hangar nahm kaum jemand Notiz von Obi-Wan, als er auf seinen Eta-2-Abfangjäger der *Actis*-Klasse zuging. Auf Mandalore würden die Dinge anders laufen. Die Anwesenheit eines Jedi auf einem Planeten, der versucht, im Krieg zwischen der Republik und den Separatisten neutral zu bleiben, würde mehr als nur Aufmerksamkeit erregen. Es könnte als Angriffshandlung gewertet werden. Es könnte zu weiterer Gewalt und noch mehr Toten führen.

Wenigstens würde Obi-Wan in Verkleidung auftreten. Er rückte den Sack über seiner Schulter zurecht, in dem er die mandalorianische Rüstung von Rako Hardeen trug, einem Kopfgeldjäger, dessen Identität Obi-Wan kürzlich auf einer Mission angenommen hatte. Leider konnte er nichts tun, um die Identität seines Schiffes zu verbergen.

„Wo soll's denn hingehen, Meister?"

Obi-Wan blieb wie angewurzelt stehen. Widerwillig drehte er sich um.

Anakin hatte genau das selbstzufriedene Lächeln aufgesetzt, das Obi-Wan erwartet hatte. Doch das Schmunzeln wurde von einem Ausdruck der Sorge in den Augen seines Freundes ausgeglichen. „Was ist in dem Sack?"

„Ach, du weißt schon, Reiseklamotten", sagte Obi-Wan munter. „Man möchte ja für jeden Anlass die passende Aufmachung dabeihaben."

Anakin senkte die Stimme. „Könnte so ein Anlass auch eine nicht genehmigte Mission nach Mandalore sein?“

Obi-Wan wartete ab, bis ein vorbeigehender Mechaniker außer Hörweite war. „Ich nehme an, Padmé hat dir von Herzogin Satines Nachricht an mich erzählt?“

„Ja. Und wie der Jedi-Rat Euren Wunsch, ihr zu helfen, abgelehnt hat.“

Obi-Wan runzelte die Stirn. Allein es noch einmal zu hören, ließ eine beunruhigende Wut in ihm aufflackern. Er atmete tief durch.

„Befehle zu missachten, ist doch sonst nicht Eure Art, Meister.“

„Hier geht es ... um etwas anderes, Anakin.“

„Ich verstehe. Wenn es Padmé wäre, die in Schwierigkeiten steckt ...“

„Das habe ich nicht gemeint.“

Wieder sagte Anakins kaum verhohlenes Lächeln etwas anderes als sein ernster Blick. „Nun ja, ich komme auf jeden Fall mit Euch.“

Obi-Wan hatte es vorhergesehen. Anakin stand ihm so nahe wie ein Bruder, und natürlich würde er Obi-Wan nicht allein auf diese Mission gehen lassen. Also gab Obi-Wan ihm eine Antwort, die ihn davon überzeugen sollte, besser *nicht* mitzukommen. „Die Anwesenheit eines Jedi auf Mandalore wird schon schwer genug zu verheimlichen sein, die zweier Jedi umso mehr. Du würdest die Mission in Gefahr bringen – und Satine.“

Obi-Wan beobachtete den Konflikt in Anakins Miene: Das, was er tun wollte, gegen das, was er tun musste. Schließlich gewann die Vernunft – sehr zu Obi-Wans Erleichterung. Er wusste nicht, was er getan hätte, wenn

Anakin sich anders entschieden hätte. „Nehmt wenigstens mein Schiff, Meister."

„Die *Twilight*? Die alte Schrottkiste? Ich dachte, ich wäre dein Freund!"

„Corellianische Frachter sieht man auf Mandalore dutzendweise kommen und gehen. Mit ihr habt Ihr die besten Chancen, unbehelligt zu landen. Außerdem ist der Transponder defekt, Ihr könnt also Coruscants Orbit verlassen, ohne dass es jemand merken wird."

Nun musste Obi-Wan schmunzeln. „Defekt oder absichtlich deaktiviert?"

Anakin zuckte unschuldig mit den Schultern. „Hey, Ihr kennt doch die *Twilight*. Sie hat in den vergangenen Wochen ein paar heftige Schlachten miterlebt. So etwas rächt sich."

„Ich danke dir, Anakin." Er klopfte seinem Padawan zum Abschied auf die Schulter, dann spannte sich Obi-Wans Kiefer an. Er spürte ... etwas – einen Schatten. Vielleicht war es die Angst um Satine, die er unter Kontrolle zu halten versuchte. Oder das Aufflackern der Wut wegen des Widerwillens des Rates, ihr zu helfen.

„Meister ...?"

Obi-Wan schluckte. „Ich bin so schnell es geht wieder zurück."

Anakin nickte. „Ihr tut, was Ihr tun müsst. Ich werde warten."

Anakins Schiff war nicht Obi-Wans Fall. Der Versuch, einen Schrotthaufen wie die *Twilight* zu landen, überzeugte ihn mehr denn je davon, dass Fliegen Droidensache war. Rauch quoll aus dem Backbordtriebwerk und drang in die Kabine, während Obi-Wan damit kämpfte, das Schiff durch einen Spalt in der gigantischen Kuppel über Sundari, der Hauptstadt von Mandalore, zu manövrieren. Er setzte an einem Verladedock auf, aber bevor er sich selbst beglückwünschen konnte, dass er die Landung überlebt hatte, ging nur wenige Zentimeter neben seinem Gesicht ein Energieverteiler in Funken und Flammen auf.

„Anakin“, grummelte Obi-Wan. „Ich borge mir nicht noch mal ein Schiff von dir.“ Wenigstens hatten die Flammen seinen Bart nicht versengt.

Obi-Wan zog sich Rako Hardeens Helm über den Kopf und stieg die Landerampe hinunter. Ein Mandalorianer in der rot-schwarzen Rüstung der Superkommandos kam auf ihn zu, komplett ausgestattet mit Raketen, Granaten, einem Blaster und, am allerbesten, Codezylindern. Das war die Gelegenheit für eine Verbesserung seiner Verkleidung.

„Habt Ihr eine Landeerlaubnis?“, blaffte der Kommandosoldat.

Obi-Wan tastete übertrieben seine Taschen ab. „Ähm, ich glaube, die habe ich im Schiff gelassen. Kommen Sie mit, ich hole sie.“

Der Kommandosoldat zögerte kurz, dann folgte er Obi-Wan die Rampe hinauf.

Warum fielen sie nur immer auf diesen Trick herein? Obi-Wan hatte Mitleid mit ihm. Kurz darauf stieg er in der Rüstung des bewusstlosen Soldaten die Rampe hinunter.

Obi-Wan setzte mit dem gestohlenen Gleiter des Kommandosoldaten auf der untersten Landeplattform des Gefängniskomplexes auf. Hier wurden die Gefangenenverlegungen abgewickelt, und ein halbes Dutzend Wärter standen

Wache. Als wäre es alltägliche Routine, trat Obi-Wan an zwei von ihnen heran und reichte ihnen seinen Codezylinder.

„Freigabe erteilt", knurrte der eine.

Obi-Wan war froh, dass er nicht zwei weitere Mandalorianer k.o. schlagen musste. Die Zellenblöcke bildeten ein Labyrinth aus durchsichtigen Wänden und Decken. Die Schatten patrouillierender Wärter schritten über und unter ihm vorbei, und aus den durchsichtigen Zellen starrten die gequälten Gesichter der Gefangenen. Obi-Wan nahm an, dass die meisten von ihnen keine Kriminellen waren, sondern Gegner von Premierminister Almec, was wiederum bedeutete, dass sie Freunde von Satine waren. Mit der Hilfe des Jedi-Rates und eines Trupps Klonsoldaten hätte er sie alle befreien und helfen können, den Frieden auf dem Planeten wiederherzustellen. Aber deswegen war er nicht hier. Er war hier, um nur eine einzige Person zu befreien.

Sein Herz machte einen Satz, als er Satine fand, die in ihrer kargen Zelle auf einer Bank saß und die nackte Wand anstarrte. Sie trug noch immer das elegante Gewand einer Herzogin, aber ihr Haar fiel strähnig und ungekämmt auf ihre zusammengesackten Schultern. Sie legte immer viel Wert darauf, sich würdevoll zu präsentieren, trug Farben, die an üppige Flora erinnerten, und botanisch inspirierte Frisuren, die ihr wie Kronen standen. Sie tat es nicht aus Eitelkeit. Es war reine Strategie. Ihr Auftreten sollte die Leute daran erinnern, dass ihr Planet einmal Heimat von prächtigen Wäldern und edelsteinfarbenen Seen gewesen war, bevor der Krieg Mandalore in eine Wüste verwandelt hatte. Mit der Zustimmung und der Hilfe des Volkes würde sie es in ein noch besseres Zeitalter führen.

Obi-Wan tippte auf die Kontrolltafel, und die Zellentür schob sich auf. Wie er auf der Schwelle zur Zelle stand, gingen ihm zu viele Worte durch den Kopf, um sprechen zu können.

Satine drehte sich nicht um. „Hat dein Meister wieder einen neuen Befehl für dich?"

Es lag Verachtung in ihrer Stimme, aber auch Stärke.

Obi-Wan zog seinen Helm ab. „Ich bin mein eigener Herr."

„Obi-Wan!" Satine sprang auf, lief zu ihm und schmiegte ihre Wange an seine Brust.

Er konnte die Umarmung nicht gänzlich erwidern, sich aber auch ein Lächeln nicht verkneifen. Sanft schob er sie von sich. Er musterte ihr Gesicht, die eingefallenen Wangen und die dunklen Ringe unter den Augen.

„Bist du allein?", flüsterte sie.

„Ja. Wir kriegen vom Rat der Jedi und dem Galaktischen Senat keine Hilfe." Er hoffte, seine Verbitterung und seine Wut verbergen zu können. Es waren unerwünschte Emotionen, und Obi-Wan wollte nicht, dass Satine sie bemerkte. Er setzte seinen Helm wieder auf und überprüfte den Korridor, um sicherzugehen, dass sich keine Wärter näherten. Die Luft war rein, zumindest für den Augenblick. Er nahm ihre Hand und führte sie aus der Zelle.

Sie eilten zum nächstgelegenen Turbolift. Obi-Wan schlug auf den Schalter, um eine Kabine zu rufen, und während sie warteten, standen sie eine Weile unbeholfen da, ungeschützt vor Wärtern, die jeden Moment vorbeikommen konnten.

„Ich nehme mal an, dass du einen Fluchtplan hast", sagte Satine.

„Wie immer, meine Liebe." Es war wichtiger, zuversichtlich zu klingen, als zuversichtlich zu sein.

Schließlich öffnete sich die Lifttür – und direkt vor ihnen stand die hochgewachsene und breitschultrige Gestalt eines weiteren Superkommandosoldaten.

Die Chancen standen fünfzig zu fünfzig, dass Obi-Wan auch diesen Wächter k. o. schlagen musste. *Na gut*, dachte er. *Wie sagt Meister Yoda immer? Größe bedeutet nichts.* Er stieß Satine grob in den Lift, ganz so, als wäre sie eine Gefangene, und stellte sich mit ihr hinter den Soldaten.

Der Lift fuhr nach unten, und für ein paar Sekunden herrschte glückselige Stille, doch dann musste der Wächter alles verderben. „Es gibt keine Papiere für die Verlegung der Gefangenen."

„Der Befehl kam von oben", sagte Obi-Wan. Er war sich nicht ganz sicher, wer oder was sich oben befand, aber es gab immer ein Oben.

Satine schüttelte den Kopf und verdrehte die Augen. Während des mandalorianischen Bürgerkrieges hatten sie mehrfach in solchen Situationen gesteckt. Sie hatten gemeinsam gekämpft, sie hatten gegeneinander gekämpft, und sie waren sich nahegekommen. Hätte sie nur ein Wort gesagt, wäre er für sie aus dem Jedi-Orden ausgetreten. Doch das war alles lange her.

„Wie lautet der Autorisierungscode?", fragte der Wächter.

Obi-Wan seufzte.

Der Lift erreichte die unterste Ebene, die Tür öffnete sich, und der bewusstlose Körper des Kommandosoldaten fiel mit einem dumpfen Schlag hinaus auf den Boden. Obi-Wan und Satine legten einen kurzen Sprint durch den Tunnel zur Landeplattform zurück, wo sie einen unbewachten Düsenschlitten vorfanden.

„Ich hoffe, du hast nichts dagegen, wenn ich den stehle", sagte Obi-Wan.

„Nun, ich bin die Herzogin von Mandalore, und das ist ein Regierungsgleiter, das heißt, theoretisch ist es meiner."

Obi-Wan grinste.

Als sie davonflogen, lief ein Kommandosoldat hinaus auf die Plattform. „Hey, halt!"

Hatte ein „Hey, halt!" jemals in der Geschichte der Galaxis jemanden erfolgreich aufgehalten?

„Eher nicht", murmelte Obi-Wan und beschleunigte. „Werden wir verfolgt?"

„Die Herzogin von Mandalore ist gerade mit einem falschen Kommandosoldaten aus einer Hochsicherheitszelle geflohen", erwiderte Satine. „Was meinst du?"

„Da kommen alte Erinnerungen auf."

„Eine Menge *böse* Erinnerungen, Obi-Wan."

„Ein paar von ihnen sind durchaus schön."

„Dann hoffen wir mal, dass das hier eine davon wird."

Obi-Wan konnte die *Twilight* vor ihnen auf dem erhöhten Verladedock sehen. „Festhalten!"

Abrupt bremsend und quer rutschend landete er den Flitzer, wobei es ihm gerade so gelang, in keine der herumstehenden Frachtkisten zu krachen. Wie Anakin gern zu sagen pflegte: „Jede Landung, bei der man nicht durchgebraten wird, ist eine gute Landung."

Mit vier schnell heranrasenden Düsenschlitten im Nacken sprinteten Obi-Wan und Satine zur Rampe der *Twilight*. Ein Hagel aus Blasterfeuer sorgte für ein Chaos aus Funken und

Bruchstücken um sie herum. Der Jedi erwiderte das Feuer, während er Satine die Rampe hinauf ins Schiff folgte.

Obi-Wan rutschte auf den Pilotensitz und schaute beunruhigt aus dem Fenster – hinaus auf die Plattform, auf der weitere Kommandosoldaten eintrafen, von ihren Gleitern sprangen und ein Gewitter aus Plasmaladungen entfesselten. Er wollte sich nicht darauf verlassen, dass Anakins Schiff den Angriff überstand. Eigentlich wollte er sich bei der Schüssel auf gar nichts verlassen.

„Wir müssen meine Schwester um Hilfe bitten", sagte Satine. „Wir brauchen Verstärkung."

Obi-Wan sah sie überrascht an, während die Landestützen der *Twilight* vom Boden der Plattform abhoben. Satine hatte eine Schwester, die Verstärkung organisieren konnte? „Wer ist deine Schwester?"

„Ist 'ne lange Geschichte. Sie gehört zur Death Watch."

Wie war das möglich? Die Death Watch war eine Splittergruppe von Mandalorianern, die gewaltsam Widerstand gegen Satines Herrschaft leisteten. Wie konnte Satines Schwester mit denen im Bunde sein? Bevor Obi-Wan etwas erwidern konnte, meldete der Sensorschirm der Schiffskonsole zwei sich nähernde Projektile. „Halt dich fest!", rief er.

Explosionen erschütterten das Schiff dermaßen, dass Obi-Wan die Wucht ihrer Einschläge in den Zähnen spürte. Furchtbare Hitzewellen drangen ins Cockpit.

Satine hustete. „Ich fürchte, das wird keine der schönen Erinnerungen, mein Lieber."

Das Schiff geriet unkontrolliert ins Trudeln, sodass Obi-Wan und Satine zwischen den Schottwänden hin- und hergeworfen wurden. Sie kämpften sich durch Flammen und giftigen Qualm zur Rampe vor. Wenn sie es nicht schafften, das Schiff zu verlassen, würde das Ganze selbst nach Anakins Maßstäben eine richtig miese Landung werden.

Obi-Wan gelang es, die Rampe zu öffnen, aber durch ein abruptes Schlingern des Schiffes fiel er hinunter. Gerade noch konnte er sich an einer Hydraulikstange festhalten, während er sich fast an glühenden Splittern versengter Außenverkleidung verbrannte.

„Obi-Wan!“, rief Satine und eilte mit ausgestreckter Hand die Rampe hinunter, um ihm zu helfen, doch wieder schlingerte das Schiff, und sie stolperte. Aus vielen Metern Höhe stürzte sie in Richtung Plattform hinab.

Es blieb keine Zeit, um nachzudenken. Keine Zeit für Gefühle. Keine Flammen, keine Hitze, keine Vergangenheit, keine Zukunft – nur das Jetzt. Obi-Wan beruhigte seinen Verstand und sein Herz. Er nutzte die Macht und hielt Satines Sturz auf. Nur von Obi-Wans Willen gehalten, schwebte sie mitten in der Luft. Er zog sie zu sich und drückte sie fest an seine Seite – dann stürzte die *Twilight* endgültig auf die Plattform.

Obi-Wan schlug hart auf dem Boden auf und stieß sich den Kopf. Vage war er sich eines Knackens bewusst, das wohl von einer seiner Rippen stammte. Rauch drang ihm in die schmerzende Lunge, und nichts wünschte er sich mehr, als in Bewusstlosigkeit abzudriften.

Aber da war noch Satine, eingeklemmt unter einem großen Trümmerstück des Schiffswracks. Obi-Wan streckte seine Hand aus, verdrängte alle Angst und ließ sich zu einem Werkzeug der Macht machen. Das Trümmerteil bewegte sich in die Höhe, schwebte zur Seite und krachte mehrere Meter entfernt laut zu Boden. Satine stöhnte. Sie war noch am Leben.

Obi-Wan versuchte, die Schmerzen seiner Verletzungen zu ignorieren, doch sein Körper wurde von irgendetwas gepackt, das kälter war als Eis.

Er kannte dieses Gefühl.

Es war mehr als nur eine Verletzung.

Es war etwas sehr viel Schlimmeres – etwas Abscheulicheres.

Es war die Dunkelheit.

Durch einen Nebel aus Schmerz und heißem Rauch erschienen mehrere Gestalten – Kommandosoldaten mit Blastern im Anschlag. Obi-Wan glaubte nicht, in seinem Zustand gegen sie kämpfen zu können. Noch eine Gestalt ging hinter ihnen, begleitet vom mechanischen Sirren kraftgeladener Beine.

„Nein“, krächzte Obi-Wan. „Das kann doch nicht wahr sein.“ Er erkannte die schwarzen Male auf der roten Haut des Dathomirianers. Dies war der Mann, der Obi-Wans Meister umgebracht hatte. Derjenige, den Obi-Wan entzweigeschlagen hatte. Derjenige, den er in einen tiefen Schacht zu Tode stürzen gesehen hatte. Derjenige, der immer wiederkehrte, der die tiefsten und schwersten Schatten des Zorns mit sich brachte und nichts als Tod und Wehklagen hinterließ.

Hass gehörte nicht zum Weg der Jedi. Doch bei diesem Mann war es Obi-Wan leid geworden, ihn in Schach zu halten. Er zuckte zusammen vor Schmerz, als er sich mühsam aufrappelte. Mit einem Knopfdruck und zu allem entschlossen aktivierte er die Klinge seines Lichtschwerts und befand sich wieder einmal im Duell mit Darth Maul.

Maul streckte seine in schwarzes Leder gehüllte Hand aus. Eine entsetzliche Kraft raubte Obi-Wan jegliche Kontrolle.

Hilflos segelte er durch eine Rauchfahne hindurch und landete mit der Kehle zwischen Mauls Fingern. Klappernd fiel sein Lichtschwert zu Boden.

„So trifft man sich wieder, Kenobi." Mauls Stimme war ein Flüstern voll abartiger Boshaftigkeit und Freude. „Willkommen in meiner Welt!" Als wäre Obi-Wan nichts weiter als ein alter Lumpen, warf Maul ihn zu den Kommandosoldaten. „Bringt sie zurück in den Palast!", war das Letzte, das Obi-Wan hörte, bevor der Schmerz ihn übermannte.

Maul hatte den Thronsaal des Palasts gebührend in Szene gesetzt. Er saß auf dem Thron der Herzogin, während die gefesselte Satine vor ihm kniete. Zu seiner Linken stand Premierminister Almec, Verräter an seinem Volk und offensichtlich Mauls Marionette. Zu seiner Rechten hatte sich Mauls Schüler Savage Opress aufgebaut, ein stämmiger Dathomirianer mit tätowiertem Gesicht und einer Krone spitzer Hörner.

Festgehalten von zwei Superkommandosoldaten, musste Obi-Wan kniend als Publikum für Mauls düsteres Stück herhalten. Nach dem Absturz der *Twilight* und durch Mauls brutale Behandlung plagten ihn noch immer Schmerzen am ganzen Körper. Sein Lichtschwert hatten die Kommandosoldaten ihm abgenommen, aber Obi-Wan würde Satine nicht ihrem Schicksal überlassen.

Maul schien seine Gedanken zu spüren. „Dein Edelmut ist eine Schwäche, die du mit der Herzogin teilst." Mit einer beiläufigen Geste, jedoch ohne Satine zu berühren, hob er sie hoch und ließ sie mit zugedrückter Kehle in der Luft hängen. Dann erhob er sich von seinem Thron und ging mit langsamen, bedächtigen Schritten auf Obi-Wan zu. „Ihr hättet Euch für die dunkle Seite entscheiden sollen, Meister Jedi."

„Obi-Wan ...", keuchte Satine.

Die Kommandosoldaten rissen Obi-Wan auf die Beine. Als sein Blick von Satine zu Maul wanderte, flackerte das Bild eines roten Lichtschwerts in seinem Kopf auf.

Maul wirkte zufrieden. „Deine Gefühle verraten dich – deine Furcht genauso wie deine Wut. Lass deinen Hass und deine Wut noch größer werden."

„Hör nicht auf ihn, Obi", schaffte es Satine zu sagen.

„Ruhe!", knurrte der andere Dathomirianer.

Satine hätte nicht hier sein sollen. Sie hätte nicht in diesen Konflikt gezogen werden dürfen, der sich über Jahre angebahnt hatte, angefangen mit Mauls Mord an Qui-Gon Jinn, dem Mann, der Obi-Wan am ehesten ein Vater gewesen war, nachdem man ihn von seinen Eltern zum Jedi-Tempel gebracht hatte.

„Du kannst mich zwar töten, aber du kannst mich niemals zerstören", sagte Obi-Wan und versuchte, seine Wut unter Kontrolle zu behalten. „Man braucht Kraft, um der dunklen Seite zu widerstehen. Nur die Schwachen geben sich ihr hin."

„Sie ist viel mächtiger, als du denkst."

„Und wer sich ihr widersetzen kann, ist mächtiger, als du es je sein wirst."

Es bestand noch immer die Chance, das Blatt zu wenden. Obi-Wan konnte Maul nicht niederringen, aber vielleicht konnte er ihn erreichen. Vielleicht konnte er Mauls Zorn nicht mit gleichem Zorn beikommen, sondern mit Verständnis. Mit Mitgefühl. Maul war nicht immer so gewesen. Man hatte ihm seine Zukunft geraubt. Die Machtnutzer auf Dathomir hatten ihn verdorben. Hatten aus ihm die Kreatur der Wut und Rache gemacht, die nun vor Obi-Wan stand.

„Ich weiß, wo du herkommst", sagte Obi-Wan. „Ich war in deinem Dorf. Und sich auf die dunkle Seite zu schlagen, war nicht deine Entscheidung. Die Schwestern der Nacht haben sie für dich getroffen." Er knirschte mit den Zähnen. Die Worte hatten nicht geklungen, wie er es vorgehabt hatte. Er wollte ein Wohlwollen ausdrücken, wie es Maul wahrscheinlich nie erlebt hatte. Doch seine Worte waren von der eigenen Wut und Furcht vergiftet worden.

„Sei still!", fauchte Maul. „Du denkst, du kennst mich? Ich war schwach, und ich konnte viele Jahre lang an nichts anderes als an dich denken, an nichts anderes als an diesen Moment, und jetzt steht das perfekte Werkzeug für meine Rache genau vor uns. Ich hatte nie vor, dich zu töten, aber ich werde dafür sorgen, dass du meinen Schmerz teilst, Kenobi."

Maul zog ein Lichtschwert, und während sich Satines Ringen nach Luft verschlimmerte, wandelte sich Obi-Wans Furcht in pures Entsetzen. Er wand sich, um sich von den Wächtern zu befreien, was ihm einen harten Schlag gegen den Kopf einbrachte, der ihn zu Boden gehen ließ. Nein. Er würde das nicht zulassen. Niemals.

Doch mit einer weiteren Geste zog Maul Satine nach vorn. Dann zündete er die Klinge – einen Keil von einer Schwärze wie ein Loch im Raum, um den weiße Energie knisterte. Die Klinge glitt durch Satines Rücken. Feine Rauchfäden stiegen von ihrer Brust auf.

„Satine", japste Obi-Wan. Er riss sich aus dem Griff der Kommandosoldaten los und eilte zu Satine, während Maul sie zu Boden sacken ließ. Als er ihr eine Strähne aus den Augen strich und sie in seinen Armen wiegte, spürte er etwas durch seine Adern strömen. Es war nicht sein Blut. Es war etwas, das gleichzeitig kälter und heißer war als Blut. Es war Wut. Er unterdrückte sie mit aller Kraft und lauschte Satines letzten Worten.

„Denk immer daran, mein lieber Obi-Wan, ich habe dich immer geliebt." Ihre Finger berührten sein Gesicht. „Ich werde dich immer lieben." Dann schloss sie die Augen, ihr Körper erschlaffte in seinen Armen – und dann war sie tot.

Als Maul Qui-Gon Jinn getötet hatte, packte Obi-Wan der Kummer. Auch in diesem Augenblick erfüllte ihn Kummer, aber da war noch etwas anderes, etwas Gefährliches. Etwas, das brannte. Satine war nicht Mauls Feind. Sie war nur ein Werkzeug, das Maul eingesetzt hatte, um zu erreichen, was er wollte – den Thron von Mandalore –, und ein Werkzeug, um Obi-Wan wehzutun. Eine Person derart zu missbrauchen, war die schlimmste Form der Grausamkeit.

Satine war ein Individuum gewesen, und ihr Tod bedeutete nicht nur einen Verlust für Obi-Wan. Sie würde noch so vielen mehr fehlen. Sie war ein Kind dieser Welt gewesen. Wie andere Kinder auch hatte sie ihre ersten Schritte getan, ihre ersten Worte gesprochen, hatte gelacht und Falter im hohen Gras der mandalorianischen Ebenen gejagt. Sie hatte lesen gelernt, Freundschaften geschlossen, Verletzungen erlitten, sich erholt und wieder gelacht. Und sie war zu einer Anführerin geworden. Sie hätte weiterleben sollen, um zu sehen, wie ihr Planet gedieh und ihr Volk den Frieden fand und Musik und Kunst hervorbrachte. Sie hätte alt werden sollen, um zurückblicken zu können auf all das, was sie erreicht hatte.

Doch in nur einem Sekundenbruchteil hatte Maul all das zunichtegemacht. Er hatte ein Licht im Universum ausgelöscht und es durch einen Schatten ersetzt. In einer solchen Tat lag das wahre Wesen der dunklen Seite – und Obi-Wan glühte vor Wut. Mit der Wut kam eine Vision: Augen, in denen der Zorn schwelte. Schreie im roten Schein eines Lichtschwerts.

Obi-Wan würde Maul in Stücke schlagen. Er würde sogar noch Schlimmeres tun. Nichts würde von ihm übrig bleiben – oder von dem anderen Dathomirianer oder den Kommandosoldaten, diesen mandalorianischen Verrätern. Er würde Almec töten. Er würde jeden töten, der seine Hand beim Sturz Satines im Spiel gehabt hatte, und jeden, der zu ihrem Tod beigetragen hatte. Und er würde jeden töten, der versuchte, ihn aufzuhalten. Jeden, der ihm im Weg stand, sei es durch Worte oder Taten.

Jeden.

Maul lachte. „Und jetzt sehen wir den wahren Obi-Wan Kenobi. Den, der sich hinter einer Maske aus Scharfsinn und Charme versteckt. Den, der sich danach sehnt, entfesselt zu werden."

Wenn Obi-Wan seinem Verlangen nachgab, würde er Maul genau das geben, was er wollte. Er würde das werden, dem er sich sein ganzes Leben lang mit Leib und Seele widersetzt hatte. Er wäre nicht mehr er selbst. Nichts davon hätte Satine gewollt – nicht auf ihrem Planeten und auch nirgendwo sonst. „Du kannst nicht gewinnen, Maul. Nicht auf diese Art."

„Sperrt ihn unten ein", zischte Maul. Wir werden ihn in seinem Elend ertrinken lassen. Bringt ihn in seine Zelle, damit er dort verrotten kann."

Obi-Wan ließ sich von den Kommandosoldaten fortzerren. Nur er wusste um den schmerzlichen Sieg, den er gerade errungen hatte – und dass ihm das nicht möglich gewesen wäre, hätte ihm nicht eine Person die Kraft dazu gegeben: Satine Kryze, Herzogin von Mandalore.

Ein Kommandotrupp drückte Obi-Wan die Blaster in den Rücken und drängte ihn in Richtung der Zellenblöcke. Es war die letzte Chance zu handeln, doch seine Hände waren gefesselt, Muskeln und Knochen schmerzten noch vom Absturz der *Twilight*, und sein Lichtschwert hing am Gürtel eines der Wächter.

Mit metallischem Klacken hefteten sich plötzlich magnetische Pfeile an das Jetpack eines Kommandosoldaten neben ihm. Anscheinend verschaffte irgendwer Obi-Wan die passende Gelegenheit – ob ein Freund oder ein neuer Feind, spielte jetzt kaum eine Rolle. Die Pfeile blinkten rot. Rotes Blinken bedeutete für gewöhnlich nur eines. Obi-Wan verpasste dem Soldaten einen harten Tritt, um Abstand von ihm zu gewinnen, und freute sich über die Explosion.

Das Echo des Knalls war noch nicht verklungen, da landete eine weitere Mandalorianerin auf der Plattform. Sie bewegte sich so schnell, dass die Bewegungen verschwammen, mit denen sie einem der Wächter das Gewehr aus der Hand schoss, den nächsten mit einem hohen Tritt ausschaltete und das Fangseil aus dessen Armschiene in die Brust eines dritten schoss. Sie zerstach den Steuermechanismus des Jetpacks, und der unglückselige Soldat schoss von der Plattform empor. Er zog seinen Kameraden hinter sich her, sodass beide in die Wand eines gegenüberliegenden Gebäudes krachten. In weniger als drei Sekunden hatte der Neuankömmling den gesamten Trupp erledigt.

Obi-Wan stand auf. Das scharf geschnittene, von roten Haaren umrahmte Gesicht der Frau hatte etwas Vertrautes. „Entschuldigung", sagte er. „Ich glaube, wir kennen uns noch nicht."

Sie hob Obi-Wans Lichtschwert vom Boden auf. Vier Krieger in Death-Watch-Rüstungen landeten um sie herum und gingen in Verteidigungsposition. Ihre Rüstungen sahen so aus wie die der Frau. „Bo-Katan", stellte sie sich vor und schnitt mit dem Lichtschwert Obi-Wans Fesseln durch, bevor sie es ihm zurückgab. „Ich bin hier, um Euch zu retten. Das ist alles, was Ihr wissen müsst."

„Das hört sich doch gut an."

Sie schnallte ihm das Jetpack eines der gefallenen Kommandosoldaten auf den Rücken. „Habt Ihr so was hier schon mal benutzt?"

Nein, dachte Obi-Wan. *Noch nie. Nicht ein einziges Mal. Aber tritt selbstsicher auf*, ermahnte er sich. „In diesem Fall kann ich schnell lernen. Wo soll's hingehen?"

„Plattform 1 D."

Selbstverständlich hatte Obi-Wan keine Ahnung, wo Plattform 1D lag. „Dann werde ich Euch folgen."

Verfolgt von Kommandosoldaten, deren Blastersalven zischende Krater in den verwinkelten Gebäuden und Gehstegen hinterließen, bewertete Obi-Wan jede Sekunde, in der er nicht abstürzte oder erschossen wurde, als großen Erfolg. Es gelang ihm sogar eine halbwegs kontrollierte Landung im Eingang des Zugangstunnels zur Plattform. Die Verfolger waren direkt hinter ihnen und feuerten, was das Zeug hielt. Obi-Wan wehrte Schüsse mit seinem Lichtschwert ab, während die Death-Watch-Kämpfer das Feuer erwiderten.

Als sich die Tunneltore öffneten, gaben sie den Weg auf eine Außenplattform und zu noch heftigeren Auseinandersetzungen frei, die sich sowohl auf der Plattform als auch im Himmel über ihr abspielten. Die Luft glühte vor Blasterfeuer. In der Hitze und dem Lärm konnte Obi-Wan Mauls Superkommandos erkennen, die gegen Loyalisten der Death Watch kämpften.

„Maul scheint Euch unbedingt töten zu wollen", meinte Bo-Katan beeindruckt.

Nein, nicht töten. Maul wollte ihm Schmerzen bereiten. Beinahe so verbissen, wie Obi-Wan es ihm hatte zurückzahlen wollen. „Wenn Ihr wüsstest", war alles, was er erwiderte.

Gemeinsam rannten sie zum nächstbesten Schiff, das noch nicht in Flammen stand.

Obi-Wan befand sich schon auf halbem Weg die Rampe hinauf und lenkte das gegnerische Feuer auf sein Lichtschwert, doch Bo-Katan folgte ihm nicht. „Kommt Ihr nicht mit?"

Sie hielt in jeder Hand einen Blaster und hörte nicht auf abzudrücken. „Ihr müsst zurückgehen und der Republik erzählen, was passiert ist."

Obi-Wan duckte sich, als ein Blasterschuss nur wenige Zentimeter über seinen Kopf hinwegzischte. „Das würde zu einer Invasion Mandalores durch die Republik führen."

„Ja. Und Maul wird sterben. Aber Mandalore wird überleben, denn wir überleben immer. Geht jetzt!"

„Die Herzogin hätte nicht gewollt, dass wir den Krieg nach Mandalore bringen."

Immer noch schießend und auch immer noch treffend, wandte sich Bo-Katan ihm zu. „Satine wollte Frieden. Sie wollte sich aus diesem Krieg heraushalten. Aber sie war nicht töricht. Der Krieg ist bereits da, und wenn sie noch am Leben wäre, würde sie alles tun, um ihren Planeten zu beschützen. Das verstehe ich jetzt."

In ihrem Blick lag tiefer Schmerz – ein Schmerz, den Obi-Wan teilte. „Du bist Satines Schwester, richtig?"

Sie brauchte keine Worte, um ihm zu antworten.

Obi-Wan nickte. „Es tut mir sehr leid." Er stieg den Rest der Rampe hinauf ins Schiff und überließ Bo-Katan dem Kampf. Doch eines Tages würde er zurückkehren. Er würde Satine niemals vergessen – und auch nicht ihren Traum von einer besseren Zeit für Mandalore.

Als Obi-Wan in den Jedi-Tempel zurückkehrte, erwartete Anakin ihn im Hangar.

Er versuchte, Ruhe und Gelassenheit auszustrahlen, aber Anakin schien ihn zu durchschauen.

„Meister ... was ist passiert?"

Obi-Wan rang mit den Worten. Er wollte nicht reden – noch nicht, vielleicht nie. Aber er wusste, dass er etwas sagen musste. Er wusste, wie wichtig es war, dass Anakin es hörte. „Ich habe jemanden verloren, der mir sehr wichtig war", sagte Obi-Wan. „Und ich verstehe die Wut jetzt auf eine ganz neue Weise. Ich weiß, wie schwierig es ist, sich ihr nicht zu ergeben."

Eine ganze Weile sahen sie sich an, und Anakins eigene Konflikte waren ihm klar anzusehen.

„Ich muss dem Rat Bericht erstatten", sagte Obi-Wan schließlich.

„Darf ich mit Euch kommen, Meister?“

Obi-Wan rang sich ein Lächeln ab und klopfte Anakin auf die Schulter. „Ja“, sagte er. „Wir ziehen das gemeinsam durch.“

BUG

E. Anne Convery

Sídi war ein grauer Planetoid im Äußeren Rand, der unter einer schweren Wolkendecke lag und auf dem es, wenn der Wind aus Osten wehte, nach verfaulten Eiern roch. Wie so viele kleine Kreaturen, die ein Talent fürs Überleben haben, hatte das Mädchen gelernt, mit seiner Umgebung zu verschmelzen. Mit ihrem ungewöhnlichen silbernen Haar sah sie aus wie der Geist eines zwölfjährigen Mädchens, und sie hatte immer so viel Schmutz im Gesicht und an den Kleidern, dass sie sich von den matten grauen Wänden ihres Zuhauses kaum abhob. Auch wenn sie allein in den engen Fluren des Gasthofs ihrer Eltern war, hielt sie sich nahe an den Wänden, ging über den Besen gebeugt ihrer Arbeit nach und machte dabei ungefähr so viel Lärm wie die kleinen, gepanzerten Aschekäfer, die ansonsten die einzigen Lebewesen waren, die auf Sídi gediehen.

Ihre Eltern, Rank und Leera, sahen in den Aschekäfern das Gleiche, das sie in ihr sahen: ein Ärgernis. Ihr aber machten die Käfer nichts aus. Still und leise summten sie herum und taten nichts und niemandem weh, außer vielleicht den mikroskopisch kleinen Milben, von denen sie sich ernährten, indem sie sie durch ihre borstigen Zahnreihen sogen. Es waren Ausputzer, wie auch sie es war, und hielten die Dinge sauber, so gut es nur irgendwer konnte. Und wenn man sich, so wie das Mädchen, die Mühe machte, ihre Panzer zu polieren, dann glänzten sie.

Als sie noch ein ganz kleines Mädchen gewesen war, hatte sie beschlossen, einen Aschekäfer als Haustier zu halten. Mit ihm ersetzte sie die fehlende Monnok-Figur des alten Dejarik-Spiels, das im Gesellschaftsraum stand – kein holografisches, sondern lediglich ein Holztisch mit simplen Tonfiguren, die den Kreaturen, die sie darstellen sollten, nur vage ähnelten. Der Aschekäfer wuselte jedoch immerzu auf seinen tausend Beinchen davon, und in der Eile, ihn davor zu retten, über die Tischkante zu stürzen, vergaß sie immer ihren nächsten Zug. Trotzdem liebte sie ihn, bastelte ihm aus einem Stück Faden eine Leine und führte ihn im Hof spazieren.

Doch als Leera mal wieder der Kragen platzte und sie nach draußen marschierte, um ihre Tochter anzubrüllen, begrub Leera den Käfer unter ihrem Absatz. Das Mädchen hatte geweint, und Leera hatte gelacht. „Hör auf zu plärren! Ich geb dir gleich was zu heulen. Alles nur wegen eines Käfers? Eines Bugs? Ha, wenn ich's mir recht überlege, wär das der richtige Name für *dich*, kleiner Bug! Jetzt rein mit dir, und mach dich nützlich!"

Das Ganze war vor so langer Zeit passiert, dass sie sich nicht einmal mehr an ihren richtigen Namen erinnerte, wenn sich jemand die Mühe machte, danach zu fragen. Nun lautete er Bug, und dabei blieb es.

Die einzige wirkliche Attraktion des Gasthofs war ein alter Übertragungsturm, den das Militär dort aufgestellt und dann wieder aufgegeben hatte, nachdem sich gezeigt hatte, dass sich der Planetoid für einen strategischen Außenposten genauso wenig eignete wie für alles andere. Dennoch war es in diesem spärlich bevölkerten Teil des Äußeren Rands die einzige Möglichkeit, eine Verbindung zu anderen Orten zu schaffen, die man vielleicht wirklich einmal besuchen *wollte*. Spätnachts oder in der Früh, bevor sich jemand regte, schlich Bug in den kleinen Raum ganz oben im Übertragungsturm und lauschte wahllos den Nachrichten, die weitergeleitet wurden.

Offiziell wurde nichts mehr überwacht, nur die Datenbanken mit den Aufzeichnungen wurden ab und an überprüft. Immer wenn jemand eine Nachricht senden oder empfangen wollte, berechneten ihre Eltern dafür einen ordentlichen Batzen Credits.

Einmal war Bug hinter Rank hergetrottet, als dieser den Code am Turmeingang eingegeben hatte, um ein paar arme Flüchtlinge von Balith hinaufzuführen, die auf gute Neuigkeiten von ihrem vom Bürgerkrieg zerrütteten Heimatplaneten hofften. Sie empfingen keine, aber Rank berechnete ihnen trotzdem eine Menge Credits. An jenem Tag aber erhielt Bug etwas, das sie sich schon lange gewünscht hatte: einen Weg hinein. Seitdem verbrachte sie manchmal halbe Nächte damit, alten Kom-Aufzeichnungen zuzuhören oder, wenn sie Glück hatte, ganz neuen Meldungen, wenn diese gerade hereinkamen.

Aus allen Winkeln der Galaxis trudelten Übertragungen ein, oft verschlüsselt oder mehr Rauschen als Nachricht, aber Bug war das egal. Stundenlang saß sie da, den Rücken an die Wand gelehnt und die Knie unters Kinn gezogen. In klaren Nächten konnte sie durch das Turmfenster die weite Galaxis aus Sternen sehen und stellte sich vor, es wären die

Planeten am anderen Ende der Übertragungen. Jeder Ort klang exotisch in ihren Ohren: Irgendwo aus dem Mytaranor-Sektor hörte sie eine seltsame Sprache, die mehr wie ein Gebell klang, und die melodiöse Stimme eines jungen Mannes ertönte von einem nicht minder melodiös klingenden Ort namens Socorro. Diese anderen Stimmen ließen in ihrem Kopf Bilder weit entfernter Orte entstehen – mal grüne, mal nasse, mal warme Städte voller Licht und Leben. Das war allemal besser, als im Gesellschaftsraum am Feuer zu sitzen, um die Kälte aus den Knochen zu vertreiben.

Als sich die Klonkriege zuspitzten, nahmen jedoch auch die Kom-Übertragungen zu. Bei den meisten handelte es sich um Hilferufe in Tausenden unterschiedlichen Sprachen. Die letzte Nachricht, die sie gehört hatte, war die einzige, die in einer stillen Nacht durchkam. Bug war im Warten weggedöst und wurde von einer Stimme geweckt. Ihre Nähe erschreckte sie, so als stünde die Frau, zu der die Stimme gehörte, gleich neben ihr im Raum und flüsterte ihr zwischen Knistern und Rauschen ins Ohr. Sie sprach leise, aber mit der atemlosen Intensität einer Angst, die Bug nur allzu gut kannte – die Angst, geschnappt zu werden.

„Auf Mutters Anweisung habe ich sie in eine Rettungskapsel der Klasse 3 ... gewehrt, daher habe ich ihr einen Schlafzauber ... widersetzt sich möglicherweise, wenn sie ... geschätzte Reisedauer von Dathomir beträgt ... und die Zielkoordinaten im Mittleren Rand lauten wie fol..."

Bug sollte jedoch nicht erfahren, wie die Koordinaten lauteten. Die Übertragung wurde von einer Explosion unterbrochen – und dadurch ausgelöstem kreischendem Geschrei der Frau sowie ohrenbetäubend laut zerreißendem Metall.

Seit jener Nacht war Bug nicht mehr in den Turm zurückgekehrt. Sie fürchtete den Schlaf. Immerzu träumte sie das Gleiche: drängende, gerade noch hörbare Stimmen, die flüsterten, bis sie mit dem Gefühl erwachte, eine Bombe sei explodiert und sie sei aus großer Höhe in einen Abgrund voller roter Flammen gestürzt.

Also arbeitete sie bis zur Erschöpfung, in der Hoffnung, sie sei zu müde, um zu träumen, wenn sie einschlief. Auch gab es für Leera keinen Grund zur Klage, wenn die Böden vier- oder fünfmal am Tag gefegt wurden. Danach hockte Bug meist in einer dunklen Ecke des Gesellschaftsraums und lauschte den Unterhaltungen der Gäste oder schaute zu, wie sie bis spät in die Nacht Dejarik spielten.

Beim Dejarik-Spiel zuzuschauen, war tröstlich, selbst wenn es schlecht gespielt wurde. Oftmals, nachdem sich die Gäste in ihre Zimmer zurückgezogen hatten, spielte Bug ihre Partien nach und versuchte dabei, die Strategien zu verstehen, die sie angewandt hatten, und auch, weshalb diese gescheitert waren. Sie war am Spielbrett aufgewachsen, und da sie ein gutes Gedächtnis hatte, bereitete es ihr Vergnügen, die Fehler weniger guter Spieler zu „richten". Dennoch ärgerte sie die fehlende Monnok-Figur. Sie seufzte. *Eines Tages …*

Eines Nachts im Gesellschaftsraum wurde sie hellhörig, als Rank etwas von einer besonders blutigen Schlacht auf einem Planeten namens Dathomir erzählte. Er sprach mit einem Reisenden, der in der Woche davor mit seinem Schrotthaufen von Transportbarkasse wegen Treibstoffbeschaffung und Reparaturen eingetrudelt war. Die Leute, die im Gasthof einkehrten, waren nicht freiwillig auf Reisen, sondern, wie es immer häufiger der Fall war, Flüchtende vor dem Krieg. Selbst Sídis schwaches Tageslicht ließ sie nach den langen Stunden der Dunkelheit in den Laderäumen der

Schiffe blinzeln. Verstört und zerlumpt, saßen sie über ihre Teller gebeugt und schaufelten sich ihre erste Mahlzeit in den Mund.

Es war ein verzweifelter Haufen – bis auf eine große, blasse Frau in Schwarz mit seltsamen roten Malen an Schläfen und Wangen, die ihrem Gesicht ein ausgezehrtes, hungriges Aussehen verliehen. Sie hielt sich abseits der übrigen Reisenden und nahm ihre Mahlzeiten allein auf ihrem Zimmer ein. Der Staub des Planeten haftete nicht an ihrem Umhang wie sonst an allem und jedem, und manchmal sah Bug zwischen dessen dunklen Falten etwas Rotes aufblitzen. Ab und an kam sie in den Gesellschaftsraum und fragte Rank nach dem Stand der Reparaturen oder erkundigte sich, wann vielleicht ein anderer Transporter zu erwarten sei.

Wenn Bugs Vater sie dann hinhielt oder wie so oft den Kopf schüttelte, als täte es ihm leid, und sagte, das liege nicht in seiner Hand, diese Dinge würden Zeit und eine Menge Credits kosten, dann starrte ihn die alte Frau einfach nur ungerührt mit ihren gelben Augen an. Ranks übliche Vorträge – „Hyperantriebe sind nicht billig, wissen Sie, besonders hier draußen in der Sackgasse des Alls" – blieben ihm im Halse stecken. Unter ihrem Blick gelang es ihm nur, zu murmeln: „Noch nicht. Aber bald. Versprochen!", und zurück zum Hangar zu huschen.

Leera ließ sich von ihren Begegnungen mit der Frau nicht so leicht einschüchtern. „Der alte Mynock wollte doch tatsächlich, dass ich sie *umsonst* in den Übertragungsturm lasse, um Nachrichten abzuhören. Ist das zu fassen? Ich hab ihr gesagt, sie könne direkt zurück in den Sumpf kriechen, aus dem sie gekommen ist, bevor ich sie auch nur in die Nähe lasse."

„Welche Neuigkeiten gibt es von Dathomir?", wollte die Frau nun wissen und sah Rank erwartungsvoll an. Er machte ein paar Schritte auf die Tür zu, aber sie tat ebenfalls einige Schritte und stellte sich zwischen ihn und seinen Fluchtweg.

Rank seufzte geschlagen. „Es heißt, die Hexen wurden vernichtet." Das schien ihm Mut zu machen, und er streckte die Brust hervor und wandte sich an die Gäste, die sich zum Abendessen im Gesellschaftsraum versammelten. „Von einer Droidenarmee! Besonders weit kann's mit ihrer Zauberei dann doch nicht her gewesen sein, wenn sie sich nicht mal vor einem Haufen Klappergestelle retten konnten, was?"

Ein paar Gäste kicherten, doch dann sprach die Frau in Schwarz wieder in strengem Ton, und das Gekicher erstarb umgehend. „Habt Ihr schon einmal gegen eine Droidenarmee gekämpft, Wirt?"

„Was hätte eine Armee auf Sídi verloren?", wehrte sich Rank. „Ich sag ja bloß, man hört so Sachen, und diese Hexen von Dathomir, hieß es, wären tödliche Attentäterinnen und so – und wo sind sie jetzt?"

„In der Tat. Hier haben wir eine Frage, bei der viele gut daran täten, sie sich zu stellen: Wo *sind* sie jetzt?" Sie hielt Ranks Blick einen unangenehm langen Moment stand, bis sie abrupt das Schweigen wieder brach. „Und doch! Eure Neuigkeiten sind ebenso alt wie das Brot, das Ihr hier auftischt. Die Festung der Nachtschwestern fiel schon vor Monaten. Andere Clans werden sie übernehmen. Es gibt mehr Hexen auf diesen und jenen Planeten, als Ihr ahnt. Sucht mich auf, sollten Euch Neuigkeiten von Dathomir unterkommen, die es wert sind, geteilt zu werden, oder wenn Eure Gemahlin vernünftig wird und mir den Zugang gewährt, den ich erbeten habe." Sie hob die dürre schwarze Tooka-Katze auf, die ihr überallhin folgte und stolzierte auf ihr Zimmer, wobei das Tier den Wirt über ihre Schulter boshaft anstarrte und fauchte.

Rank schüttelte den Kopf. „Das war's. Credits hin oder her, ich bringe die Reparaturen an der Barkasse heute Nacht zu Ende. Ich will die alte Frau hier raushaben. Bei der dreht sich mir der Magen um."

Bug war bestürzt. Sie wollte mehr über die Frau in Schwarz wissen und auch über Dathomir, selbst wenn das Wort allein ihr schon Angst machte. Sie wusste, dass die Frau nach dem Abendessen gern ausgiebig spazieren ging. Bug verstand das nicht. Wo sollte man auf Sídi schon hin? Doch sie kehrte immer zurück, und dann strahlte sie eine Art Wut aus, und das Fell der grünäugigen Tooka knisterte bis in die Schwanzspitze vor statischer Elektrizität. Die beiden waren wie wilde Tiere in einem Käfig, die mit jedem Tag ungeduldiger wurden. *Das* verstand Bug.

Eines Abends lauerte sie im Flur, bis die alte Frau zu einem jener Spaziergänge aufbrach, bei dem ihr die Tooka zu den Füßen wie ein kleiner, stummer Schatten folgte. Bug schlich zum Zimmer der Frau und gab den Generalcode ein, den sie benutzte, um zum Putzen in die Zimmer zu gelangen. Die Tür schob sich auf, sie trat ein, und die Tür schloss sich wieder hinter ihr. Falls die Frau zurückkehrte, wollte Bug vorgeben, das Bett zu machen oder den Boden zu kehren.

Doch wer hätte es gedacht, es gab dort absolut nichts zu säubern. Wie die Frau in Schwarz selbst war der Raum so sauber, dass Bug nicht ein einziges Staubkorn finden konnte. Sie konnte nicht einmal sagen, ob jemand in dem Bett geschlafen hatte. Die Decken waren glatt gestrichen, und nirgends waren persönliche Gegenstände zu entdecken, lediglich … auf einem kleinen Tisch an der gegenüberliegenden Seite des Raums stand eine umgedrehte schlichte Tonschale.

Bug seufzte. Sie drehte die Schale um, damit sie die verschütteten Reste des Fraßes, den Leera ihr wahrscheinlich zum Abendessen serviert hatte, wegwischen konnte, fand stattdessen aber etwas, das sie als Allerletztes dort erwartet hatte: eine perfekte, absolut *perfekte* Figur eines Monnoks in Angriffshaltung. Sie war schöner als alle anderen Figuren im Gesellschaftsraum. Keine Schrammen oder Risse. Sie trug sogar einen Stab! Sie nahm sie in die Hand und sah sie sich von allen Seiten an. Es war ein kleines Kunstwerk, und sie kam nicht umhin zu lächeln, während sie es anschaute.

Mit einem Knirschen und einem plötzlichen Schnappen ging die Zimmertür auf. Bug zuckte zusammen und steckte die Dejarik-Figur instinktiv in die Vordertasche ihrer Schürze. Mit gesenktem Kopf griff sie zu ihrem Besen und fegte den bereits sauberen Boden. Doch dann blickte sie verstohlen zur Tür und sah dort niemanden stehen. Kalter Schweiß trat ihr auf den Rücken, und sie zitterte. *Jemand hat wieder mit den Tastenfeldern rumgespielt*, dachte sie. Eine Menge Kleinganoven besuchten den Gasthof. Sie ging langsam zur Tür und schaute vorsichtig in beiden Richtungen den Flur hinunter. Nicht eine Seele, nicht ein Geräusch, bis auf das Hämmern ihres Herzens in ihren Ohren.

Sie schlüpfte hinaus, und die Tür schob sich hinter ihr zu. Dann ging sie zurück zum Gesellschaftsraum, wobei ihr wieder die Monnok-Figur einfiel. Sie zog sie hervor, um noch einmal einen Blick auf sie zu werfen. Sie war absolut perfekt. Konnte sie sie nicht … ausborgen? Nur für *ein* Spiel. Ihre Finger hingen über dem Tastenfeld. Sie hatte sowieso unter der Schale gelegen, und die alte Frau konnte wer weiß wann zurückkehren. Sie würde sie ausleihen, ein perfektes Spiel mit allen Figuren spielen und sie dann zurücklegen, bevor sie überhaupt vermisst werden würde.

Hätte Bug ihr Gehirn eingeschaltet, wäre ihr aufgefallen, wie seltsam das Ganze war: ein penibel sauberes Zimmer, bis auf eine Schale, und unter der Schale genau die Figur, die ihr fehlte. Aber ihre Gedanken eilten ihr voraus, und sie dachte nur an ihren nächsten Zug mit dem Monnok.

Das Feuer im Gesellschaftsraum war heruntergebrannt und leuchtete rot, doch Bug war so von ihrem Spiel gefesselt, dass sie es kaum bemerkte. Sie hätte alles anstelle des Monnoks nehmen können und hatte das auch getan – den Aschekäfer, einen Löffel, einen Stein –, aber jetzt spielte sie besser und länger als je zuvor. Sie hatte etwas, das sie „Spaß“ genannt hätte, wäre ihr in ihrem jungen Leben das Wort jemals über die Lippen gekommen.

Bug war so in ihr Spiel vertieft, dass sie, als die Tooka-Katze der alten Frau auf das Brett sprang und die Figuren umwarf, eine Hand auf den Mund pressen musste, um einen Schrei zu unterdrücken. Sie sprang auf und schnappte sich die Monnok-Figur, die gefährlich nah an das Feuer gefallen war. Besorgt sah sie nach, ob sie zerbrochen oder beschädigt sein könnte, und für eine Sekunde hätte sie schwören können, die Spielfigur wäre in ihrer Hand geschrumpft, matt und grau geworden, und hätte statt des wilden Monnok-Gesichts ihr erschrockenes eigenes aufgesetzt. Ihr entfuhr ein stummer Schrei. Sie ließ die Figur fallen wie eine heiße Waffel und wischte sich die Hand an der Schürze ab, als könnte sie dadurch das glitschige Gefühl an den Fingerspitzen loswerden. Beunruhigt sah sie sich um.

„Wo ist deine Herrin?", fragte sie die Katze.

Falls jemals ein Tier ausgesehen hatte, als könnte es sprechen, dann dieses hier. Aber natürlich antwortete die Katze nicht. Still und völlig gefasst saß sie mitten auf dem Dejarik-Tisch und beobachtete Bug mit zusammengekniffenen Augen. Dann begann sie zu schnurren, und ihre Augen weiteten sich wieder.

Bug wich vor ihr zurück – und stieß direkt mit der Frau in Schwarz zusammen. Dieses Mal schrie sie wirklich.

„Still! Niemand wird dir wehtun. Zumindest noch nicht. Du hast mein Zimmer wirklich gründlich *sauber gemacht*", sagte die Frau. Mit zwei langen Schritten ging sie um den Tisch herum, setzte sich Bug gegenüber und bedeutete ihr, ebenfalls Platz zu nehmen.

Bug zögerte. Durch die zwei Augenpaare, die auf sie gerichtet waren, das goldene und das grüne, fühlte sie sich gefangen. Es fiel leichter zu gehorchen, statt zu versuchen, davonzulaufen. Wohin hätte sie gehen sollen?

Die Katze sprang vom Tisch in den Schoß der Frau, wo sie sich zu einer kleinen Kugel zusammenrollte und sofort einzuschlafen schien.

Die Frau streichelte den Kopf der Tooka, deren Schwanzspitze zuckte. „Das war ein gutes Spiel, das du da gespielt hast, wenn auch ein seltsames, so allein gegen dich selbst. Wie du siehst, ist Ichor nicht so beeindruckt wie ich. Aber er war noch nie für Spiele mit Regeln zu haben. Tookas kennen nur zwei Regeln: essen und schlafen." Die alte Frau lächelte.

Bug ertappte sich überrascht bei dem Gedanken, dass es gar kein übles Lächeln war. Sie entspannte sich und hätte beinahe zurückgelächelt. Dann versteifte sie sich wieder, als die Frau in die Falten ihres Umhangs griff. Doch sie zog daraus nur die kleine Tonschale aus ihrem Zimmer hervor.

Die Frau stellte die Schale, dieses Mal richtig herum, auf den Tisch und holte aus einer anderen verborgenen Tasche ein kleines Fläschchen hervor. Sie entkorkte es und leerte den klaren Inhalt in die Schale. Die Flüssigkeit zischte beim Kontakt mit dem Ton und nahm unterschiedliche Farben an – Blau, Grün und schließlich Rot.

Wie ein Miniaturgewitter stieg plötzlich rötlicher Dampf aus der Schale auf, und Bug konnte Buchstaben oder Formen an der Außenseite des Gefäßes erkennen, das zuvor glatt und schmucklos gewesen war. Sie meinte, etwas sagen oder applaudieren zu müssen, wie jemand, dem man einen Zaubertrick gezeigt hatte, doch während sie den Mut dazu sammelte, ergriff die Frau in Schwarz wieder das Wort.

„Magst du Geschichten?"

Bug öffnete den Mund, war sich jedoch nicht sicher, was sie sagen sollte, und schloss ihn wieder. Sie war es nicht gewohnt, dass Erwachsene sie ansprachen, außer um sie herumzuscheuchen, daher war sie auf eine echte Unterhaltung nicht vorbereitet. Besonders nicht auf eine so ... seltsame. „Ich ... ich wollte mir die Figur nur ausborgen. Ich wollte sie nicht stehlen oder so."

Die alte Frau bedachte Bug mit einem langen Blick, durch den sie sich fühlte, als würde sie sich wie einer der Käfer, die ihr ihren Namen beschert hatten, unter einem Mikroskop winden. „Magst du Geschichten?", wiederholte die Frau.

Bug wusste nicht, wie sie darauf antworten sollte. Ihre Eltern hatten ihr nie Gutenachtgeschichten vorgelesen. Sie brannte darauf zu hören, was die Frau zu erzählen hatte, aber sie war auch verwirrt, und das machte sie wütend.

Schließlich zuckte sie widerspenstig mit den Schultern. „Ich bin kein Baby mehr."

„Gut. Babys können Geschichten nicht verstehen. Auch viele Erwachsene nicht, aber wir geben dir einen Vertrauensvorschuss." Die alte Frau runzelte die Stirn. „Wie fangen Geschichten an? Ach ja! Es war einmal … Aber so eine Geschichte ist es eigentlich nicht. Vor nicht allzu langer Zeit und auch nicht so weit entfernt lebte auf dem blutroten Planeten Dathomir eine Frau namens Falta. Sie war eine kleine Zauberin, und ihr Haus lag auf der gegenüberliegenden Seite der Sümpfe, vor der Festung der Nachtschwestern, dem kriegerischsten und gnadenlosesten aller Hexenclans. Ihre skrupellose und berechnende Anführerin wurde Mutter Talzin, oft einfach *Mutter* genannt."

Bei dem Wort *Mutter* legte sich ein Hauch von Verbitterung in die Stimme der alten Frau, und sie tauchte eine Fingerspitze in die Schale. Ein paar kleine Funken stiegen auf, und ein süßer Geruch zog durch den Raum, mit dem sich der rote Dunst ausbreitete. Schwer hing er über dem Dejarik-Tisch und waberte um die Monnok-Figur, sodass es aussah, als würde sie sich im trüben Licht bewegen.

„Falta gehörte keinem Clan an, folgte keiner Anführerin und blieb lieber allein. Sie interessierte sich mehr für das Erschaffen und das Leben, weniger für Krieg und Tod. Sie hielt sich ein paar kleine Rancoren als Reittiere und Nahrungsquelle in Zeiten der Knappheit, und eine Tooka-Katze setzte sich nach ihren Streifzügen zu ihr ans Feuer oder an kalten Abenden sogar in ihren Schoß. Auch wenn sie sich manchmal einsam fühlte, war sie doch größtenteils zufrieden. Was sie nicht sammeln, anbauen oder selber machen konnte, tauschte sie bei den Nachtschwestern ein. Es gab wenig, das sie nicht selbst herstellen konnte. Die Nachtschwestern nannten sie ‚Herd-Jungfer', da sie schlichte, alltägliche Dinge für die Küche und den Haushalt fertigte und zauberte: Schalen und Tassen, Besteck oder manchmal auch größere Zeremonienurnen. Aber *schlicht* heißt nicht *lieblos*. Dank Faltas Händchen für die Zauberei waren ihre Gefäße, Schmucksachen und Werkzeuge bei Clans bis weit jenseits der Großen Schlucht begehrt. Sie waren nützlich und doch schön, robust und doch elegant. Es hieß, selbst das Wasser schmecke aus ihren Bechern besser."

Die alte Frau hielt kurz inne, dann fuhr sie fort: „Schönheit kann in Gesellschaften, in denen Frauen und Männer miteinander leben, etwas Gefährliches sein, habe ich gehört. So ist es auch in reinen Frauengesellschaften, nur vielleicht auf andere Art. Die Schönheit von Faltas Arbeiten führte dazu, dass sie nicht die namenlose Hexe am Rand der Sümpfe blieb, sondern jemand von Namen und Ruf wurde. Ihr Ruf steigerte sich noch, als Falta eine Magie von solcher Größe vollführte, dass nicht einmal eine so mächtige Hexe wie Mutter Talzin oder die älteste und weiseste der Nachschwestern, die Alte Daka, es wagten, sich daran zu versuchen. Die Nachtschwestern von Dathomir hatten einen wahrscheinlich merkwürdig anmutenden Brauch zur Bestattung ihrer Toten. Sie glaubten, dass verstorbene Hexen auf der Geistebene mit ihren Vorfahren wiedervereint werden und die Lebenden alles in ihrer Macht Stehende tun müssten, um ihnen auf dem Weg dorthin zu helfen. Deshalb wurden die Körper der Toten in einer großen Zeremonie in Säcke aus Rancorhaut eingenäht – verziert mit Knochen und Muscheln und gefüllt mit Kräutern gegen den Verwesungsgeruch – und in großer Höhe aufgehängt. Die Kronen der

Bäume zwischen Faltas Zuhause und der Festung der Nachtschwestern hingen voller Leichenhüllen von Schwestern, deren Seelen von Dathomir zur nächsten Welt übergegangen waren. Sie hingen dort wie reife und, wie ich annehme, für Außenstehende abscheuliche Früchte. Nichtsdestotrotz gehörte es zu den Sitten der Dathomirianer, und die Hexen scherten sich nicht darum, anderen ihre Sitten zu erklären."

Wieder hielt sie kurz inne, ehe sie fortfuhr. „Auf Falta wirkte dieser Brauch jedoch unnatürlich. Früchte sollten reifen und Leben hervorbringen, nicht am Ast absterben. Das inspirierte sie zu einer neuen Art der Magie. Sie fing an zu sammeln, was sie benötigen würde: Ton vom Singenden Berg und Wasser aus dem Träumenden Fluss. Mit reisenden Hexen vom Clan der Blaukorallentaucherinnen tauschte sie bunte Muscheln, und sie sammelte Beeren aus den Roten Bergen, die wie Edelsteine schillerten. All diese Dinge und noch mehr schnürte sie zusammen, jedoch nicht in alter, toter Rancorhaut, sondern eingewickelt in die lebendigen Wedel des Riesenfarns, der bei den Nebelfällen wuchs. Dann hängte sie alles an einem Baum auf einer Lichtung unweit ihres Zuhauses auf. Jeden Tag ging sie zu der Lichtung und sang Schlummerlieder, die jedes Blatt und jeden Grashalm vor mächtiger Magie erzittern und die Rancoren in deren Pferchen einschlafen ließen. Die Tooka-Katze sah aus sicherer Entfernung zu, kaum mehr als ein glühendes Paar Augen in den Bäumen. Im Gegensatz zu den farblosen Leichenhüllen der Nachtschwestern besaß Faltas Schöpfung ein leuchtendes Grün, das mit dem Wandel der Jahreszeiten zu einem kräftigen Violett reifte, dann zu einem Rosa wurde und schließlich zu einem pulsierenden Blutrot. Viele Monate später entstieg daraus ein Kind, wie es Dathomir noch nie gesehen hatte. Die Haut der Kleinen war von einem warmen Braun wie der Ton, den Falta verwendet hatte, um ihren Körper zu formen. Ihre Lippen waren rot wie Beeren, und an den Schläfen trug sie Male wie Tätowierungen von den Farnblättern, die sie gewiegt hatten. Sie sah Falta mit Augen, so blau wie Korallen, an und streckte ihre winzigen, perfekten Hände nach ihr aus. Falta nannte sie Yenna, und sie war ihr die allerliebste Schöpfung."

Die alte Frau nahm die Dejarik-Figur vom Tisch und hielt sie über die Schale. Feine Rauchfäden stiegen auf und hüllten sie ein. Sie schloss ihre Hände darum und blies hinein. Als sie die Hände wieder öffnete, lag auf ihrer Handfläche, dort, wo die Monnok-Figur gelegen hatte, ein neues Abbild: ein Mädchen, schlafend und so lebensecht, dass es zu atmen schien. Es war unverkennbar die Yenna aus der Geschichte. Sehnsüchtig sah die Frau die winzige Figur an.

„Schönheit um der Schönheit willen erschaffen. Liebe – nicht die Liebe zu Reichtum oder Macht, sondern zu einem anderen Wesen. Was Falta als ganz natürlich annahm, war für Talzin undenkbar."

Der süßliche Geruch im Raum wurde stärker. Wäre Bug jemals in einem Sumpf gewesen, hätte sie den Geruch wachsender und verrottender Pflanzen erkannt, jenes ewigen Kreislaufs von Leben und Tod. Schwer legte er sich um ihre Nase, und der Dunst vernebelte ihren Blick. Sie blinzelte, und der Monnok stand wieder auf dem Spielbrett, das Gesicht in einem wilden Schlachtruf erstarrt, den Stab trotzig erhoben.

„Viele Jahre vergingen, in denen Falta und Yenna glücklich und ungestört im Sumpf lebten. Doch schließlich kam das Gerücht über Yenna und ihre seltsame Geburt auch Mutter Talzin zu Ohren. Was für ein Hexenwerk war das?

Und wie konnte sie es sich zu eigen machen? Sie schickte nach Falta. Falta kam und brachte viele ihrer feinsten Waren, aber Yenna brachte sie nicht. Talzin war verärgert. ‚Deine Arbeiten sind wie immer vorzüglich, Falta. Doch höre ich, dass du noch Größeres geschaffen hast und es in deiner Kate im Sumpf versteckst. Wenn du das nächste Mal kommst, so bringe dein Meisterstück mit. Oder ich werde kommen und es mir selbst holen.' Widerwillig gehorchte Falta. Sie brachte ihre Tochter den ganzen Weg durch den Sumpf zu einer Audienz bei Talzin. Ihr gefiel das Funkeln in den gierigen Augen der Hexe nicht, wenn sie Yenna, derweil ein großes, starkes Mädchen von dreizehn Jahren, ansah. ‚Lass sie hierher zu uns kommen', sagte Talzin. ‚Da draußen im Sumpf verkümmert sie. Wer weiß, welche Talente in ihr schlummern? Ich kann sie zutage fördern.' Doch Falta meinte: ‚Wir sind glücklich dort, wo wir sind. Ich bin ihre Mutter und weiß am besten mit ihren Talenten umzugehen.' Zu ihrer Überraschung erwiderte Talzin nur: ‚Wie du meinst.' Dann legte sie ihre Hände auf Yennas Kopf und sprach direkt zu dem Mädchen: ‚Wenn du deines kümmerlichen Lebens müde wirst, komm zu mir, und wir werden es prächtiger machen, als es deine Mutter für dich erträumt.' Das Mädchen lächelte schüchtern, stand aber vor Stolz, von dieser mächtigen Hexe auserwählt worden zu sein, etwas gerader. Es war offensichtlich, dass Yenna von Talzin und all den kriegerischen Frauen, die ihr gehorchten, beeindruckt war. Bittere Worte brannten in Faltas Kehle, doch sie blieb still. Sie war erleichtert, frei zu sein und mit ihrer Tochter in den Sumpf zurückkehren zu können."

Die alte Frau in Schwarz lehnte sich zurück, dann fuhr sie fort. „Für eine kurze Zeit ging alles weiter seinen gewohnten Gang. Es war die Jahreszeit auf Dathomir, die am ehesten dem Frühling gleicht, und Mutter und Tochter verbrachten viele Stunden auf Wanderungen, auf denen sie Nahrung sammelten und Zutaten für die kleinen Zaubereien, die Yenna Falta gedrängt hatte, ihr beizubringen. Doch Yenna wurde von einer Unruhe befallen. Ihre Zauberkunst manifestierte sich allmählich auf seltsame Art und Weise: Für jede Schale, die sie erfolgreich formte, zerbrach eine andere in ihren Händen. Eine andere verwandelte Wasser in Dampf, sobald man es eingoss, und wieder eine andere verwandelte alles, was man hineintat, in zähen, fauligen Sumpfschlamm. Es war, als würden sie die Frustration, Wut und Trauer widerspiegeln, die in ihr wuchsen. ‚Ich bin nicht *gut* darin!', meinte sie weinend, schmiss ihren jüngsten Misserfolg quer durchs Zimmer und rannte aus dem Haus. Falta erinnerte sich daran, als sie selbst in Yennas Alter gewesen war, und versuchte, geduldig zu bleiben und ihrer Tochter Freiraum zu lassen. Yenna wagte sich immer öfter allein nach draußen, entfernte sich dabei immer weiter von zu Hause und blieb auch oft bis lange nach Einbruch der Dunkelheit fort. Ihre Mutter versuchte, sich keine Sorgen zu machen. Bis Yenna eines Tages nicht mehr zurückkehrte."

Das Feuer war so weit heruntergebrannt, dass nur noch das Licht aus der Schale den Gesellschaftsraum ein wenig erhellte. Der rote Schein beleuchtete die gelben Augen im gramerfüllten Gesicht der Frau. Bug war heiß, als hätte sie Fieber, und ihr Herz raste. Es kam ihr weniger vor, als würde sie einer Geschichte lauschen, sondern vielmehr, als wäre sie in einem Traum gefangen. Sie konnte Yennas Rastlosigkeit spüren und Faltas Sorge und Angst um ihre Tochter. Hätte sie aufstehen können, wäre sie im Raum auf und ab gegangen, aber ihre Arme und Beine waren schwer, die alte Frau sprach so tief und gleichmäßig, und die Katze schnurrte so laut, dass Bugs Körper bereits halb eingeschlafen war, während ihr Verstand darum kämpfte, wach zu bleiben. Nur mit Mühe sprach sie. „Aber wo ist sie hingegangen? Was ist passiert? Mit ihr war alles in Ordnung, oder?"

Die alte Frau blickte überrascht von der Schale auf, so als hätte sie vergessen, dass Bug bei ihr saß, aber sie fuhr fort. „Falta war nicht dumm. Sie wusste, wohin ihre Tochter gegangen war, noch bevor sie die Nachricht fand, die es bestätigte: ‚Mutter, ich bin gegangen, um von den Nachtschwestern zu lernen. Vielleicht werde ich bei ihnen mein Talent entdecken und meinen Weg in der weiten Welt.' Sie hörte das Echo von Talzins Versprechen aus Yennas Nachricht, wirksamer als jeder Zauberspruch, und sie wusste, dass sie ihre Tochter, zumindest für eine gewisse Zeit, verloren hatte. Langsam gingen die Jahreszeiten ins Land. Aus Frühling wurde Sommer, aus Sommer wurde Herbst und aus dem Herbst der Winter. Yenna kam nicht zurück. Die Katze wachte in Faltas Schoß, denn sie stand nur noch selten von ihrem Stuhl auf. Sie wurde hager und ergraute in ihrer Traurigkeit, in der sie auf ihre Tochter wartete. Und dann kam, wie du weißt, der Krieg nach Dathomir. Als die Schiffe der Separatisten am Himmel auftauchten und das erste Kriegsgebrüll durch den Sumpf hallte, machte sich Falta auf, um ihre Tochter zu holen und nach Hause in Sicherheit zu bringen. Wilde Rancoren heulten tief im Sumpf, und ihre Reittiere waren zu verängstigt, um von Nutzen zu sein. Falta war gezwungen, den Sumpf auf ihrem alten Floß zu überqueren. Jeden Stoß der Stake in den Schlick stellte sie sich als einen in Talzins Herz vor. Hätte Talzin nur niemals ihre Tochter mit dem Gerede von Macht verführt. Hätte sie Falta und ihre Tochter doch nur von Anfang an in Frieden gelassen!"

Kurz hielt die alte Frau inne. „Als Falta sich der Festung näherte, sah sie ein grünes Licht, das sich aus den Tiefen des Gemäuers entlud und gen Himmel fuhr, wo es explodierte und wie eine Armee leuchtender Schlangen wieder herabfiel. Eines der Lichter traf eine Leichenhülle, die nah bei Falta hing und aufriss. Die faulige Leiche einer Nachtschwester fiel heraus, halb in den Morast und halb auf Faltas Floß, sodass es schwankte und beide beinahe in der dunklen Brühe landeten. Falta fiel auf die Knie und schürfte sich die Handflächen auf, als ihr die Stake aus der Hand und ins Wasser fiel. Als sie verzweifelt mit den Händen paddelte, um wieder an die Stange zu kommen, sah sie im Wasser die Reflexion einer schrecklichen, hinter ihr aufragenden Gestalt. Sie drehte sich um und starrte auf die längst verstorbene Kriegerin der Nachtschwestern über sich, den Kiefer halb herunterhängend und die Augen in den fleischlosen Höhlen verdreht. Falta war kein Feigling, aber sie schrie und zog den Kopf ein. Das tote Ding schaute jedoch an ihr vorbei in Richtung des Lärms der Schlacht. Es stieß einen entsetzlich kreischenden Schrei aus und stürmte dann mit unnatürlicher Geschwindigkeit vom Floß zur Festung. Was hätte Falta für so ein Tempo gegeben! Als sie den Komplex der Nachtschwestern erreichte, war die Schlacht vorbei, und die Separatisten hatten gewonnen. Keine Wächterinnen standen am Eingang zur Festung, die schweren Tore lagen aufgesprengt und beiseitegeschleudert davor, sodass der Zugang offen stand wie das knurrende Maul eines verwundeten Untiers. Falta hörte weder die klappernden Schritte der Droidenarmee noch den Atemzug einer lebenden Hexe.

Überall lagen Droidenteile verstreut. Die Nachtschwestern hatten wacker gekämpft, doch mehr Hexen als Droiden lagen auf dem Schlachtfeld, und niemand war mehr da, um sich um die Toten zu kümmern. Panik stieg in ihr auf, und ihr Herz fühlte sich an, als würde es ihr an verzweifelten Flügeln vorausfliegen und sie mit sich ziehen, hinauf zu den Haupträumen der Festung."

Nach einer weiteren kurzen Pause fuhr die alte Frau fort: „Im Zentrum der Festung lag das Gemach der Alten Daka, der heiligste und am stärksten abgesicherte Raum des Bollwerks. Falls noch jemand lebte, folgerte Falta, dann dort. Doch als sie sich näherte, sah sie, dass selbst diese starken Mauern eingerissen waren. Der große Zeremonienkessel lag umgestoßen am Boden, und widerliche Schwaden entstiegen dem verschütteten Schleim. Der Ort stank nach Talzins dunkler Magie, doch Talzin selbst war nirgends zu sehen. Dann machte Falta eine dunkle Gestalt in einer Ecke des Raumes aus. Die Alte Daka lag verrenkt am Boden. Falta sah sich nach etwas um, mit dem sie den Körper der alten Frau bedecken konnte. Sie hasste Talzin, aber diese Alte hatte ihr nichts angetan. Als sie das Gesicht der Frau bedecken wollte und dabei den Spruch murmelte, der die Seele der Hexe befreien sollte, öffnete Daka blinzelnd die Augen. Falta rückte überrascht von ihr ab, doch mit letzten Kräften packte die alte Frau ihre Hand. ‚Du suchst das übernatürliche Mädchen', keuchte sie. ‚Wo ist sie?', wollte Falta wissen. ‚Talzins Beute. Sie hat sie ... fortgeschickt. In Sicherheit.' Mit diesen Worten schwand das Licht aus den Augen der Alten Daka. ‚Wohin? Zum Singenden Berg? Zur Heulenden Klippe? *Wohin?*' Falta unterdrückte den Drang, die Antwort aus der sterbenden Frau herauszuschütteln. ‚*In Sicherheit.*

Fort vom Planeten', krächzte Daka. Sie ließ Faltas Hand los und schloss wieder die Augen, dieses Mal für immer. Aber sie hatte Falta nicht ohne Hoffnung zurückgelassen. Yenna lebte. Sie musste nur weiter – viel weiter – gehen, um sie zu finden. Also begann sie hinaufzusteigen."

Bug hatte ihre Augen inzwischen ganz geschlossen, und ihre Lider fühlten sich zu schwer an, um sie zu öffnen. War sie eingenickt? „Hinaufsteigen?" Sie brachte das Wort hervor, auch wenn ihr die Zunge schwer im Mund lag. Sie war so durstig, und seltsamerweise schmerzten ihr die Beine.

„Ja, ja", drang die Stimme der alten Frau tröstlich wie ein Schlaflied zu ihr. „Sie stieg die Treppe im Turm bis nach oben hinauf und öffnete die Tür mit dem Code, den sie von einer der Nachtschwestern bekommen hatte."

„Aber … die waren alle tot …" Bug schüttelte den Kopf, um ihn klar zu bekommen. Wieso konnte sie die Augen nicht öffnen? Wieso fühlten sich ihre Füße so schwer an?

„Oh, nicht alle von ihnen. Eine freundliche von ihnen gab ihr den Code, und damit öffnete sie die Tür … Ja, genau so. Öffne sie!" Die Stimme der Frau klang plötzlich streng und fordernd.

Bug zuckte zusammen in Erwartung der Schläge, die für gewöhnlich folgten, wenn ein Erwachsener so zu ihr sprach. Es war die Überraschung über das Ausbleiben der Schläge, die sie aus ihrer Trance weckte. Sie öffnete die Augen, blinzelte und sah sich um. Sie befanden sich nicht im Gesellschaftsraum. Die alte Frau hielt die Schale in Händen, und ihr Schein erhellte die Treppe und die Tür zur Spitze des Übertragungsturms. „W-wie sind wir hierhergekommen?"

„Mach dir deswegen keine Gedanken! Den Code, den Code!" Die Frau schnippte ungeduldig mit den Fingern vor

Bugs Gesicht und imitierte mit wütenden, stechenden Bewegungen die Codeeingabe auf dem Tastenfeld.

Bug war nun hellwach und sich allem um sie herum wieder bewusst. Sie spürte eine Wildheit in sich aufsteigen, die ihren Blick schärfte, und zum ersten Mal sah sie die alte Frau voll und ganz. „Du hast gesagt, sie sei machthungrig und egoistisch – dass sie die Leute nur benutze. Aber du bist nur noch eine weitere Talzin, Falta!“ Sie spuckte der alten Frau den Namen regelrecht vor die Füße. „Vielleicht ist deine Tochter besser dran ohne ihre *beiden* Mütter. Ich habe nie verstanden, was an ihnen gut sein soll. Ihr manipuliert die Leute nur oder schüchtert sie ein oder ... oder ... oder ... hypnotisiert sie, damit sie euch geben, was ihr wollt. Dabei hättet ihr *einfach nur fragen* müssen!“ Bug schrie wutentbrannt. Es war ihr egal, wer es hörte, insbesondere, als sie den Ausdruck in Faltas Gesicht sah.

Ja, es *war* Falta. Sie sah aus, als wäre sie geohrfeigt worden, und ausnahmsweise war es Bug, die die Ohrfeige ausgeteilt hatte. Zufrieden wandte diese sich dem Tastenfeld zu und gab den Code ein. Die Tür öffnete sich. Schwer atmend trat Bug zur Seite, zu wütend, um Falta in die Augen zu schauen, als die Hexe an ihr vorbei in den Übertragungsraum ging. Sie wurde ein wenig gnädiger, als sie sah, wie die Frau, die wenige Augenblicke zuvor noch so furchterregend, so beherrschend gewirkt hatte, nun hilflos vor dem stand, was die meisten Leute eine simple Kom-Einheit genannt hätten.

Bug seufzte. „Ich weiß, nach welcher du suchst. Ich war hier, als sie reinkam.“ Es bedurfte nur eines Schalters und zweier Knöpfe, dann startete die Nachrichtenwiedergabe: „Auf Mutters Anweisung habe ich sie in eine Rettungskapsel der Klasse 3 ... gewehrt, daher habe ich ihr einen

Schlafzauber … widersetzt sich möglicherweise, wenn sie … geschätzte Reisedauer von Dathomir beträgt … und die Zielkoordinaten im Mittleren Rand lauten wie fol…"

Falta stand mit gesenktem Kopf vor der Konsole, und ihre starken Hände hielten die Kanten des Schaltpults gepackt, als wollte sie es zerbrechen.

„Soll ich sie noch einmal abspielen?", fragte Bug. Als Falta, ohne aufzublicken, nickte, ließ sie die Nachricht erneut laufen. Faltas Schultern zitterten, und in Bug regte sich Mitleid für sie. „Viel ist es nicht, wenn man bedenkt, wie viele Mühen du dafür auf dich genommen hast."

Faltas Schultern bebten immer noch, aber sie ließ das Pult los und drehte sich zu Bug um. Sie weinte nicht. Sie *lachte*. „Es ist mehr, als ich vorher hatte! Der Mittlere Rand! Das grenzt es ein! Ich hätte mehr Leben, als eine Tooka hat, damit vergeuden können, sie nur im Äußeren Rand zu suchen! Sie ist *irgendwo* im Mittleren Rand!" Sie kniete sich hin und schloss Bug in die Arme.

Bug war so überrascht, dass auch die letzten Reste ihrer Wut verflogen. Um nicht außen vor zu bleiben, rieb sich Ichor an ihren Knöcheln und schnurrte lauter denn je.

Falta entließ Bug aus ihrer Umarmung, behielt aber die Hände auf den Schultern des Mädchens und sah sie auf ihre durchdringende Art an. „Du hast natürlich recht. Ich suche schon so lange, und wenn man etwas auf Gedeih und Verderb will, dann vergisst man, dass andere auch Bedürfnisse haben." Mit deutlich sanfterer Stimme fragte sie: „Was wünschst du dir, Bug?"

„Na ja, zuallererst will ich diesen Monnok."

Falta lachte, holte die Figur aus ihrem Umhang und reichte sie Bug. „Bitte schön! Aber sei vorsichtig damit. Es ist nicht bloß eine Monnok-Figur. Es kann sein, was immer du willst, wenn du den Kunstgriff erlernst."

„Das ist das Zweite, das ich will. Lernen."

Die Hexe hielt inne, doch dann mischte sich Verständnis in ihren Blick. „Und als Drittes willst du mit mir kommen. Die Galaxis kennenlernen? Einer alten Frau, die mit Ton umgehen kann, aber nicht mit Technik, helfen, ihre Tochter zu finden?"

Bug nickte. Gemeinsam machten sie sich auf den Weg die Treppe hinunter. Nur eines machte ihr noch Sorgen. „Was ist mit Rank und Leera?"

Falta lachte schnaubend. „Zerbrich dir nicht den Kopf! Ich kümmere mich um sie, schließlich habe ich noch ein paar weitere Tricks auf Lager. Ich habe dich hypnotisiert – und du bist *schlau*. Die beiden lasse ich glauben, sie seien Aschekäfer, und ehe sie sich erinnern, wer oder was sie wirklich sind, bist du schon wochenlang fort." Plötzlich blieb Falta beim Hinausgehen stehen.

Bug sah sich nach ihr um. „Was ist?"

„Ach, ‚wer sie sind' hat mich auf etwas gebracht. Willst du deinen Namen wissen? Deinen *wahren* Namen? Ich kann ihn zutage fördern." Sie tippte sich mit einem ihrer langen Finger an die Schläfe. „Natürlich nur, wenn du es möchtest."

Bug dachte einen Augenblick nach. Ihr Name. Sie nahm an, er sei nur eine weitere Beleidigung, mit der Rank und Leera sie herabwürdigen wollten. Außerdem gab es nichts, das sie noch von ihnen wollte. „Danke, aber ich glaube nicht. Ich denke ..." Sie blickte zum Himmel hinaus und breitete die Arme aus, als könnte sie die ganze Galaxis umarmen. „Ich denke, vielleicht finde ich irgendwo da draußen meinen eigenen."

DIE QUELLEN

„Das gleiche Gesicht“ von Jason Fry basiert auf der Episode „Der Hinterhalt“ (Buch: Steven Melching, Regie: Dave Bullock) der von George Lucas kreierten Serie

„Die Ergreifung des Count“ von Lou Anders basiert auf den Episoden „Die Ergreifung des Count“ und „Der Freikauf“ (Buch: Julie Siege, Regie: Jesse Yeh und Justin Ridge) der von George Lucas kreierten Serie

„Das Geiseldrama“ von Preeti Chhibber basiert auf der Episode „Das Geiseldrama“ (Buch: Eoghan Mahony, Regie: Giancarlo Volpe) der von George Lucas kreierten Serie

„Das Streben nach Frieden“ von Anne Ursu basiert auf den Episoden „Helden auf beiden Seiten“ und „Das Streben nach Frieden“ (Buch: Daniel Arkin, Regie: Kyle Dunlevy und Duwayne Dunham) der von George Lucas kreierten Serie

„Der Schatten von Umbara“ von Yoon Ha Lee basiert auf den Episoden „Die Dunkelheit von Umbara“, „Die Bruchpiloten“, „Befehlsverweigerung“ und „Krells Blutbad“ (Buch: Matt Michnovetz, Regie: Steward Lee, Walter Murch und Kyle Dunlevy) der von George Lucas kreierten Serie

„Banes Geschichte" von Tom Angleberger basiert auf den Episoden „Transformer", „Freund und Feind", „Entkommen" und „Doppeltes Spiel" (Buch: Brent Friedman, Regie: Kyle Dunlevy, Bosco Ng, Brian Kalin O'Connell und Danny Keller) der von George Lucas kreierten Serie

„Die verlorene Nachtschwester" von Zoraida Córdova basiert auf der Episode „Kopfgeld" (Buch: Katie Lucas, Regie: Kyle Dunlevy) der von George Lucas kreierten Serie

„Dunkle Vergeltung" von Rebecca Roanhorse basiert auf den Episoden „Brüder" und „Rache" (Buch: Katie Lucas, Regie: Bosco Ng und Brian Kalin O'Connell) der von George Lucas kreierten Serie

„Beinahe eine Jedi" von Sarah Beth Durst basiert auf der Episode „Kenne deine Feinde" (Buch: Christian Taylor, Regie: Danny Keller) der von George Lucas kreierten Serie

„Kenobis Schatten" von Greg van Eekhout basiert auf der Episode „Immer zu zweit sie sind" (Buch: Chris Collins, Regie: Brian Kalin O'Connell) der von George Lucas kreierten Serie

„Bug" von E. Anne Convery wurde inspiriert von der Episode „Wiedergeburt" (Buch: Katie Lucas, Regie: Steward Lee) der von George Lucas kreierten Serie

Illustrationen: Ksenia Zelentsova

Gestaltung: Leigh Zieske

DIE AUTOREN

Lou Anders ist Autor des Romans *Once Upon a Unicorn* sowie der Fantasy-Trilogie *Bones & Thrones* und des Jugendromans *Star Wars: Pirate's Price*. Des Weiteren hat er für Kobold Press, River Horse und 3D Printed Tabletop Rollenspiele entwickelt. 2016 war er Writer in Residence des Thurber House und verbrachte einen Monat in Columbus, Ohio, um in einem Geisterhaus zu lehren, zu schreiben und zu leben. Wenn er nicht schreibt, erfreut er sich an Rollenspielen, 3-D-Druck und Filmen. Anders lebt mit seiner Frau, seinen Kindern und zwei Goldendoodles in Birmingham, Alabama. Er ist eins mit der Macht und hofft, die Macht ist mit euch. Egal ob Jedi oder Sith, besucht ihn gern online unter louanders.com sowie auf Facebook, Instagram und Twitter @LouAnders.

Tom Angleberger ist Autor der *Origami Yoda-Reihe. The Clone Wars* begeisterte ihn, nachdem Kinder ihm die Origami-Klonkrieger zeigten, die sie gefaltet hatten. In der Buchreihe gesellten sind bald Ahsoka, Ventress und General Grievous zu den Klonen. Tom schrieb außerdem zwei reguläre *Star Wars*-Geschichten: eine Romanfassung von *Die Rückkehr der Jedi-Ritter* mit dem Untertitel *Hüte dich vor der* *dunklen Seite der Macht!* und *The Mighty Chewbacca in the Forest of Fear!* Immer wieder wird er auf seine Ähnlichkeit mit Babu Frik hingewiesen.

Preeti Chhibber ist freischaffende Autorin für Jugendliteratur. Sie schreibt u. a. für SYFY, Polygon und The Nerds of Color. Meistens verbringt sie ihre Zeit damit, Unmengen an Jugendromanen zu lesen, ist aber allzeit bereit, in fast jedes Fandom einzutauchen. Zurzeit lebt sie ihren wahr gewordenen Traum und schreibt über Figuren wie Spider-Man, Kamala Khan und Yoda. Ihr erstes Bilderbuch *Star Wars: A Jedi You Will Be* erschien im Oktober 2020. Außerdem ist sie ein Fanakin – ein Fan von Anakin.

E. Anne Convery würde sich selbst zunächst einmal als Kalifornierin beschreiben, die schon überall in diesem Staat gelebt hat. Wenn sie nicht gerade lehrt, schreibt oder Sternzeichen anderer Leute errät, versucht sie, die Krähen in ihrer Umgebung dazu zu bringen, ihr glänzende Dinge herbeizuschaffen, oder sie schaut sich mit ihrem Hund Mel-Brooks-Filme an und animiert ihn dazu, bei den Gesangsnummern mitzusingen. *Star Wars* hat ihr Leben verändert.

Zoraida Córdova ist Autorin von neun Fantasy-Romanen für Kinder und Jugendliche, darunter die kürzlich preisgekrönte *Brooklyn Brujas*-Reihe, *Die Mächte der Moria*, *Star Wars: Galaxy's Edge – Schicksalsschlag* und ihr Middle-Grade-Debüt *The Way to Rio Luna*. Kurzgeschichten von ihr erschienen im *New York Times*-Bestseller *Star Wars: From a Certain Point of View* und in *Toil & Trouble: 15 Tales of Woman and Witchcraft*. Sie ist Mitherausgeberin von *Vam-*

pires Never Get Old: Eleven Tales with Fresh Bite. Zoraida ist Co-Moderatorin des Podcasts *Deadline City* mit Dhonielle Clayton. Sie wurde in Guayaquil, Ecuador, geboren und wuchs in Queens, New York, auf. Wenn sie nicht gerade an ihrem nächsten Roman arbeitet, sucht sie neue Abenteuer. Stattet ihr gern auf zoraidacordova.com einen Besuch ab.

Sarah Beth Durst ist preisgekrönte Autorin von über zwanzig Fantasy-Büchern für Kinder, Jugendliche und Erwachsene, darunter *Die Macht der verlorenen Träume*, *Drink Slay Love* und die Reihe *Die Königinnen von Renthia*. Sie bewahrt ihre Lichtschwerter gleich neben dem Schreibtisch auf und wird mit ihrer Jedi-Ausbildung beginnen, sobald sie den Weg nach Dagobah gefunden hat. Sarah lebt mit ihrem Ehemann, ihren Kindern und ihrer ungezogenen Katze in New York. Weitere Informationen über sie finden sich auf sarahbethdurst.com.

Jason Fry ist Autor von über vierzig Büchern und Kurzgeschichten aus dem *Star Wars*-Universum, darunter *Die Waffe eines Jedi* und die vierbändige Reihe *Diener des Imperiums*, die bei Panini erschienen sind, und die Romanfassung von *Die letzten Jedi* aus dem Hause Blanvalet. Außerdem ist er Autor der Space-Fantasy-Reihe *Jupiter Pirates*. Er lebt mit seiner Frau, seinem Sohn und ungefähr einer Tonne *Star Wars*-Kram in Brooklyn, New York.

Yoon Ha Lee gewann mit seinem Debütroman *Ninefox Gambit* den Locus Award für den besten Erstling und war unter den Finalisten bei den Hugo, Nebula und Clarke Awards. Die Fortsetzungen *Raven Stratagem* und *Revenant*

Gun standen in der Endauswahl für den Hugo Award. Sein Space-Opera-Jugendroman *Dragon Pearl* (*Rich Riordan Presents*) stand auf der Bestsellerliste der *New York Times*. Er lebt mit seiner Familie und einer extrem faulen Katze in Louisiana und wurde bislang noch nicht von Alligatoren gefressen.

Rebecca Roanhorse ist *New York Times*-Bestsellerautorin von *Star Wars: Resistance Reborn* und Gewinnerin des Hugo, Nebula und Locus Awards. Zu weiteren Romanen von ihr zählen *Jägerin des Sturms*, *Meister der Heuschrecken* und *Race to the Sun* (*Rick Riordan Presents*). Ihr jüngster Erwachsenenroman *Black Sun* erschien im Oktober 2020. Online besuchen kann man sie auf ihrer Homepage rebeccaroanhorse.com oder auf Twitter @RoanhorseBex.

Anne Ursu ist Autorin mehrerer Fantasy-Bücher für junge Leser, darunter *Breadcrumbs*, *The Lost Girl* und *The Real Boy*, mit dem sie für den National Book Award nominiert wurde. Sie ist *Star Wars*-Fan, seit sie mit drei Jahren *Eine neue Hoffnung* im Kino gesehen hat, wobei sie der Tod von Onkel Owen und Tante Beru fürs Leben gezeichnet hat.

Greg van Eekhout schreibt Science-Fiction- und Fantasy-Romane für Kinder, Jugendliche und Erwachsene, darunter *Norse Code*, *Knochenzauber*, *Die Barkonauten: Helden auf vier Pfoten* und *COG*. Mit seinen Werken schaffte er es auf die „Best Books for Kids"-Liste der New York Public Library und wurde für den Nebula und den Andre Norton Award nominiert. Er lebt in San Diego. Mehr über Greg erfährt man auf seiner Website www.writingandsnacks.com.

DIE ILLUSTRATORIN

Ksenia Zelentsova ist eine derzeit in Moskau lebende Künstlerin, die sich auf 2-D-Illustration, Figurenentwicklung und Comics spezialisiert hat. Unter Zuhilfenahme unterschiedlicher Arbeitsweisen von digitalen Werkzeugen bis hin zu klassischen Wasserfarben erschafft Ksenia seit 2010 professionell Grafiken für Firmen und Verlage sowie für unabhängige Projekte. Animiert von ihrer Leidenschaft, durch Bildkunst Geschichten zu erzählen, und von der Popkultur inspiriert, bemüht sich Ksenia, Kunstwerke zu erschaffen, die sowohl emotional berühren als auch ästhetisch ansprechend sind.

DIE HERAUSGEBERIN

Jennifer Heddle ist Chefredakteurin bei Disney Publishing Worldwide. Von Lucasfilms Hauptsitz in San Francisco aus betreut sie *Star Wars*-Titel für Kinder und Erwachsene.